Drews / Schneider / Wallrabenstein
Einführung in die Grundschulpädagogik

Ursula Drews / Gerhard Schneider / Wulf Wallrabenstein

Einführung in die Grundschulpädagogik

Beltz Verlag · Weinheim und Basel

Dr. *Ursula Drews*, Jg. 1938, Professorin für Schulpädagogik mit dem Schwerpunkt Grundschulpädagogik und Didaktik an der Universität Potsdam.

Dr. *Gerhard Schneider*, Jg. 1941, wissenschaftlicher Referent am Deutschen Institut für Fernstudienforschung an der Universität Tübingen.

Dr. *Wulf Wallrabenstein*, Jg. 1941, Professor für Erziehungswissenschaft, Didaktik der deutschen Sprache und Literatur mit dem Schwerpunkt Primarstufe an der Universität Hamburg,

Alle Rechte, insbesondere das Recht der Vervielfältigung und Verbreitung sowie der Übersetzung, vorbehalten. Kein Teil des Werkes darf in irgendeiner Form (durch Fotokopie, Mikrofilm oder ein anderes Verfahren) ohne schriftliche Genehmigung des Verlages reproduziert oder unter Verwendung elektronischer Systeme verarbeitet, vervielfältigt oder verbreitet werden.

Besuchen Sie uns im Internet:
http://www.beltz.de

Druck nach Typoskript
Gesetzt nach den neuen Rechtschreibregeln
Lektorat: Peter E. Kalb

© 2000 Beltz Verlag · Weinheim und Basel
Herstellung: Klaus Kaltenberg
Satz: Gerhard Schneider, Tübingen
Druck: Druckhaus Beltz, Hemsbach
Umschlaggestaltung: Federico Luci, Köln
Umschlagfoto: Bielefelder Fotobüro
Printed in Germany

ISBN 3-407-25225-0

Inhalt

Die Einleitung 11

Abschnitt I:
Kindorientierte Grundschule 13

1 Kinder gestern, heute und morgen 14
   Erstens: Kinder haben Rechte 15
   Zweitens: Sind Kinder unvollkommen? 15
   Drittens: Verschulung als Lebensproblem 17
   Viertens: Kinder brauchen Menschen 18
   Zusammenfassung 19
   Verwendete Literatur 19
   Was Sie sonst noch lesen sollten 20
   Fragen und Aufgaben 20

2 Lernen und Spielen 21
   Lernen 23
   ... und Spielen 28
   Zusammenfassung 31
   Verwendete Literatur 31
   Was Sie sonst noch lesen sollten 32
   Fragen und Aufgaben 32

3 Kind und Grundschule heute 33
   Erwartungen an die Grundschule 34
   Was erwarten Kinder – was denken sie? 38
   Die Suche der Kinder nach Gemeinschaft 41
   Leistung der Kinder, Leistung der Grundschule .. 43
   Zusammenfassung 45
   Verwendete Literatur 45
   Was Sie sonst noch lesen sollten 46
   Fragen und Aufgaben 47

4 Geschichte von Grundschule 48
   Wozu denn Geschichte? 48
   Die Grundschule als eine relativ junge Schule .. 50

Unterrichtsszenen, Präparationen, Beispiele 52
    Ein Unterrichtsgang im Jahre 1836 – Normen
    und Ausbrüche 52
    Herbart und die Folgen – Unterricht nach
    den Formalstufen der Herbartianer 57
    Die Gegenbewegung – Maria Montessori
    als Beispiel 60
    Die Vereinnahmung – ein Beispiel aus der
    Zeit des Nationalsozialismus 64
Grundschule im vereinten Deutschland –
ein Ausblick 67
Zusammenfassung 69
Verwendete Literatur 70
Was Sie sonst noch lesen sollten 71
Fragen und Aufgaben 72

Abschnitt II:
Grundschule zwischen Tradition
und Moderne 73

5 Grundlegung von Bildung 74
Bildung – wo liegt das Problem? 74
Die Grundschule und die
Grundlegung von Bildung 76
Aktuelle Probleme und Erschütterungen tradierter
Verstehensweisen 78
    Aktuelles Verständnis von Schule 78
    Schlüsselfragen und Fächerkanon
    für die Grundschule 81
    Der heimliche Lehrplan in der Grundschule 82
    Halbbildung und Trivialisierung – eine akute
    Gefahr für die Grundschule? 84
    Wer fragt uns denn schon? 85
Zusammenfassung 87
Verwendete Literatur 87
Was Sie sonst noch lesen sollten 89
Fragen und Aufgaben 89

6 Aufgaben einer kindgerechten Grundschule .. 90
Exkurs: Müssen Kinder schulfähig sein? 90
Grundaufgabe: Vielfalt in der Gemeinsamkeit 92
Der erzieherische Auftrag der Grundschule 94
Entwicklung von Ich-Stärke des Kindes 96

Zum Aufbau sozialer Kompetenz, Sach- und
Reflexionskompetenz 97
Interkulturelles Lernen und Integration 99
Kinderpartizipation und handelndes,
selbstbestimmtes Lernen 103
Betreuung: Grundschule als Lern-
und Lebensraum 105
Zusammenfassung 107
Exkurs: Müssen Kinder für die weiterführenden
Schulen schulfähig werden? 107
Verwendete Literatur 109
Was Sie sonst noch lesen sollten 111
Fragen und Aufgaben 112

7 Grundschultypische Spannungsfelder 113
Kindgemäßheit versus
Sach-(Wissenschafts)-orientiertheit 114
Selbstständigkeit von Kindern als Tatsache versus
Selbstständigkeit als Zielgröße 115
Individualität versus Gemeinschaft der Kinder 117
Gleichschritt im Lernen versus
individuelles Lernen 118
Lernlust des Kindes versus Leistungsdruck 120
Geduld versus Ungeduld;
Tempo versus Langsamkeit 122
Zusammenfassung 123
Verwendete Literatur 124
Was Sie sonst noch lesen sollten 125
Fragen und Aufgaben 125

8 Aktuelle Reformansätze 126
Äußere Schulreform 129
Ansätze Innerer Schulreform 133
Zusammenfassung 136
Verwendete Literatur 137
Was Sie sonst noch lesen sollten 138
Fragen und Aufgaben 138

Abschnitt III:
Didaktik und Methodik des Unterrichts 139

9 Offener Unterricht 140
Das »Gesicht« offenen Unterrichts 140
Theoretische Fundierung offenen Unterrichts 141

Anlässe, Formen und Methoden
offenen Unterrichts 145
Freiarbeit als wichtiges Element
offenen Unterrichts 146
Weitere Elemente 148
Zusammenfassung 150
Verwendete Literatur 150
Was Sie sonst noch lesen sollten 151
Fragen und Aufgaben 151

10 Zusammenwirken von offenem und »traditionellem« Unterricht 152

Traditioneller Unterricht – Wert und Grenzen 152
Das Zusammenwirken von Elementen offenen und
traditionellen Unterrichts in der Grundschule 159
Aspekte des Zusammenwirkens von offenem
und traditionellem Unterricht 161
Ein vorläufiger Abschluss zum Thema »traditionell«
und »offen« 168
Zusammenfassung 169
Verwendete Literatur 169
Was Sie sonst noch lesen sollten 171
Fragen und Aufgaben 171

11 Jahrgangsübergreifender Unterricht 172

Warum jahrgangsübergreifender Unterricht? 172
Welchen Modellen folgt jahrgangsübergreifendes
Unterrichten? 174
Pluspunkte jahrgangsübergreifenden
Unterrichtens 176
Zusammenfassung 178
Verwendete Literatur 179
Was Sie sonst noch lesen sollten 179
Fragen und Aufgaben 180

12 Wenig beachtete Unterrichtsprobleme 181

»Lass dich überraschen ...« 181
Mit Unterrichtsstörungen umgehen 184
Körpersprache im Unterricht 190
Zusammenfassung 194
Verwendete Literatur 195
Was Sie sonst noch lesen sollten 196
Fragen und Aufgaben 196

13 Planung von Unterricht 197
Lernbereiche, Lernfelder, Fächer 197
Der Umgang mit dem Lehrplan 200
Vom Lehrplan zur konkreten Planung
des Unterrichts 203
Offenen und traditionellen Unterricht
in Einheit planen 209
Zusammenfassung 210
Verwendete Literatur 211
Was Sie sonst noch lesen sollten 212
Fragen und Aufgaben 212

Abschnitt IV:
Lehrer, Eltern, Schulentwicklung 213

14 Lehrerinnen und Lehrer 214
Was heißt »lehren«? 215
Nachdenkliches zum Begriff der Grundschul-
lehrerin/des Grundschullehrers 218
Zusammenfassung 222
Verwendete Literatur 222
Was Sie sonst noch lesen sollten 223
Fragen und Aufgaben 223

15 Eltern und Grundschule 224
Eltern und Lehrkräfte in Kooperation 224
Praxis: Eltern in der Grundschule 227
Zusammenfassung 229
Verwendete Literatur 230
Was Sie sonst noch lesen sollten 230
Fragen und Aufgaben 230

16 Grundschule mit eigenem Programm 231
Grundschule als lernendes System 233
Schulprogramm: Was und Wie 235
Beispiele aus der Praxis 237
Zusammenfassung 238
Verwendete Literatur 238
Was Sie sonst noch lesen sollten 239
Fragen und Aufgaben 239

»Einleitung« oder didaktischer Ausklang 240

Captatio benevolentiae – oder:
Vom Herz zum Kopf 240
Offenes Lernen durch eine geschlossene
didaktische Gestaltung 241
Offenheit – Geschlossenheit: ein Exkurs 242
Lernen des Lernens mit einem Lehrbuch – oder:
Wie lesen wir 244
    1. Lineares Lesen 244
    2. Informierendes Lesen 245
    3. Konsultierendes Lesen 245
    4. Selektierendes Lesen 245
Verwendete Literatur 246
Was Sie sonst noch lesen sollten 246
Fragen und Aufgaben 246

Sach- und Personenregister 247

Die Einleitung

Die Einleitung

... zu diesem Buch, in der Sie durchaus wichtige Informationen über das Lesen und über das Lernen mit Texten finden, – diese Einleitung haben wir bewusst an den Schluss gestellt. Wir meinen nämlich, dass es dem Thema angemessener ist, möglichst gleich mit jenen zu beginnen und ihre Lebenswelt in den Vordergrund zu stellen, für die Grundschulpädagogik da ist: mit den Kindern. Sie brauchen also nach den wenigen Zeilen der Begrüßung nur umzublättern und sind schon im Zentrum.

Bücher sind Lebensräume. Jene, die sie schreiben, tragen Inhalte, Botschaften, Wissen und Meinungen über ein Thema zusammen, weil es ihnen wichtig ist, schreiben mit »Herzblut« und *geben* aus ihrem »Lebens«-raum. Sie grenzen ein entsprechendes Gebiet ab, bilden darin Domänen, Gärten, Felder, Wege. – Jene, die Bücher lesen, müssen zuerst in diesen Lebensraum hineinkommen. Hat sie die Entdeckungslust hineingeführt, bewegen sie sich darin und suchen sich zu orientieren. Sie finden immer die Spuren der Autorinnen und Autoren und müssen sie zunächst so *nehmen.* Dabei finden sie das eine Beet schön, entdecken ein anderes mit ganz neuen Pflanzen, der eine Weg scheint ihnen unbequem, der andere zu weit, ein anderer nicht an ein Ziel zu führen. Sie öffnen neue Pfade, legen andere Felder an und verändern das Vorgefundene. Grenzen werden überschritten und verändert, ein neuer Raum entsteht und wird *gestaltet.*

Liebe Leserinnen und Leser,
seien Sie willkommen *in* diesem Buch, das Sie nicht nur durch Vermittlung von Wissen in die Grundschulpädagogik einführen will, sondern Sie viel mehr gewinnen will, an der Weiterentwicklung einer humanen Grundschule mitzuarbeiten. Dazu sind nicht nur Verstand und Wissen gefordert, sondern nicht zuletzt auch das »Herz«: Gefühl, Reflexion und Kritik. Wir wollen Sie also als »ganze« Leserinnen und Leser und sprechen Sie nicht nur mit Text an, sondern auch mit Bildern. Die Karikaturen von Ottfried Zielke sollen dazu beitragen.

Ottfried Zielkes Bilder sind keine »Fastfood«-Botschaften. Der Ostberliner Künstler, der sich in Ost und West mit seinen Beiträ-

Die Einleitung

gen zur visuellen Poesie einen Namen gemacht hat, verwendet Stilmittel von der humorvollen Groteske bis zum Sarkasmus, packt den Betrachter bei seinen Gefühlen, provoziert und macht nachdenklich. Sehr früh wurde er in die Produktion dieses Buches mit einbezogen. Seine Bilder mit den schnörkeligen und krikseligen Szenen aus der Welt der Grundschule gaben uns nicht nur Anlass zu entspannendem Lachen, sondern holten uns immer wieder in die durchaus nicht heile Welt moderner Grundschulkinder zurück. – Mit dem engagierten Künstler Ottfried Zielke haben wir begonnen, mit der Autorin und den Autoren des Textes soll unsere Begrüßung fortgesetzt werden:

Dr. Ursula Drews ist Professorin für Schulpädagogik mit dem Schwerpunkt Grundschulpädagogik am Institut für Grundschulpädagogik der Universität Potsdam. Sie kommt aus der ehemaligen DDR. – *Dr. Gerhard Schneider* ist wissenschaftlicher Referent am Deutschen Institut für Fernstudienforschung an der Universität Tübingen. – *Dr. Wulf Wallrabenstein* ist Professor für Erziehungswissenschaft an der Universität Hamburg. – Die Arbeitsschwerpunkte der Autorin und der Autoren sind neben institutsbezogenen Forschungsarbeiten vor allem Erziehungswissenschaft, Allgemeine Pädagogik, Didaktik und Grundschulpädagogik. Der Erfahrungs- und Forschungshorizont ist dabei im Einzelnen durchaus unterschiedlich. Das Autorenteam hofft jedoch, durch seine enge Kooperation unterschiedliche Möglichkeiten aus Ost und West, Nord und Süd erschlossen und zusammengefasst zu haben. Grenzen werden sicher auch deutlich werden. – Ein freundlicher Dank geht an Herrn *Steffen Glaubitz*, der uns kritisch begleitet und darüber hinaus die Technik über weite Strecken bewältigt hat. Für vielfältige Unterstützung danken wir auch Frau *Karin Köntges*.

Nun, liebe Leserinnen und Leser, können sie gleich auf der folgenden Seite in das thematische Ziel dieses Buches, eine kindorientierte Grundschule, einsteigen. Der didaktische Weg, der hier verfolgt wird und in der Einleitung am Schluss beschrieben wird, soll damit übereinstimmen.

Herbst 1999   Das Autorenteam

Abschnitt I:
Kindorientierte Grundschule

1. Kinder gestern, heute und morgen

Ellen Key (1849–1926), schwedische Ärztin, Frauenrechtlerin und Pädagogin. Im Jahre 1900 erschien ihr Buch, das dem neuen Jahrhundert seinen Namen geben sollte, in Schweden: »Das Jahrhundert des Kindes«. 1902 ist es in Deutschland erschienen.

Noch kurz vor der Wende vom 20. zum 21. Jahrhundert gaben sich Schulen den Namen Ellen KEYS. Zum Ende des von der engagierten Schwedin gewollten »Jahrhunderts des Kindes« sahen diese Schulen darin allerdings keine Reminiszenz an die Vergangenheit, sondern vielmehr ein auch weiterhin einzulösendes Programm am Beginn des 3. Jahrtausends unserer Zeitgeschichte.

Um Kinder allerdings ging es schon zu allen Zeiten. Als »Besitztum« von Erwachsenen wurden sie entweder geliebt und gemocht oder ausgesetzt und verstoßen.

In Sparta beispielsweise gab man Kinder, die die Ältesten des Stadtbezirks nicht als gesund und lebenskräftig eingeschätzt hatten, in den umliegenden Schluchten dem Hungertod preis. Auch in Athen durfte ausgesetzt werden. Das dort allerdings etwas seltener praktizierte Recht stand dem Vater zu. Ähnlich war es in Rom. Auch hier lag die Entscheidung über das Kind beim Vater: Nahm er es nicht bald nach der Geburt in seine Arme, so war das ein Signal dafür, dass das Kind auszusetzen war. Der Platz dafür war die so genannte Milchsäule vor einem Tempel. Bei den alten Germanen wurden verkrüppelte Kinder ausgesetzt. Wenn aber ein Kind bereits einen Tropfen Muttermilch zu sich genommen hatte, galt es als geschützt. Immerhin hatte hier schon die Mutter eine bescheidene Möglichkeit mitzubestimmen, was mit ihrem Kind zu geschehen habe (vgl. SCHORN 1917, 12ff.).

Janusz Korczak, eigentlich Henryk Goldszmit, (1878–1942), polnischer Arzt, Pädagoge und Schriftsteller. Er gründete in Warschau ein jüdisches Waisenhaus. Mit den Kindern und Erziehern seines Waisenhauses kam er in das Warschauer Getto; zur »Endlösung« der Judenfrage wurden auch sie nach Treblinka verbracht.

Aussetzungsmöglichkeiten gab es in der Geschichte noch viele. Eine der perfidesten war zweifellos die der deutschen Faschisten. Jüdische Kinder wurden von ihnen gnadenlos in die Gaskammern von Auschwitz und Treblinka, Majdanek oder anderen Orten getrieben. Weithin bekannt ist das Beispiel des polnischen Arztes und Pädagogen Janusz KORCZAK, der im August 1942 den Gang aus dem Warschauer Getto in die Gaskammern von Treblinka gemeinsam mit den Kindern seines Waisenhauses ging, denen er im Getto Lehrer und Vater zugleich gewesen war. Korczak führte den Zug der Kinder, ein Kind an jeder Hand, in das Vernichtungslager an.

1. Kinder gestern, heute und morgen

Auch Auschwitz war also Bestandteil des Jahrhunderts des Kindes. Ellen KEY hat es anders gedacht und anders gewollt und mit ihr viele streitbare Verfechterinnen und Verfechter der Lebensrechte und Lebensmöglichkeiten von Kindern. Insofern handelt es sich in der Tat bei dem, woran ihr gelegen war, um ein weiterwirkendes und weiter zu realisierendes Programm.

Was könnte heute und morgen von besonderer Relevanz sein?

Erstens: Kinder haben Rechte

Heute wird nahezu weltweit zumindest zur Kenntnis genommen, dass auch Kinder *Rechte* haben. Für das Recht des Kindes zu streiten – das war eines der zentralen Anliegen reformerisch orientierter Pädagoginnen und Pädagogen seit Beginn des Jahrhunderts. Aber nicht erst von diesem Zeitpunkt an. Erinnert sei beispielsweise an ROUSSEAU, aber auch an PESTALOZZI, COMENIUS und viele andere vor und neben ihnen.

Seit Beginn der zweiten Hälfte des 20. Jahrhunderts gibt es nun eine explizite *Erklärung der Rechte des Kindes*. Sie wurde am 20. November 1959 von der Vollversammlung der Vereinten Nationen einstimmig angenommen; 1989 erfolgte die Verabschiedung einer *Kinderrechtskonvention*. Insofern hätten alle Länder der Welt die prinzipielle Möglichkeit – unter Berufung hierauf – einen neuen Umgang mit Kindern in der Gesellschaft zu pflegen. Zwischen allgemeiner Akzeptanz und praktischer Realisation liegt jedoch mitunter ein weiter Weg. Jedem werden dazu Beispiele einfallen.

Wenn auch Deutschland trotz aller Abstriche noch zu den kinderfreundlichsten Ländern zählen kann, so sind auch hier bei weitem noch nicht alle Möglichkeiten, im Sinne der Kinderrechtskonvention zu handeln, ausgeschöpft (ZUKUNFT FÜR KINDER 1996). Dazu gehört auch, jüngere Schulkinder in ihren Rechten zu verstehen und anzunehmen, die Kinder aber auch den eigenen Umgang mit ihren Rechten zu lehren und Rechte nicht von den damit verbundenen Pflichten abzukoppeln.

Zu den *Rechten des Kindes* gehören zum Beispiel:
– das Recht auf Gesundheit
– das Recht auf Bildung
– das Recht auf Erhalt der natürlichen Lebensgrundlagen
– das Recht auf menschenwürdiges Leben, auch bei Behinderung
– das Recht auf Schutz vor kriegerischer Gewalt

Zweitens: Sind Kinder unvollkommen?

Als ein Charakteristikum des Umgangs mit Kindern in der Gesellschaft kann über Jahrhunderte hinweg das »*Unvollkommenheitsdenken*« gelten: Kinder sind noch keine richtigen Menschen, weil sie ja noch nicht erwachsen sind. Erst Erwachsene sind vollwertige Menschen, Kinder bedürfen beständiger Beeinflussung,

> »Wenn die Kinder artig sind, kommt zu ihnen das Christkind; wenn sie ihre Suppe essen und das Brot auch nicht vergessen, wenn sie, ohne Lärm zu machen, still sind bei den Siebensachen, beim Spaziergehen auf den Gassen von Mama sich führen lassen, bringt es ihnen Guts genug und ein schönes Bilderbuch.«
>
> *Heinrich Hoffmann: Struwwelpeter. Erstausgabe 1845*

um Schlimmes zu verhüten usw. Auch hiergegen haben sich viele Pädagoginnen und Pädagogen gewandt. Nochmals aufgegriffen sei hier lediglich Janusz KORCZAK mit seinem bekannten Satz und Glaubensbekenntnis: Das Kind wird nicht erst ein Mensch, es ist schon einer.

Für die Schule war der Unfertigkeitswahn nahezu Programm über Jahrhunderte hinweg. Im Grunde verband sich Schule immer mit *Fehlersuche* bei Kindern – auf welchem Gebiet auch immer. Es gehörte nachgerade zu den unveräußerlichen Rechten und Pflichten von Schule, aber auch von Eltern, Kindern ihre Fehler zu zeigen, die Fehler zu korrigieren, sie aber nach Möglichkeit gar nicht erst zu stande kommen zu lassen. Auf eine nicht unwesentliche Beobachtung verwies in diesem Kontext wiederum Ellen KEY:

> *»Wenn es sich um die Fehler der Kinder handelt, sieht man im Hause wie in der Schule Mücken, während man täglich die Kinder die Kamele der Erwachsenen schlucken lässt« (KEY 1992, 80).*

> *Irrtum* (Fehlurteil, Täuschung). Im Umgangssprachlichen heißt es oft »Irren ist menschlich«. Im wissenschaftlichen Erkenntnisprozess sind Irrtümer häufig der Ausgangspunkt für neue Entdeckungen. Weit verbreitet ist u.a. auch die Theorie vom Lernen durch Versuch und Irrtum.

Gerade auf dem Gebiet des Umgangs mit Fehlern (im weitesten Sinne) hat sich jedoch seit vielen Jahren ein deutlicher Wandel vollzogen, der sich über die Jahrtausendwende fortsetzen wird und sicher auch fortsetzen muss. 1995 erschien z.B. eine Videoreihe mit dem provozierenden Titel »Lob des Fehlers« (KAHL 1995). Neben Managern aus der Wirtschaft, führenden Reformpädagogen wie Hartmut VON HENTIG und Horst RUMPF kommen dort Schulen wie die Helene-Lange-Schule in Wiesbaden, aber auch beispielsweise Jürgen REICHEN, Erfinder der Methode »Lesen durch Schreiben«, zu Wort (ebenda).

Alle diese höchst unterschiedlichen Menschen loben den Fehler im Leben des Menschen im Allgemeinen und im Leben des Kindes im Besonderen. Sie alle aber sind keine Apologeten unentwegten Falschmachens. Die Videoreihe verfolgt vielmehr den Sinn, Übergänge von einer belehrenden zu einer lernenden Gesellschaft zu demonstrieren. Damit untrennbar verbunden ist die Wiederentdeckung des Irrtums als Entwicklungsprinzip (ebenda). Das heißt nichts anderes, als das Recht auf eigenes Denken, Entdecken und Erproben auch jedem Kind zuzugestehen. Die Ansätze hierfür – gerade in der Grundschule – sind schon vielversprechend, aber auch nicht mehr als das.

1. Kinder gestern, heute und morgen

Natürlich müssen Kinder auch mit fertigen Lösungen umgehen lernen, ihr Lernen und Leben aber dürfen diese nicht dominieren. Nicht nur TIMSS hat gezeigt, wie wichtig Problemlösungsfähigkeiten sind (BAUMERT/LEHMANN u.a. 1997).

Drittens: Verschulung als Lebensproblem

Seit Beginn des 20. Jahrhunderts hat sich rein umfangsmäßig der *Anteil von Schule* im Leben der Kinder wesentlich erhöht – mit allen Nachteilen, die hinreichend in der Literatur beschrieben sind, aber auch mit den Vorteilen, die quantitativ und qualitativ hieraus erwachsen bzw. erwachsen könnten.

Ellen KEY schrieb um 1900 noch höchst kritisch über die Schule ihrer Zeit:

> *»Der Schule der Jetztzeit ist etwas gelungen, das nach den Naturgesetzen unmöglich sein soll: die Vernichtung eines einmal vorhanden gewesenen Stoffes. Der Kenntnisdrang, die Selbsttätigkeit und die Beobachtungsgabe, die die Kinder dorthin mitbringen, sind nach Schluss der Schulzeit in der Regel verschwunden, ohne sich in Kenntnisse oder Interessen umgesetzt zu haben. Das ist das Resultat, wenn die Kinder ungefähr vom sechsten bis zum achtzehnten Jahre ihr Leben auf Schulbänken damit zugebracht haben, Stunde für Stunde, Monat für Monat, Semester für Semester Kenntnisse zuerst in Teelöffel-, dann in Dessertlöffel- und schliesslich in Esslöffelportionen einzunehmen...«* (KEY 1992, 144).

Schule hat sich seither sehr verändert, besonders die Grundschule. Aber liegen nicht gerade in den bereits von Ellen KEY benannten Problemen auch heute noch Quellen weiterer unabdingbarer Entwicklung einer guten Kinderschule? Hinzu kommt, dass es offenbar notwendig ist, die Verschulung als generelles Lebensproblem von Kindern aufzuhalten und nicht Kindheit nur der Schule unterzuordnen. Das ist zuweilen auch sehr ehrgeizigen Eltern anzuraten. Zum anderen ist der hohe Wert von Schule im Leben von Kindern grundsätzlich eigentlich nur dann zu rechtfertigen, wenn die Schule eine gute Schule für die Kinder ist, d.h., wenn sie den ihr quantitativ zugestandenen Lebensraum auch qualitativ vernünftig, also mit weit reichendem reformerischen Denken und Handeln ausfüllt.

Schule wird mit Sicherheit auch nach der Jahrtausendwende als eine Institution weiterhin existieren. Dennoch wird sie durchaus verstärkt mit Legitimationsproblemen zu tun bekommen:

»Während ... im deutschen Mathematikunterricht das fragend-entwickelnde Unterrichtsgespräch konvergent auf einen Beweis, ein Verfahren oder eine Lösung hinführt, nutzen japanische Mathematiklehrer systematisch alternative Vorstellungen oder Lösungswege, die Schüler entwickeln, zur Freilegung des mathematischen Problems ... «

Baumert/Lehmann u.a.: TIMSS ... 1997, 227

Eine Atmosphäre der Achtung aufbauen. JA-Sagern entgegentreten, NEIN-Sagern Alternativen anbieten. Zu einem Klima der Kooperation beitragen. Auf die Lust am Leisten Wert legen und das Loben lieben. Mitmenschlichkeit mehren. Auf Offenheit hin orientieren.

Otto Herz: Mein ABC der guten Schule (Auszug)

> *Ballade von den Schulreformern*
> »Wir sind gezaust von manchen Winden, noch mehr vom Blei der Flauten schwer, suchten den Horizont zu finden, dem Stein der Weisen hinterher.
> Nun breitet sich ein Erdensehnen, von manchem Fuß dem Kopfe zu, doch hören wir von den Sirenen, dass jetzt nicht Zeit für eine Ruh'
> *Refr.:* Denn die Reform ist unentwegt, schwerfällig mal, mal angeregt. Mal nur getrieben vom Verstand und braucht auch immer Herz und Hand ...«
>
> *(Text: Felix Winter)*
> *Die Ballade entstand zum 20. Jahrestag der Bielefelder Laborschule*

»Die Fortdauer der Schule ist nicht mehr selbstverständlich, und das schafft eine ganz andere Notwendigkeit der Begründung von Reformen, als dies nur in den historischen Debatten der Fall war. Aber wahrscheinlich gewinnt die Reformdiskussion gerade darum einen ungleich höheren Realitätsbezug. Sie hat auch ungeliebte Realitäten zu akzeptieren, wenn deren Veränderung nicht in ihrer Reichweite liegt« (OELKERS 1990, 68).

Im Kontext mit diesen und ähnlichen Überlegungen kann VON HENTIGS Aufforderung, die Schule neu zu denken (VON HENTIG 1993) eine weit über die Jahrtausendwende hinweg tragende Aufforderung an alle bleiben, denen Schule wichtig ist. Den unter unserem ersten Punkt angeführten Rechten der Kinder sollte dabei allerdings von vornherein Geltung im Sinne von Mitbestimmung verschafft werden.

Viertens: Kinder brauchen Menschen

Will eine Gesellschaft Sorge für ihre Kinder tragen, so muss sie die Kinder ernst nehmen. Das beginnt beim Einräumen von Lern- und Lebensmöglichkeiten für alle Kinder, reicht über den Umgang mit Krankheiten und Katastrophen, die in das Leben von Kindern eingreifen können, bis hin zur Unterstützung häufig auf sich allein gestellter Kinder.

Kinder brauchen zuallererst Verständnis für ihre Probleme. Kinderprobleme dürfen nicht als belanglos abgetan werden. Aus Kindersicht sind sie genauso bedeutsam wie die der Erwachsenen aus deren Sicht.
  In Gesprächen beklagen Kinder immer wieder, dass sie niemanden hätten, der ihnen zuhöre. Das Zuhören (und Zuhören-Können) gilt bekanntlich als eines der wichtigsten Momente menschlicher Kommunikation.

Das Streben vieler Erwachsener nach höchstmöglicher Ausprägung ihrer Individualität oder auch die existenziellen Sorgen der Erwachsenen lassen die Zeit für Kinder merkbar zusammenschrumpfen. Die allgemeine Vereinsamung trifft Kinder besonders hart. In den USA werden von älteren und einsamen Menschen bereits Studenten gegen Bezahlung gemietet, um einfach nur ein Gegenüber zum Zuhören haben. Das kann aber keine Lösung im Umgang mit Kindern sein. Selbst wenn Kinder viele

Stunden allein und gewollt mit dem Computer zubringen, so brauchen sie dennoch Menschen, brauchen sie neben Altersgefährtinnen und -gefährten Erwachsene in der Familie, in der Schule, in ihrem gesamten Umfeld, die für sie da sind. Bezugspersonen brauchen Kinder auch, um nicht lediglich ihrer Vereinsamung, sondern ebenso einer möglichen geistigen und körperlichen Verrohung entgegenzuwirken. Trotz aller neuen Möglichkeiten, die ein neues Jahrhundert bringen wird, trotz aller technischen Mittel, brauchen Kinder auch über die Jahrtausendwende hinaus im Sinne von BRONFENBRENNER mit Sicherheit Menschen, um selbst menschlich werden zu können.

Janusz Korczaks Forderung an die Erzieher:»Ihr sagt: ›Der Umgang mit Kindern ermüdet uns … Denn wir müssen zu ihrer Begriffswelt hinuntersteigen …‹ Ihr irrt euch: Nicht das ermüdet uns. Sondern – dass wir uns zu ihren Gefühlen emporklimmen müssen.«

J. Korczak. In: Wenn ich wieder klein bin

Zusammenfassung

Zu Beginn eines neuen Jahrtausends bietet es sich besonders an, den Blick auf unterschiedliche Kindheiten zu richten: die von gestern, die von heute und die vielleicht künftig zu erwartenden. Ausgangspunkt können und müssen dabei die Rechte von Kindern in der Gesellschaft sein, wobei Eingelöstes und noch Einzulösendes zu prüfen sind.

Verwendete Literatur

Baumert, J./Lehmann, R. u.a.: TIMSS – Mathematisch-naturwissenschaftlicher Unterricht im internationalen Vergleich. Deskriptive Befunde. Opladen 1997
Bronfenbrenner, U.: Die Ökologie der menschlichen Entwicklung. Stuttgart 1981
Flitner, A.: Reform der Erziehung. Impulse des 20. Jahrhunderts. Erweiterte Neuausgabe. München Zürich 1999
Fölling-Albers, M.: Schulkinder heute. Auswirkungen veränderter Kindheit auf Unterricht und Schulleben. Weinheim und Basel 1992
Kahl, R.: Lob des Fehlers. Vier Videos mit Textbuch. Hamburg 1995
Key, E.: Das Jahrhundert des Kindes. Weinheim und Basel 1992
Oelkers, J.: Ist Schulreform notwendig? In: Grundschule 2/1990/2
Schorn, A.: Geschichte der Pädagogik in Vorbildern und Bildern. Leipzig 1896[17]
von Hentig, H.: Die Schule neu denken. München 1993
Zukunft für Kinder – Grundschule 2000. Bundesgrundschulkonferenz 1995 in Berlin. Bonn/Frankfurt a.M. 1996

Was Sie sonst noch lesen sollten

Cloer, E.: Veränderte Kindheitsbedingungen – Wandel der Kinderkultur. Aufgaben und Perspektiven für die Grundschule als Basis der Bildungslaufbahn. In: Die Deutsche Schule, 84/1992/1
Korczak, J.: Das Recht des Kindes auf Achtung. Göttingen 1980
Renner, E. (Hg.): Kinderwelten. Pädagogische, ethnologische und literaturwissenschaftliche Annäherungen. Weinheim 1995
Ullrich, H./Hamburger, F. (Hg.): Kinder am Ende ihres Jahrhunderts. Pädagogische Perspektiven. Langenau-Ulm 1991

Fragen und Aufgaben

☐ Beschreiben Sie Veränderungen von Kindheit heute im Vergleich zu Ihrer eigenen Kindheit.
Entwickeln Sie gemeinsam mit einer Gruppe Kataloge:
– was Kinder heute haben,
– was Kinder künftig brauchen.
Suchen Sie eine Form, um dabei auch Differenzierungen unter Kindern berücksichtigen zu können.

☐ Spannen Sie einen Bogen von Ellen Keys Kritik an Schule zu Ihren eigenen Wahrnehmungen von Schule während Ihrer Schulzeit.
Benennen Sie Veränderungen und beschreiben Sie, was aus Ihrer Perspektive an Schule weiterhin dringend zu verändern wäre.

☐ Überlegen Sie, was zu einer guten Kinderschule gehören könnte. Vergleichen Sie Ihre Auffassungen mit den in den Kapiteln 3 und 6 getroffenen Aussagen.

2. Lernen und Spielen

Die Verbindung von »Lernen und Spielen« lässt sich unschwer als zum Programm einer kindorientierten Grundschule gehörig verstehen. Unsere Kapitelüberschrift klingt einleuchtend und birgt sogar einen Hauch von Idylle: Mit Kindern verbindet man Spielen. Sie lernen selbstvergessen im Spiel. Eine moderne Grundschule ermöglicht spielerische Formen des Lernens.

Es wäre unredlich, bei einer Einführung in die Grundschulpädagogik bei diesen positiven, aber unkritischen Vorstellungen stehen zu bleiben. Denn schnell stellen sich beim Nachdenken ganz andere Bilder zum Spielen und zum Lernen ein. Wir denken an geschäftiges, medial gestütztes *»Edutainment«*, wo Kinder immer schneller Lernprogramme durchspielen. Wir denken an Kinder bei Computerspielen, die stundenlang feindliche Wesen abknallen, oder an Jugendliche vor Spielautomaten. Was lernen sie da? Und bald stellen wir fest, dass die vielen Formen von Spiel sich gar nicht auf einen gemeinsamen Nenner bringen lassen. »Der Begriff Spiel ist ein Begriff mit verschwommenen Rändern« (L. WITTGENSTEIN). Sie haben weder alle mit Kindern zu tun, noch scheinen sie mit dem Lernen in Einklang zu bringen zu sein. Ja, Lernen und Spielen sind für viele kaum zu überwindende Gegensätze: »Erst die Arbeit, dann das Spiel!« klingt uns noch in den Ohren, wenn uns als Kindern das Lernen schwer fiel. Und jede Grundschullehrerin kennt die Ängste und Widerstände der Eltern beim Übergang von der Grundschule auf die weiterführenden Schulen gegen alles, was die Kinder vom Lernen ablenken könnte. Spielen ist dann nicht mehr erwünscht. Es bringt nichts. Es ist verlorene Zeit für das Lernen. Schule ist zum Lernen da.

Edutainment, aus engl. education und entertainment; kritische Bezeichnung für moderne kommerzialisierte, konsumorientierte Lernformen

Richtet man aber den Blick auf den Begriff des Lernens, dann verliert er bei genauerer Betrachtung ebenfalls seine scharfen Ränder. »Das Lernen der Kinder in der Grundschule muß sich an der Erfahrung und den Bedürfnissen der Kinder orientieren, muss von der *Lebenswelt* der Kinder ausgehen!« – sagen die Pädagogen. Die Kritiker der Schule meinen das Gegenteil: »Das Lernen der Kinder muss am gesellschaftlichen Bedarf orientiert wer-

Lebenswelt: Ein von E. Husserl eingeführter, für die geisteswissenschaftliche Pädagogik wichtiger Begriff, der die subjektive Erfahrung des Einzelnen zum Ausgangspunkt wissenschaftlicher Erkenntnis nimmt.

den. Die Schule muss die Kinder auf den Beruf, auf das produktive Leben vorbereiten...« – Unsere einleuchtende Überschrift hat uns in eine *Aporie* gebracht und mit ihrer Überwindung neue Chancen zur Erkenntnis eröffnet – ganz im Sinne von Sokrates, der seine Gesprächspartner damit zum Lernen gebracht hat.

Aporie: griech. Auswegslosigkeit, »Sackgasse«

Wollen wir das Begriffspaar Lernen und Spielen fruchtbar für die Grundschulpädagogik erarbeiten, ist es angezeigt, es zunächst allgemeiner zu betrachten. Wir müssen diese Begriffe in diesem Abschnitt in der pädagogischen Tradition aufsuchen und kurz beschreiben, um sie dann in die Themen der folgenden Kapitel einordnen und ihre Prinzipien anwenden zu können. Denn Rezepte kann es in der Grundschulpädagogik nicht geben. Lern- und Spieltechnologien würden weder dem einzelnen Kind noch der immer spezifischen Situation der einzelnen Schulklasse gerecht. Unser Kapitel soll daher nur für ein kindgerechtes Lernen sensibilisieren und das Spielen in der Grundschule begründen. Es ist der *Allgemeinpädagogik* zuzuordnen. Die Psychologie oder Soziologie würden das Thema anders angehen. Warum aber ein Blick in die Geschichte dieser Begriffe?

→ *Der Notwendigkeit des Verstehens von Geschichte begegnen wir in Kapitel 4*

Wörter und Begriffe haben eine Herkunft, wandeln sich und wechseln ihre Bedeutungen. Weil wir für unsere Botschaften häufig unterschiedliche Absichten und Ziele haben, reden wir oft mit denselben Worten über andere Dinge und meinen Unterschiedliches. Wer den Dingen auf den Grund kommen und sie verstehen will, muss sich immer wieder mit längst zerpflückten Gegenständen und Begriffen auseinandersetzen: »Ein großer Teil und vielleicht der größte von dem Geschäfte unserer Vernunft besteht in *Zergliederungen* der Begriffe, die wir schon von Gegenständen haben.« (KANT 1904, 32) – Ohne diese *hermeneutische* Arbeit würde eine Disziplin wie Pädagogik ihre Wissenschaftlichkeit verlieren, ohne die »Arbeit am Begriff« (HEGEL) würden wir auch als Lehrerinnen und Lehrer in der Grundschule unserer Aufgabe nicht gerecht. Denn wir würden den Kindern eine Haltung zum Lernen vermitteln, die davon ausgeht, dass die Welt aus unverrückbaren Fakten bestünde, die es wie Dogmen zu lernen gilt – wie unveränderliches Wissen, das nicht von der Sprache, dem Zeitgeist und den unterschiedlichen Kulturen abhängt.

Hermeneutik, griech. »Kunst der Auslegung«. Lehre und wissenschaftl. Methode zum Verstehen und Begreifen geisteswissenschaftlicher Gegebenheiten

Die Notwendigkeit der ständigen Begriffsklärung gilt ganz besonders bei Sachverhalten, mit denen jeder Mensch zu tun hat. Unser Alltagsverständnis von Lernen und Spielen ist, wie oben

2. Lernen und Spielen

schon deutlich wurde, nicht einheitlich. Wir werden im Folgenden einige pädagogische *Theoreme* zum Lernen ins Gedächtnis rufen, die als Ziele für eine kindgemäße Grundschule gelten können.

Theorem: Lehrsatz, Lehrstück

Lernen ...

Unter Lernen versteht man meist das Sich-Aneignen von Wissen, Fertigkeiten und Haltungen. Wir lernen Sprechen, Lesen und Schreiben, Kochen, Backen, Schwimmen. Meist lernen wir dabei Vorgegebenes und von anderen, d.h. *rezeptiv* mithilfe von Vorbildern, Lehrern und Meistern, aus Büchern und Medien. – Jeder weiß aber auch, dass man aus Schaden klug wird. Man lernt aus Unglücksfällen und Pannen, es geht einem plötzlich ohne die Hilfe anderer »ein Licht auf«. Und manchmal haben wir Schwierigkeiten, die Wissensbegierde unserer Kinder zu stillen. All das sind Beispiele dafür, dass wir spontan, d.h. *selbsttätig* aus uns selbst lernen können. Auf diese Weise hat die Menschheit Erfindungen gemacht und Neues entdeckt, das dann von Späteren wieder rezeptiv gelernt wurde.

rezeptiv; Rezeptivität: Aufnahmefähigkeit und Zustand des Aufnehmens selbst. Ihr Gegenteil ist die Produktivität

Die erste sytematische, *erkenntnistheoretische* Auseinandersetzung mit dem Lernbegriff leisteten die Philosophen PLATON und ARISTOTELES. PLATON wandte sich dabei gegen die Vorsokratiker und Sophisten, welche die rezeptive Seite überbetonten und unter Lernen die Übernahme fremden Wissens durch einen Unwissenden verstanden. PLATON entwickelte in den Dialogen »Menon« und »Phaidon« (durch die Person und Worte des SOKRATES) eine Theorie des Lernens *als ein Sich-Erinnern*, als ein «Wiederaufnehmen uns schon angehöriger Erkenntnis» in der Form von übersinnlichen Ideen und Begriffen (vgl. SCHNEIDER 1994b, 63 ff.). Hier widerspricht ihm auch ARISTOTELES nicht, der ebenfalls das »Vorherwissen« als konstitutives Element des Lernens versteht. Im Zusammenhang mit didaktischen Überlegungen betont er aber stärker die Rezeptivität des Lernens und bringt vor allem ein Gegengewicht durch seine Erkenntnistheorie, insbesondere durch seine Lehre von der Wahrnehmung (aisthesis): ohne die *Wahrnehmung mit den Sinnen* ist Lernen nicht möglich (vgl. LORENZ/SCHRÖDER 1980, 242).

Erkenntnistheorie: Wissenschaft von der Erkenntnis; Disziplin der Philosophie, die das Wesen des Erkennens oder vorhandene Kenntnisse kritisch untersucht. Richtungen der E. sind z.B. Idealismus, Positivismus, Skeptizismus usw.

Sokrates
(469–399 v. Chr.), griechischer Philosoph, Lehrer Platons

Wir können hier nicht näher auf die Lerntheorie der beiden Philosophen eingehen. Für uns bedeutsam ist nur, dass die Theorien zum Lernen von PLATON und ARISTOTELES prägend für unsere

»Alles Lernen ist ein Sich-Erinnern«

Platon, Menon 81 d

Entdeckendes Lernen!

»Vielen, die lernen wollen, ist die Vormundschaft derer, die lehren, ein Hemmnis.

Cicero
Zitiert von Montaigne (1991, 186)

europäische Kulturgeschichte waren und ihren Einfluss auf pädagogische Konzeptionen nie verloren haben. Lernen als ein Sich-Erinnern ist die Grundlage für eine Didaktik, die sich im Gefolge des SOKRATES als »Hebammenkunst« versteht. Die Rolle der Erziehenden und Unterrichtenden ist es dabei nicht, dem Kind Wissen einzutrichtern, sondern die Selbsttätigkeit des Kindes zu »entbinden«, damit es selbst Wissen und Können hervorbringen und entfalten kann. Die Weisheit des SOKRATES, dass das Suchen wichtiger sei als das Finden und daß die Selbsttätigkeit des Denkens und das Verstehen höher als die Akkumulation von Wissen sei, wurde immer wieder als Korrektiv gegen Perioden der rationalistischen Überbewertung von Wissen und der damit verbundenen Unterdrückung von Kindern ins Feld geführt. So können wir den nebenstehenden Satz CICEROS einordnen. Auf diese Gegenbewegung bezieht sich z.B. auch Michel DE MONTAIGNE in seiner berühmten Schrift »Über die Kindererziehung« (1580), in der er nicht müde wird, Unterricht als Eintrichtern von Wissen zu kritisieren.

Gegen die Überbetonung verkopften, rezeptiven Lernens wenden sich später die Philosophen und Pädagogen wie KANT, FICHTE, SCHLEIERMACHER, HERBART, W. VON HUMBOLDT u.a. ab dem Ende des 18. Jahrhunderts mit ihren bildungstheoretischen Ansätzen, in denen platonische und aristotelische Theoreme zum Lernen ihre Vereinigung finden. In dieser Zeit entstand die Pädagogik als Wissenschaft. Ihre Ergebnisse muss jede Generation immer wieder neu durchdenken. Für unsere Überlegungen zum kindgemäßen Lernen in der Grundschule sind dabei folgende Schwerpunkte dieser Zeit von Bedeutung: Lernen als Selbsttätigkeit und als eigenständiges Hervorbringen; die Reflexivität des Lernens und die Anschaulichkeit.

Eine der wichtigsten Befunde pädagogischer Forschung zum Lernen am Ende der Aufklärungszeit war die *Selbsttätigkeit und das eigenständige Hervorbringen* beim Lernen. In KANTS Pädagogikvorlesung, die der Königsberger Philosoph von 1780 an gehalten hat, finden wir:

»Das Verstehen hat zum größten Hilfsmittel das Hervorbringen. Man lernt das am gründlichsten ..., was man gleichsam aus sich selbst lernt« (Kant 1923, 477).

Ziel von Erziehung und Bildung ist die harmonische, »proportionierliche und zweckmäßige« Ausbildung aller Anlagen und

2. Lernen und Spielen

Kräfte des Menschen. Das geschieht durch die Integrationsrolle der Urteilskraft: Sinne, Intellekt, Einbildungskraft, Gefühl und Wille des Subjekts wirken zusammen und fördern das vernunftgeleitete freie Handeln der Person (KANT 1923, 446). FICHTE macht das zur zentralen Bestimmung des Lernbegriffs: Der Mensch ist selbstständig, indem er lernt!

Mit der Betonung des selbsttätig lernenden Subjekts werden auch die Sinne aufgewertet. Der Lernprozess richtet sich dann nicht als Reproduktion auf einen vorgesetzten Lerngegenstand, sondern wird durch die sinnliche Wahrnehmung ausgelöst. Wir beziehen das Wahrgenommene durch die reflexive Urteilskraft auf unser subjektives »Lebensgefühl«, wir urteilen und üben Kritik. Nach KANTS »Kritik der Urteilskraft« kommt der reflexiven Urteilskraft eine Erkenntnisqualität zu. Durch unsere Reflexivität haben wir Zugang auf das *Ästhetische* als einer autonomen Form menschlicher Erfahrung. KANT gelingt in der Kritik der Urteilskraft der Nachweis, dass dem Subjekt in der Kontemplation des Naturschönen durch die Reflexion ein Weg eröffnet wird, mit sich identisch zu werden, d.h. Selbsterfahrung und praktische Vernunft in Einklang zu bringen. Die *Reflexion* hat folglich eine zentrale Bedeutung für das Lernen, weil das Ziel von Erziehung und Bildung im moralischen Handeln gesehen wird (SCHNEIDER 1994a). Seit dem Erscheinen von KANTS Kritik der Urteilskraft (1790) steht die »ästhetische Erziehung« im Mittelpunkt der Pädagogik dieser Zeit – nicht nur in SCHILLERS »Ästhetischen Briefen«, sondern auch in der Bildungstheorie W. V. HUMBOLDTS (SCHNEIDER 1988, 206f.).

Ästhetik: von griech. aisthesis, sinnliche Wahrnehmung. Seit dem 18. Jh. eingeführter Begriff für die Theorie vom Schönen in der Kunst und in der Natur, später philosophische Disziplin (Kunstphilosophie)

Konkreter auf das Lernen bezogen, bedeutet die Reflexion nach W. V. HUMBOLDT ein Zweifaches: Lernen lässt sich nicht vom *Lerngegenstand*, dem Thema des Lernens trennen, mit dem wir unsere Lernerfahrungen machen. Das zweite ist das *Lernen des Lernens*: Wir können im Lernen reflektieren, wie wir lernen. HUMBOLDT weist dies dem Elementarunterricht zu (vgl. PRANGE 1998, 11; LORENZ/SCHRÖDER 1980, 242ff.).

Lernen des Lernens ist nur am Lerngegenstand möglich

Ein wichtiger Begriff für den Bereich des schulischen Lehrens und Lernens war in dieser Zeit der Begriff der *Anschauung*. Anschauung ist der leiblich-sinnliche Teil beim Erkenntnisvorgang. Bei KANT lesen wir:

»Ohne Sinnlichkeit würde uns kein Gegenstand gegeben und ohne Verstand keiner gedacht werden. Gedanken ohne In-

»Grundschüler sind nicht leiblose und neutrale selbstreflektive Identitäten, die einen Leib als ›Erdenrest‹ zu tragen peinlich‹ haben, sondern sie entwickeln eine personale Identität nur so weit und gut, wie sie die Möglichkeiten erhalten, sich mit der Reichweite und den Grenzen der sinnlichen Organisation ihres Leibes in immer neuer Erprobung auseinanderzusetzen. Bildung, die nur die Kognition ausbaut, hinterlässt nicht nur dumme, dumpfe und brutale Leiber, sie bringt auch Menschen hervor, welche die lebendige Natur nur unter dem Gesichtspunkt ökonomischer Verwertung zu sehen vermögen (leibfeindliche Erziehung schafft ökologiefeindliche Monster).«

Gottfried Bräuer in: Schneider 1988, 39

Die Schule ist nicht der ausschließliche Erfahrungsraum für das selbsttätige Lernen der Kinder: Schule muss sich öffnen!

halt sind leer, Anschauungen ohne Begriffe sind blind« (KANT 1904, 75).

Lernen muss daher bei der Anschauung anfangen, da »jede Erkenntnis von der Anschauung ausgehen und auf sie müsse zurückgeführt werden können« (PESTALOZZI 1952, 307). Beim Anschauungsunterricht und beim ganzheitlichen Lernen »mit Kopf, Herz und Hand« (PESTALOZZI) setzte auch die Reformpädagogik seit dem Ende des 19. Jahrhunderts an und entwickelte Formen des entdeckenden und exemplarischen Lernens, der Projektmethode, der ästhetischen Erziehung und vieles andere mehr. – Man könnte aus den Forschungsergebnissen zum Lernen, die seit der Klassik immer wieder die pädagogische Reflexion angeregt haben, folgenden *Dreischritt des Lernens* formulieren:
– Wahrnehmen und Verstehen,
– Reflexion und Kritik,
– Handeln.
Grundschulpädagogik müßte eine Ermöglichungspädagogik für diesen Dreischritt sein.

Nach diesen subjektorientierten Überlegungen zum Lernprozess müssen wir noch kurz den *Lerngegenstand* ins Auge fassen, der ja vom Lernen nicht trennbar ist. Dazu müssen wir eine weitere Thematik aus alten Tagen heranziehen, die im Zusammenhang mit der reformpädagogischen Neuorientierung der Grundschule in jüngster Vergangenheit wieder aufgegriffen wurde und eine Konsequenz der subjektorientierten Konzeption von Lernen ist: Die *Öffnung der Schule*. Wenn die Schule nicht die Aufgabe haben soll, Wissen einzutrichten, kann sie auch nicht die Bildungsstätte schlechthin, d.h. ausschließlicher Erfahrungsraum für das selbsttätige Lernen der Kinder sein, sondern muss sich öffnen.

Kinder sollen nicht nur aus Schulbüchern lernen, sondern «zu den Sachen selbst» geführt werden – die Welt soll zum Buch werden:

»*Diese große Welt ... ist der Spiegel, in den wir schauen müssen, um uns im richtigen Winkel zu sehen. Kurz ich will, dass dies das Buch meines Schülers sei*«,

schreibt schon Michel DE MONTAIGNE (1991, 196). Dem Kind soll die Welt, das Leben (außerhalb der Schule),

2. Lernen und Spielen

> »ein Zimmer, ein Garten, Tisch und Bett, die Einsamkeit, die Geselligkeit, Morgen und Abend ... jeder Ort gut zum Studium«

sein. Der Schüler würde sich weniger langweilen als andere und weniger ermüden bei einer

> »Unterweisung, die ihm wie von ungefähr begegnet, an keine Zeit und keinen Ort gebunden, und all unser Tun durchdringt... Die Spiele sogar und die Übungen werden ein gut Teil des Unterrichts sein« (202).

Lernen im »Buch der Welt« ist ein altes pädagogisches Thema, von dem im Hinblick auf die Schule die Idee des Lernens durch Unterrichtsfächer nicht zu trennen ist. Fächer repräsentieren Bereiche der Wirklichkeit, die zum Verstehen der Welt notwendig sind, weil sie abstrakt sind und wir nur über Abstraktionen unsere Lebenswelt reflektieren können – und damit lernen. Gewiss, MONTAIGNE kannte die klaren Aussagen KANTS und seiner Zeitgenossen dazu noch nicht, denen wir oben begegnet sind. Er hatte den Einzelunterricht durch den Hauslehrer im Auge, der sich aber auch mit Fächern abspielte. Seine Forderungen scheinen sich nicht direkt auf die heutige Schule übertragen zu lassen, die als öffentliche Einrichtung durch überprüfbare Planung das Lernen der Schüler regeln muss. Der Lernprozess des Einzelschülers und die Lerngegenstände werden durch Lehrpläne geregelt und geraten zwangsläufig in Konflikt, wenn sich die Schule nicht auf die Welt hin öffnet. Denn durch die Reglementierung des Lernens wird die Selbsttätigkeit und kindliche Spontaneität beim Lernen beeinträchtigt, ja streckenweise sogar unmöglich gemacht. Das ist ein Thema der Schulkritik aller Epochen. Eine Auflösung dieses Widerspruchs ist kaum in Sicht, weil mit der Abschaffung der Schule gerade die benachteiligten Schichten Schaden erleiden würden. Lehrpläne sind notwendig zum Schutz der Schüler und Lehrer/innen nach innen und außen. Darüber muss hier nicht nachgedacht werden. Wohl aber darüber, wie der Widerspruch möglichst klein gehalten werden kann. Die Schule kommt nicht aus der pädagogischen Pflicht, die nötigen Freiräume für ein Lernen zu schaffen, bei dem

Öffnung der Schule und Lehrplan

➔ *Kapitel 13*

- Selbsttätigkeit und kindliche *Spontaneität* möglich ist,
- das ganze Kind in das Lernen involviert ist, mit allen Sinnen, *Kopf, Herz und Hand*,
- das *Lernen möglichst an den Sachen selbst* stattfinden kann und nicht am medialen Surrogat,

– die *kindliche Lebenswelt* ernst genommen und eine *Öffnung auf die Welt* möglich wird.

Der Freiraum für kindgemäßes Lernen muss für die Kinder verteidigt werden

Dieser Freiraum kindgemäßen Lernens muss nicht nur durch den Lehrplan ermöglicht werden, er muss auch von der Lehrerin und dem Lehrer ergriffen und von ihnen für die Kinder verteidigt werden.

... und Spielen

Von der Lebenswelt des Kindes ist das Spiel nicht zu trennen. Es ist aber nicht nur ein Spezifikum des menschlichen Kindes, sondern auch von Jungtieren. Aus der Tierverhaltensforschung wissen wir, dass Jungtiere durch das Spiel lernen; es ist eine Phase ihrer Funktionsentwicklung. Bei den Säugetieren und besonders bei den Primaten kann dem Jungtier alles zum Spielgegenstand werden, was Neugierverhalten auslöst und dadurch zum Gegenstand selbsttätigen Lernens werden.

Eltern und Erzieher wissen, wie Kinder gerade durch das Spiel ihre Körperfunktionen einüben und sicher werden im Gebrauch ihrer Glieder, in der Anpassungsfähigkeit der Augen, im Gefühl für Entfernung usw. Das kindliche Spiel übersteigt aber die körperliche Ebene: Jeder kennt die Freude der spielenden Kinder

2. Lernen und Spielen

am Erfinden und Gestalten, ihr Gefühl für das Symbolische und Mythische.

Hier setzten vor allem die anthropologischen Spieltheorien von F. J. J. BUYTENDIJK (1933) und Jan HUIZINGA (1962) an. HUIZINGA stellt dem homo sapiens und dem homo faber den homo ludens zur Seite. In seinem berühmten Werk »Homo ludens« stellt er das Spiel als eine weiter nicht ableitbare Lebenserscheinung dar: ein freies Handeln, von dem die Kultur ihren Ursprung hat. Kunst, Sprache, Zeremonien, Riten und Mythen, ja sogar die Ordnungen sozialer Gemeinschaften haben das Spiel zur Grundlage und werden durch das Spiel aufrecht erhalten.

Vor diesem Hintergrund erübrigt sich eine Rechtfertigung des Spielens in der Grundschule jenen gegenüber, die von der Schule nur nützliche und messbare Lernergebnisse einfordern. Spielen in der Grundschule ist Kulturarbeit.

Spielen in der Grundschule ist Kulturarbeit

In der o.a. Periode des sog. ästhetischen Humanismus am Ende des 18. Jahrhunderts wurde der Begriff des Spiels erstmals philosophisch relevant: KANT bestimmt in seiner Kritik der Urteilskraft das ästhetische Geschmacksurteil als subjektiv und dennoch allgemein gültig, weil bei ihm die Erkenntniskräfte nicht durch einen bestimmten Begriff »eingeschränkt« werden, sondern im »Gefühl des freien Spiels der Vorstellungskräfte«, also von Verstand und Einbildungskraft, entfaltet werden (KANT 1908, 217). Friedrich SCHILLER entfaltet dieses Theorem dann 1795 in seinen Briefen «Über die ästhetische Erziehung des Menschen» auf das Verhältnis von Schönheit und Freiheit, von Ästhetik und Anthropologie und kommt zu dem vielzitierten Satz:

> »*Der Mensch spielt nur, wo er in voller Bedeutung des Worts Mensch ist, und er ist nur da ganz Mensch, wo er spielt*« (SCHILLER 1986, 359).

Alle weiteren philosophischen Ableitungen des Spielbegriffs – von SCHLEIERMACHER bis SARTRE – sehen das Spiel in einer sittlichen Dimension im Kontext einer Philosophie der Freiheit. Damit wird die Relevanz des Spielbegriffs für die Pädagogik noch einmal deutlich (CORBINEAU-HOFFMANN 1995, 1386; SCHNEIDER 1994a, 120).

Wir haben oben gesehen, dass der Lernbegriff durch seine Bestimmung als Selbsttätigkeit zum Korrektiv für eine rationalistische Einengung wird. Die Nähe eines solchen Lernens zum Spiel, das ja zweckfrei und par excellence selbsttätig ist, wird deutlich und von vielen Autoren betont. Dabei wird das Spielen nicht nur als Domäne der Kinder gesehen, die von der Arbeit der Erwachsenen zu unterscheiden ist. Unter dem Aspekt der Selbstgestaltung und Selbsttätigkeit kann eine Kontinuität zwischen Kindern und Erwachsenen festgestellt werden. Für Rudolf ZUR LIPPE ist der verbindende Begriff das Spielen:

Das Spiel der Kinder ist eine freie Form von Arbeit

»*Spiele sind nicht Vorbereitung auf die Wirklichkeit, sondern selber Schritte in der Wirklichkeit, jedenfalls, wo Kinder aus sich heraus Spiele entwickeln. ... Nichts unterscheidet dieses Spielen von einer freien Form der Arbeit. ... Kinder gestalten ihre Anlagen zu Fähigkeiten, indem sie »spielen«; sie gestalten ebenso die Umwelt zu einer Mitwelt bestimmter Gegenüber; sie nehmen darin als Selbst Gestalt an und gestalten Beziehungsmodelle und Formen der Äußerung und Begegnung in verschiedenen Situationen; sie gestalten zunehmend auch Verhältnisse und Beziehungen zwischen anderen Menschen, äußeren Vorgängen und Gegenständen*« (ZUR LIPPE 1987, 275ff.).

Grundschulunterricht will zu allererst, dass die Kinder das Denken lernen. Aus dieser Zielsetzung darf nicht abgeleitet werden, dass die Leiblichkeit der Kinder, ihre emotionale Befindlichkeit und ihre Ausdrucksbedürfnisse dem Kognitiven untergeordnet wären. Als unzertrennliches Paar kennzeichnen Lernen und Spielen den Königsweg einer kindorientierten Grundschule.

Das Emotionale darf dem Kognitiven nicht untergeordnet werden

Wenn also Spielen als wichtige Arbeit in der Grundschule bezeichnet werden kann, bedarf es zum Lernen auch einer professionellen Ermöglichung des Spiels. Lehrerinnen und Lehrer müssen nicht nur den Freiraum für das selbsttätige Spiel der Grundschulkinder gegenüber Eltern und vielleicht der Schulaufsicht verteidigen, sie müssen auch kompetent sein für die Realisierung des Spielens in der Schule. Dazu bedarf es nicht nur einer gründlichen Kenntnis der Regeln und Möglichkeiten, sondern auch einer entsprechenden Aus- und Weiterbildung. Lehrkräfte sind Spielexperten: im Schulleben, bei Fest und Feier, bei Ausflügen und in der Schulpause, ja im Unterricht selbst (SCHNEIDER 1990).

Grundschullehrer und -lehrerinnen sind Experten des Lernens und Spielens

2. Lernen und Spielen

Zusammenfassung

In der Grundschule sollte dem selbsttätigen (spontanen) und reflexiven Lernen ein Vorrang vor dem rezeptiven Lernen eingeräumt werden. Ausgehend von der kindlichen Lebenswelt muss sich das Lernen an den Sachen selbst (vom Nahen zum Fernen) ganzheitlich vollziehen. Voraussetzung dafür ist die Öffnung der Schule. – Das Spiel ist ein wesentlicher Teil der kindlichen Lebenswelt zur Einübung lebensnotwendiger Körperfunktionen, symbolischer Ausdrucksmöglichkeiten und sozialer Kompetenzen. Als selbsttätiges und zweckfreies Handeln ist das Spiel eng mit dem Lernen verbunden, sodass es nicht vom Arbeiten der Erwachsenen unterschieden werden kann. Zur Realisierung einer kindorientierten Grundschule sollte Lernen und Spielen begrifflich nicht getrennt werden.

Verwendete Literatur

Corbineau-Hoffmann, A.: Spiel. In: J. Ritter & Karlfried Gründer (Hg.): Historisches Wörterbuch der Philosophie Bd. 9. Basel 1995

Einsiedler, W.: Das Spiel der Kinder. Zur Pädagogik und Psychologie des Kinderspiels. Lad Heilbrunn 1994[2]

Flitner, A. (Hg.): Das Kinderspiel. München 1988[5]

Flitner, A. u.a.: Spielen – Lernen: Praxis und Deutung des Kinderspiels. München 1996[10]

Kant, I.: Kritik der reinen Vernunft. Akademie-Ausgabe Bd. III. Berlin 1904

Kant, I.: Kritik der Urteilskraft. Akademie-Ausgabe Bd. V. Berlin 1908

Kant, I.: Pädagogik. Akademie-Ausgabe Bd. IX. Berlin 1923

zur Lippe, R.: Sinnenbewusstsein. Grundlegung einer anthropologischen Ästhetik. Reinbek bei Hamburg 1987

Lorenz, S./Schröder, W.: Lernen. In: J. Ritter & Karlfried Gründer (Hg.): Historisches Wörterbuch der Philosophie Bd. 5, Basel 1980

Michel de Montaigne: Über die Kindererziehung. In: Essais. Zürich 1991

Pestalozzi, J.H.: Sämtliche Werke, Bd. 13. Berlin 1952

Prange, K.: Lernen des Lernens: Zur Problematik der Reflexivität im Lernprozess. In: Didaktisches Design. Zeitschrift für Wissenschaftliche Weiterbildung und Angeleitetes Selbststudium 3/1998/3

Scheuerl, H.: Das Spiel. Bd. 1: Untersuchungen über sein Wesen, seine pädagogischen Möglichkeiten und Grenzen. Weinheim 1990

Scheuerl, H.: Das Spiel. Bd. 2: Theorien des Spiels. Weinheim 1991

Schiller, F.: Über die ästhetische Erziehung des Menschen in einer Reihe von Briefen. Schillers Werke. Nationalausgabe. Bd. 20. Weimar 1986[2]

Schneider, G.: Zur Theorie der Ästhetischen Erziehung in der Grundschule. In: G. Schneider (Hg.): Ästhetische Erziehung in der Grundschule. Argumente für ein fächerübergreifendes Unterrichtsprinzip. Weinheim 1988

Schneider, G.: Fest und Feier. Studieneinheit im Fernstudienlehrgang Musisch-Ästhetische Erziehung in der Grundschule. Deutsches Institut für Fernstudien an der Universität Tübingen 1990

Schneider, G.: Naturschönheit und Kritik – Zur Aktualität von Kants Kritik der Urteilskraft für die Umwelterziehung. Würzburg 1994a

Schneider, G.: Philosophieren mit Kindern – Anmerkungen zur pädagogischen Begründung einer traditionsreichen Praxis. In: Ekkehard Martens/ Helmut Schreier (Hg.): Philosophieren mit Schulkindern. Philosophie und Ethik in Grundschule und Sekundarstufe I. Heinsberg 1994b

Was Sie sonst noch lesen sollten

Naegele, I./Haarmann, D.: Grenzenlose Verständigung im Spiel. – Schulanfang, interkulturelles Lernen, Förderunterricht. In: D. Haarmann (Hg.): Handbuch Grundschule Bd. 2. Weinheim 1997

Lernen Lernen. Themenheft PÄDAGOGIK, Hamburg 50/1998/3

Spiele der Kinder. Interdisziplinäre Annäherungen. Hrsg. v. E. Renner, S. Riemann, I.K. Schneider und Th. Trautmann. Weinheim 1997

Fragen und Aufgaben

☐ Wenn Sie sich an Ihre eigene Grundschulzeit erinnern: Wie würden Sie das Lernen und Spielen damals einordnen? Was würden Sie als wichtigstes Ergebnis des Lernens dieser Zeit bezeichnen?

☐ Wo sehen Sie die Grenzen der Selbsttätigkeit? Gilt das Ziel selbsttätigen Lernens Ihrer Meinung nach für alle Kinder?

☐ Bereiten Sie einen Elternabend vor und versuchen Sie mit einfachen Worten die Eltern vom »Königsweg« in der Grundschule zu überzeugen.

3. Kind und Grundschule heute

Kind und Grundschule – was fällt uns spontan dazu ein? Können wir z.B. dem Medienpädagogen Neil POSTMANN zustimmen, der einmal provozierend gesagt hat, dass alle Kinder als *Fragezeichen* in die Schule kommen und diese wieder als *Punkt* verlassen? Oder ganz anders formuliert: Betreten die Kinder zu Beginn ihrer Grundschulzeit ein buntes *Haus des Lebens und Lernens* oder die kalten Flure einer *Belehrungsanstalt*?

Der Hintergrund solcher Schwarz-weiß-Metaphern über das Kind und die Grundschule sind die unterschiedlichen Erfahrungen und Wahrnehmungen, die wir mit diesen Begriffen verbinden und in uns als Bilder bewahrt haben. So kann uns das Nachdenken über diesen grundlegenden Zusammenhang die Augen öffnen für folgende Alltagserfahrungen von Kindern: Der Schuleintritt ist für jedes Kind ein bedeutsamer Einschnitt in seiner Entwicklung – es lernt in der Regel zum ersten Mal ein großes unübersichtliches Bildungssystem kennen, eine Institution der Erwachsenen, häufig so ganz anders als die vertraute, überschaubare Lebenswelt in der Familie, im Kindergarten, im Hort. Die dem Kind vermittelten üblichen Erwartungen der Erwachsenen (etwa in der Aussage: »Unser Kind ist jetzt ein Schulkind!«), die heutigen Einschulungen im Zeitgeist als Medien- und Konsumereignis, die kindereigenen Vorstellungen und Vorfreuden, aber auch die stillen Ängste und Befürchtungen vor dem Sprung in eine andere Welt – alles das zusammen stürmt auf das Kind ein! Natürlich versuchen Eltern, Pädagoginnen und Pädagogen diesen Übergang zwischen »Bruch« und »Brücke« für das Kind passend zu machen – von einem gleitenden Schulanfang mit »Schnupperstunden« in der Schule bis zu einem streng ritualisierten Einschulungstag für die neuen »ABC-Schützen« (!).

Gehen wir auf eine Gedankenreise in unsere eigene Grundschulzeit: An welche Situationen erinnern wir uns? Welche Gerüche, welche Geräusche, welche Gefühle können wir wiederbeleben? Gab es Glücksgefühle, Tränen oder Verletzungen?

Was könnte aus dem Inhalt von Schultüten abgelesen werden?

Diese Veranschaulichung erlaubt uns, erste Spannungen, Widersprüche und Antinomien zu erkennen:
– Kind und System,
– natürliches Lernen im Alltag und »Belehrung« in der Schule,
– das Echte und Spannende der direkten Erfahrungen in der kindlichen Umwelt und die Künstlichkeit der Schule,

> Aussage eines Vater: »Wenn mein Kind nicht nach einem Monat lesen gelernt hat, ist das eine schlechte Schule!«

- die Neugier auf andere Kinder und der z.T. überzogene Erwartungsdruck der Eltern auf die möglichst schnell zu zeigende »Schul-Leistung«,
- das spontane »Ich« und das zu erobernde, verpflichtende »Wir«,
- den Freiraum von Bewegung und Körper und die Begrenzung des Schulsystems.

Zu fragen wäre deshalb in differenzierender Weise, welche Erwartungen heute vom Bildungssystem, von der Öffentlichkeit, von den Eltern an das Grundschulkind herangetragen werden und wie das Kind mit seinen Erwartungen und Fähigkeiten seinen Platz in der Grundschule findet.

Der Vorschlag, aus der Sicht der Kinder einen Blick auf das skizzierte grundschulpädagogische Problemfeld zu werfen, wird auf geradezu klassische Weise von Erich KÄSTNER in seiner bekannten »Ansprache zum Schulbeginn« thematisiert:

> *Erich Kästner* (1899–1974), bekannter Autor von Romanen, Satiren, Lyrik und Kinderbüchern (z.B. »Emil und die Detektive«) war Lehrer, Redakteur, Schriftsteller mit Humor, aufklärerischem Geist (1933 Schreibverbot) und einer bewundernswerten Sensibilität für Kinderwelten.

> *»Lasst euch die Kindheit nicht austreiben! Schaut, die meisten Menschen legen ihre Kindheit ab wie einen alten Hut. Sie vergessen sie wie eine Telefonnummer, die nicht mehr gilt. Ihr Leben kommt ihnen vor wie eine Dauerwurst, die sie allmählich aufessen, und was gegessen worden ist, existiert nicht mehr. Man nötigt euch in der Schule eifrig von der Unter- über die Mittel- zur Oberstufe. Wenn ihr schließlich droben steht und balanciert, sägt man die ›überflüssig‹ gewordenen Stufen hinter euch ab, und nun könnt ihr nicht mehr zurück! Aber müsste man nicht in seinem Leben wie in einem Hause treppauf und treppab gehen können? Was soll die schönste erste Etage ohne den Keller mit den duftenden Obsthorden und ohne das Erdgeschoss mit der knarrenden Haustür und der scheppernden Klingel? Nun – die meisten leben so! Sie stehen auf der obersten Stufe, ohne Treppe und ohne Haus, und machen sich wichtig. Früher waren sie Kinder, dann wurden sie Erwachsene, aber was sind sie nun? Nur wer erwachsen wird und Kind bleibt, ist ein Mensch!«* (KÄSTNER 1968, 55f.)

Erwartungen an die Grundschule

Eine anschauliche Möglichkeit, die Perspektive der Kinder einzunehmen, ist folgendes Szenarium:

3. Kind und Grundschule heute

Stellen wir uns vor, wir sollten als Erwachsener mit einer Gruppe von fünf Kindern eine Gebirgswanderung durch ein unwegsames Gelände unternehmen! Das Ziel ist ein hochgelegener Pass, an dem sich die Wege der Kinder trennen. Bis dahin haben wir die Verantwortung für jedes Kind. Alle Kinder sollen zusammen ankommen, die Wanderung entsprechend ihren Fähigkeiten bewältigen und auch Freude daran haben. An der Wegstrecke gibt es viel zu entdecken, zu genießen und zu erproben, doch neben wundervollen Wiesen befinden sich auch gefährliche Klippen, Geröllabhänge und Fallgruben. Die Kinder selbst sind sehr verschieden: Da ist das unerfahrene Stadtkind, der Sohn des Ziegenhirten, der sich im Gelände schon auskennt, ein blindes Kind, ein aktives Kind mit einem Gipsbein und ein hochbegabtes Forscherkind ...

Wie können wir diese Aufgabe lösen, was könnten wir praktisch tun? Lassen wir uns zunächst beispielhaft auf mögliche Sichtweisen von Kindern ein: Das Stadtkind ist hier fremd, möchte aber voll Neugier sofort losrennen, sich bewegen, etwas Spannendes erleben, überfordert sich und rutscht aus. Der »Ziegenpeter« möchte allen zeigen, wie gut er sich im Gelände auskennt und ist damit ein wichtiger Helfer bei der Wanderung. Aber möchte er die ganze Wegstrecke nur für andere da sein?

Wenn wir das Szenarium weiter mit den unterschiedlichen Bedürfnissen und Fähigkeiten der Kinder durchspielen, lassen sich die Komplexität und die Herausforderung für den Erwachsenen erahnen – gibt es Lösungen? Ideen und Lösungen für die Aufgabe wurden bei Veranstaltungen mit Eltern, in Seminaren und Workshops von *Erwachsenen* mit folgenden Vorschlägen vorgestellt:

Der Erwachsene zieht einen »Bollerwagen« mit allen Kindern die Berge hinauf, der Erwachsene trägt das Kind mit dem Gipsbein und führt dabei die Gruppe, die Kinder werden in Zweiergruppen auf den Weg geschickt und der Erwachsene »sichert« nach hinten ab ... Bei den Gesprächen mit Kindern über die Gebirgswanderung gab es folgende Lösungsvorschläge: »Zuerst setzen wir uns hin und frühstücken ...« – »Wir fassen uns alle an und helfen uns dabei ...«

Vielfalt als Herausforderung. Überlegen Sie: Welche Lernchancen haben die Kinder im Bollerwagen? An welches Bild von Schule erinnert dieser Vorschlag?

In diesen direkten Aussagen spiegelt sich sowohl die Erwartung der Kinder an eine einfache Lösung wider als auch der Wunsch nach *Zugehörigkeit, Verantwortungsübernahme* und *Hilfe*. Zugleich rücken für uns im Nachdenken über das Beispiel auf der Metaebene zentrale Forderungen an die Grundschularbeit und Grundschulpädagogik in den Blick – als schwierige »Gratwanderung« zwischen den Bedürfnissen von Kindern und den gesellschaftlichen Anforderungen an die Grundschule, wie sie in Kapitel 7 »Grundschultypische Spannungsfelder« ausdifferenziert werden. Es sind vor allem folgende Erwartungen und Forderungen:

– Kinder wahrzunehmen und zu fördern in der Begleitung und Entwicklung individueller Fähigkeiten und der Verpflichtung auf Sozialität, Gemeinschaft, Leistung;
– Grundschule als Basislager für die gemeinsame Wanderung so zu gestalten, dass daraus für Kinder der entscheidende Lern- und Lebensort wird;
– die Persönlichkeitsentwicklung der Kinder als untrennbaren Zusammenhang von Lernen und Spielen, von Lebens- und Lernproblemen, von Leiblichkeit und Kognition zu verstehen;
– die unterschiedlichen Voraussetzungen, Erfahrungen und Lernstände der Kinder (Heterogenität) als Chance und nicht als Bedrohung zu begreifen.

Derartige Erwartungen, Folgerungen und Forderungen finden sich in zahlreichen grundschulpädagogischen Positionsbestimmungen (u.a. BENNER 1997, DREWS 1997, FAUST-SIEHL u.a. 1996, FLITNER 1996, FÖLLING-ALBERS 1992, GARLICHS 1997, HAARMANN 1997, PRENGEL 1995, PETTILLON 1997, SCHNEIDER 1992, WALLRABENSTEIN 1995).

Ein genauer Blick auf die Kinder in der Grundschule muss die Persönlichkeit des Kindes im Wechselspiel mit seiner Lebenswelt und der Grundschule thematisieren. Dafür betrachten wir beispielhaft den Erfahrungsraum von zwei Kindern:

Tanja fällt schon am ersten Schultag auf. Still, leise und unsicher verfolgt sie mit großen Augen das Geschehen um sich herum. Als ihre Lehrerin sie freundlich anspricht, schrickt sie zusammen und sagt kein Wort. Tanja sieht ihren Vater häufig nur am Wochenende, liebt ihre Mutter, die arbeiten geht, über alles. Sie bekommt viele Süßigkeiten, hat eine Puppe, mit der sie viel spricht und macht ihre Hausaufgaben beim Fernsehen.

Marginalien:

Freinet hat die Zielsetzung der Schule für ein gleichzeitiges, gleichartiges und gleichmäßiges Lernen als Treppensteigen provokativ mit einem Text auf den Kopf gestellt: »Adler steigen keine Treppen!«

→ *Kapitel 7*

Eine Lehrerin erzählt: »In meiner ersten Klasse habe ich Kinder, die kaum Zuwendung bekommen, neben Kindern, die sich gut in eine Gruppe einfügen können. Da sind egozentrische, schmollende Prinzessinnen neben kleinen, aggressiven Machos, Überverwöhnte und Verwahrloste, Hyperaktive und die netten, angepassten Kinder – alle in einer Klasse!«

Jedes Kind braucht seine eigene Lernzeit und seinen eigenen Lernweg.

Lernen ist in Lebensbezüge eingebettet. Für die Lösung von Lernproblemen müssen sich Lehrerinnen und Lehrer den Lebensproblemen stellen.

H. v. Hentig

3. Kind und Grundschule heute

Malte kennt die Schule von seinen Geschwistern, hat im Kindergarten das Wort geführt, besitzt 22 Kinderbücher, sitzt zu Hause schon am Computer, findet die neue Lehrerin ganz nett, verabredet sich am ersten Schultag mit fünf Kindern, erkundigt sich nach der Begrüßungsrede des Schulleiters, wann es denn nun endlich losgehe und sagt am zweiten Schultag, nachdem die Lehrerin liebevoll die selbstgebastelte Lesefigur (noch ohne Augen!) präsentiert, warum denn ihr lieber »Fu« noch nicht lesen könne: »Der kann sowieso nicht lesen, ist ja nur ein Strumpf.«

Das sind zwei von 28 Lernausgangslagen, nur zwei von 28 verschiedenen, unverwechselbaren Kindern, die ein Entfaltungsrecht haben, das Recht, sich in einer neuen Gemeinschaft zu entwickeln. Der Schulalltag mit seinen hundert verschiedenen Interaktionen in einer Unterrichtsphase bestimmt nun weitgehend, wie es mit Tanja und Malte weitergeht: Malte wird von der Lehrerin Aufgaben in der Klasse übertragen bekommen, die neue Lernerfahrungen bieten und den Vorstellungen von sozial aktiven und organisationsfähigen Kindern entsprechen. So werden, wie von selbst, seine Fähigkeiten gefördert.

Aber auch Tanja wird am zweiten Tag in einer *kleinen Gruppe* von Kindern Gelegenheit und Zeit haben, eine neue Lernumwelt selbst zu entdecken, die so ausgestattet ist, dass sie zum Spielen, Schreiben am PC, zum Singen, Malen, Drucken und Basteln angeregt wird. Aus gemeinsamen Tätigkeiten ergeben sich zwangsläufig Gespräche, und so lässt sich kindorientierte *Verständigung praktizieren*, die einen behutsamen Übergang zwischen Handeln und Sprechen herstellt. Die Lehrerin wird die Kinder beraten und ihnen Vertrauen einflößen. Sie wird gemeinsam mit ihnen etwas tun. Tanja vielleicht zu einem Spiel mit ihrer Puppe ermuntern und ihr helfen, auf die anderen Kinder einzugehen, sodass Tanja ihre Erfahrungen einbringen, sie mit anderen verbinden, konfrontieren, bearbeiten kann.

Kleine Schritte auf dem Weg zum Selbstwert und zur Selbstständigkeit

Die Wirklichkeit mit 28 verschiedenen Kinderbedürfnissen und einem aufregenden Unterrichtstag ist natürlich noch viel komplizierter.

Überlegen wir: Welche kindlichen Erfahrungen und Erlebnisse sind so in dieser Klasse versammelt, wie viele Bedürfnisse nach Anerkennung, nach emotionaler Zuwendung, nach Orientierung, nach Grenzen aber auch nach neuen anderen Erfahrungen, nach Gesprächen, Bewegung! Zugleich wird aus der Sicht der Kinder deutlich, welche Verantwortung die Grundschule übernehmen

Grundsicherheit geben, Angenommensein vermitteln und Urvertrauen schaffen – Grundlagen für Grundschularbeit

muss, die Lernneugierde und die Lernfreude am Anfang der Grundschulzeit weiter zu entwickeln – als Entgegensetzung des jüngst nachgewiesenen deutlichen Abfalls in diesem Bereich schon im zweiten Schuljahr (WEINERT/HELMKE 1997, 487).

In sozialisationstheoretischer und pädagogischer Sicht erkennen wir am Beispiel die zentrale Bedeutung des *Erfahrungsraumes Grundschule*: Das Kind erwirbt mit dem Schulanfang einen neuen Status – es wird nun »Schüler« oder »Schülerin« und muss sein bisheriges *Selbstkonzept*, seine *Identität* erweitern und umarbeiten. Dieser permanenten Herausforderung durch die Schule begegnen Kinder heute sehr unterschiedlich – je nach Sozialisationserfahrung (vgl. dazu auch v. HENTIG 1993, 199). Bei relativ stabilem Selbstkonzept auf der Grundlage von *Ermutigungserfahrungen* kann der Übergang zu *selbstverantwortetem Lernen* als Hauptziel der Grundschularbeit gelingen – bei einer Misserfolgsorientierung kann der Anspruch an die *Grundlegung von Bildung* nur schwer erfüllt werden.

Was erwarten Kinder – was denken sie?

Der bedeutsame Schritt von Kindern aus der vorschulischen Lebenswelt in die Institution Schule bedeutet heute vor allem, das grundlegende »Passungsproblem« zwischen den internalisierten Handlungsmustern, Werten und Normen aus der familialen Erziehungswelt einer Informations- und Risikogesellschaft und den Zielen eines erziehenden Unterrichts der staatlichen Regelschule wahrzunehmen. Deshalb ist eine Orientierung über die grundlegenden Probleme heutiger Kindheit, über die Vorstellungen und Gefühle von Kindern in Bezug auf Schule und Umwelt eine notwendige Voraussetzung jeglicher Grundschularbeit.

Veränderte Kindheit verlangt eine veränderte Grundschule

Ein Blick in die Kindheitsforschung zeigt: Wir wissen heute mehr denn je über die Erwartungen, Ängste und Bedürfnisse von Kindern in Bezug auf die Grundschule, weil zahlreiche Untersuchungen und Forschungsprojekte sowohl den Alltag von Grundschulkindern, ihre je unterschiedlichen, »verinselten« Lebenswelten, den Wandel der Kindheit mit der Ausbildung veränderter Grundbedürfnisse und Moralvorstellungen, die »Diversifikation« von Kindheitsmustern, die veränderten Raum-, Zeit- und Spielstrukturen beschrieben haben als auch die entsprechenden Auswirkungen auf den Unterricht und das Schulleben. Dementsprechend wird eine stärkere Orientierung auf das Kind gefordert

Kinder sehen eine Balance zwischen Außenwelt und Innenwelt, zwischen ihren »Ich«-Gefühlen und den Erwartungen an das System

3. Kind und Grundschule heute

mit einer Grundschule für heutige Menschenkinder (GARLICHS 1994 u.a.).

Was denken nun die Kinder selbst? Wir fragen Nicki und Julika, worauf sie sich in der Grundschule freuen: »Na klar, auf's Draußenspielen und dass man sich selbst vorlesen kann. Ja, dass man da lernen kann und auf den Spaß! – Und auf die anderen Kinder, die sind so, wie wir auch, ganz nett.« Auch Vivian und Beke, zwei Heimkinder, erzählen uns von ihren Schulerwartungen: ‹Zuerst ist es vielleicht für einen komisch, so im Gefühl, weil wir vielleicht Angst haben. Vielleicht ist die Lehrerin auch bockig, könnte ja sein ... – Ich stell mir das so vor, dass, wenn ich den ersten Tag in der Schule bin, dass die anderen Kinder sagen, dich kennen wir doch gar nicht. Bist Du vielleicht ein Kind, das hier eine Ausnahme ist? Und dann sage ich: ‹Nee, Nee ich bin hier neu in der Schule...› Und dann werde ich mir einen Block Papier nehmen, und dann schreibe ich fast jeden Tag meiner Mami einen Brief...«

Deutlich wird: Die Aussagen und verdeckten Botschaften zu den Ängsten (andere »Normalkinder«, Lehrerin), zu den grundlegenden Bedürfnissen (Lernen *und* Spielen), zu vermittelten Erfahrungen (Selbst vorlesen) und Sehnsüchten (Brief an die Mutter) können nur ganzheitlich begriffen werden – Kinder kommen als »ganze« Menschen in die Grundschule.

*Ich möchte ein Leuchtturm sein
in Nacht und Wind
für Dorsch und Stint
für jedes Boot
und bin ich doch selbst
ein Schiff in Not*

Wolfgang Borchert

Abschnitt I: Kindorientierte Grundschule

Unser beispielhafter Blick auf die Erwartungen der Kinder in der Grundschule soll nun in einer erfahrungsbezogenen, retrospektiven Sichtweise beendet werden. Was denken Kinder *nach* Erfahrungen mit der Grundschule über ihre Entwicklung? In einem Text zum Thema »Ich in der Grundschule« schreibt Kim am Ende des vierten Schuljahres:

> *»In den zwei Jahren, die ich in dieser Klasse bin, habe ich sehr viel gelernt. Ich habe gelernt, dass man aufeinander vertrauen kann und es manchmal sogar muss. Es ist ein tolles Gefühl, wenn nicht immer alle gegen einen sind. So kann man nämlich auch viel besser zusammenarbeiten. Ich habe einige Freundinnen gefunden. Ich finde es schön, eine Freundin zu haben. In meiner alten Klasse waren wir nie zusammen und haben uns geholfen. Es gab auch keine Freundschaften außer bei den Jungs. In Mathe gefällt es mir auch gut. Am besten finde ich Morgenkreis und Deutsch. Am Morgenkreis gefällt mir besonders gut, dass man anderen etwas erzählen kann, was einem wichtig ist. So kann man seine Erlebnisse austauschen. Ich finde es wichtig, dass wir sowas machen, weil man dann nicht alles für sich hat und die Freude mit anderen teilen kann.*
>
> *So etwas haben wir in der anderen Klasse nie gemacht. In Deutsch gefällt mir, dass Frau K. so nett und fröhlich ist. Mir bringt Deutsch auch Spaß, weil Frau K. den Unterricht so fröhlich und lustig gestaltet. Die Klasse, in der ich jetzt bin, ist einfach toll. Und Frau K. ist die beste Lehrerin, die ich kenne.«*

Elternwünsche an die Grundschule:
– Die Grundschule ist zuständig für die Sozialerziehung meines Kindes.
– Mein Kind soll sich in der Grundschule wohlfühlen.
– Mein Kind soll ordentlich auf das Gymnasium vorbereitet werden.
– Die Grundschule soll meinem Kind gute Noten verschaffen.
– Mein Kind soll lernen, mit anderen Kindern gut zusammenzuarbeiten ...

Mit einer Kurzdeutung der Lerngeschichte von Kim können wir drei übergreifende Erkenntnisse unserer «Perspektivenarbeit» Kind und Grundschule festhalten:

1. Die Entwicklung des *Selbstkonzeptes* der Kinder in der Grundschule benötigt das herausfordernde Erleben eigenen Könnens, eigener Leistung in einer Atmosphäre des Vertrauens, der Auswertung und Würdigung der Arbeit der Kinder. Das Kind verschafft sich dabei die Anerkennung der anderen (Kinder, Erwachsenen) und bildet seine Identität vielfältig aus, weil es ermutigt wird, in den Bereichen Körper, Bewegung, Geist, Gefühl etwas zu leisten (vgl. ERIKSON 1965, 253).
2. Das *Könnenwollen* und das Bewusstsein der eigenen Fähigkeiten ist am besten in eine aktivierende, hypothesenfordernde

3. Kind und Grundschule heute

Umwelt eingebettet, weil so die lernfördernde Konstruktion der Wirklichkeit erzeugt wird.
3. Die Entwicklung des sozialen Verhaltens mit dem Abbau der egozentrischen Weltsicht, der Phase des Selbstbezugs (PIAGETs »Egozentrismus«) bedeutet heute für die Kinder in der Grundschulzeit einen (je verschiedenen) einschneidenden *Perspektivenwechsel*: In der Sicht von anderen denken und fühlen können, andere Werte, Normen und Moralvorstellungen nachempfinden zu können (Empathie), ist die wesentliche Leistung und Herausforderung der Kinder in der Grundschulzeit (PIAGET 1973, BECK/SCHOLZ 1995).

Die Suche der Kinder nach Gemeinschaft

Der genannte »Perspektivenwechsel« bei der Entwicklung der Kinder in der Grundschulzeit enthält auch den Blick auf die anderen Kinder, den Blick auf eine in der Grundschule neu erfahrene Gemeinschaft. Für viele Kinder (und nicht nur Einzelkinder) ist die Grundschule heute möglicherweise der einzige Ort, in dem sie sich in ein reichhaltiges soziales Beziehungsnetz integrieren können und müssen. Die Erfahrung von vielfältigen sozialen Beziehungen wird praktisch und theoretisch bestimmt durch die erlebte Differenz zwischen den kindlichen Ansprüchen des »Ich« und dem in der Grundschule systembedingten »Wir«. Die Interaktion zwischen Individuen und sozialer und dinglicher Umwelt ist der fundamentale Kern der geistigen Entwicklung der Kinder: »Dem Individuum gelingen seine Erfindungen oder intellektuellen Konstruktionen nur in dem Maße, in dem es selbst ein Ort kollektiver Interaktionen ist...« (PIAGET 1974, 378).

Wir haben Freunde und Freude, weil wir zusammenarbeiten und lernen

Die folgende Aufzeichnung eines Gesprächs in einer dritten Grundschulklasse dokumentiert ein gemeinsames Nachdenken über den sozialen Sinn dessen, was beispielsweise Kinder bei Kreisgesprächen erfahren haben:

Vivian: »Also durch Gespräche kann man was lernen; jeder weiß was anderes, man kann voneinander lernen, z.B. wenn jemand woanders herkommt, warum das so ist...«
Katharina: »Ja, das stimmt, da kann man voneinander lernen – nicht nur das, was man erlebt hat, sondern auch wenn man so z.B. schreiben lernt, dann kann der eine erzählen, wie die Technik geht...«

> Anne: »Aber was anderes ist auch wichtig: Im Kreis kann man seine Traurigkeit loswerden – wenn man das einem anderen sagt, ist man erlöster.«
> John: »Ja, dass man alles klären kann, wenn man ein Problem hat.«

Die Perspektiven der Kinder zeigen erstaunlich klare Vorstellungen im Bereich von Sozialität und »Selbstexplikation« – damit auch die Suche der Kinder nach Gemeinschaft. Das Leben in dieser Gemeinschaft kann langfristig gesehen ein Modell für Kooperation und gesellschaftliches Zusammenleben überhaupt sein. Hartmut von Hentig hat diesen Zusammenhang in seiner bekannten »polis«-Vorstellung erläutert: »Die Schule ist eine polis. Man lernt am Modell dieser Gemeinschaft die Grundbedingungen des friedlichen, gerechten, geregelten und verantworteten Zusammenlebens und alle Schwierigkeiten, die dies bereitet.« (1993, 212)

Zum allgemeinen Besitz vieler Lehrkräfte der Grundschule gehört heute die Auffassung: Die Grundschule muss die Kinder dort abholen, wo sie sind. Erst wenn sie als Personen gestärkt werden, können sie sozialfähig werden.

Darin wird deutlich: ein gewisses Maß der Öffnung in der institutionellen Struktur gibt den Kindern die notwendige Freiheit zum selbstbestimmten Aushandeln ihrer Beziehungen.

In solchen »Aushandlungssituationen« versichern sich die Kinder ihrer gemeinsamen Erfahrungen, genauer der Plausibilität ihrer Ansichten: »Die Interaktion untereinander bewirkt, dass das eigene Wissen als subjektive Wirklichkeit aufrechterhalten werden kann, indem es gleichzeitig in der Verschränkung von Perspektiven objektiviert wird.« (Lambrich/Scholz 1992, 294).

In Gesprächen helfende Beziehungen aufbauen

Der hier entfaltete Gemeinschaftsaspekt wird durch aktuelle gesellschaftliche Entwicklungen noch bedeutsamer: Wenn in Grundschulen in großstädtischen Vierteln Jungen und Mädchen aus unterschiedlichen sozialen Lebenswelten und unterschiedlichen interkulturellen Milieus aufeinandertreffen, sind die sozialen Differenzen so groß, dass die Qualität der Sozialbeziehungen eine entscheidende Unterrichtsvariable wird. Die dabei entstehenden Problemfelder werden heute unter »Kategorien« wie »schwierige Kinder«, »Aggression und Gewalt«, »Sorgenkinder« für die Grundschule untersucht und diskutiert (vgl. u.a. Müller-Guntrum/Wallrabenstein 1994, Valtin/Portmann 1995, u.a.).

3. Kind und Grundschule heute

Leistung der Kinder, Leistung der Grundschule

In welcher Sicht nehmen wir eigentlich die alltäglichen Leistungen wahr, die Kinder in unzähliger Weise jeden Tag zu Hause und in der Grundschule erbringen? Welchen Eigenanspruch auf eine nicht schulische Leistung haben Kinder in dieser Gesellschaft? Wo bleiben die Geheimnisse der Kindheit, wenn alles verschwindet?

Wir werden nachdenklich, wenn wir längere Zeit solche Fragen hin und her wenden, und vielleicht verstehen wir dann auch das Problemfeld, mit dem wir das Kapitel »Kind und Grundschule« abschließen: die Leistungen der Kinder sind in unterschiedlichste Lebensbezüge eingebettet, die Grundschule schränkt aber als verpflichtendes System der »Beschulung«, des staatlich organisierten Lernens, diese notwendigerweise ein. Ein Beispiel aus der gestalterischen Alltagswelt gibt uns Gottfried BRÄUER:

> »Zu den überhaupt noch nicht hinreichend untersuchten ›Kinderkünsten‹ (zu denen Kunststücke gehören, aber noch manches mehr) zählen wir zwar unter Umständen auch das Singen, Tanzen, Malen oder Schreiben, aber mit der Aufforderung: ›Guck mal her, was ich kann!‹ wird auch manches andere vorgeführt: die Improvisation einer Flötenmelodie

Aus der »pädagogischen Hausordnung« einer Grundschule:
In dieser Schule kannst du:
– andere Kinder oder Erwachsene treffen und kennen lernen,
– mit anderen Kindern oder Erwachsenen reden, spielen, arbeiten, gemeinsam etwas planen und durchführen,
– Neues lernen, zuschauen, was andere tun ...

oder das Radschlagen, der Bau eines gewagten Turms oder das Grimassenschneiden, die neueste Figur beim Gummitwist oder der Bau eines Schiffsmodells, die Erfindung eines Ornaments usw. Kunstmittel ergänzen, verlängern und erweitern dabei die leiblich-sinnlichen Vermögen, sie erlauben die Vertiefung der Organerfahrungen mit Werkzeugen und durch neue Verfahren« (BRÄUER 1989, 47).

Ein weiteres Beispiel: Stellen wir uns vor, welche Erfahrungen mit Schlamm, mit einem selbst gebauten bröckelnden Damm aus Lehm und Kieseln Kinder an einer Pfütze, am Bach, am See machen! Welche Leistungen erfolgreichen Lernens aus Entdeckungen in der Umwelt von der Kriechspur einer Schnecke bis zum kunstvollen Spinnennetz prägen sich ein, welche kühnen Hypothesen werden aufgestellt, welche Spuren bleiben aus tastenden Versuchen in der Umwelt nachhaltig im Körper, im Gedächtnis! Und wie kann die Grundschule diese Leistungen, Erfahrungen und Fragen aufgreifen, reorganisieren und zu Leistungen der Grundschule verwandeln? Muss die Grundschule die grundlegende Balance von Sicherheit und Unsicherheit, aus der letztlich die Fähigkeit zur Selbststeuerung erwächst, täglich mit den Kindern neu erfinden, um ihr Ziel eines selbstverantwortlichen Lernens zu erreichen?

Wie viel Risiko und Eigenständigkeit darf sie dabei für die Leistungen der Kinder entwickeln?

> Eine Lehrerin in einer Podiumsdiskussion:
> »Dabei wissen wir längst:
> – Kinder lernen voneinander
> – Kinder lernen viel durch Imitation
> – Kinder lernen durch Schauen und Hören, nicht nur lehrgangsbezogen
> – Kinder können Sachverhalte anderen Kindern oftmals besser erklären als Erwachsene
> – Kinder leisten oft mehr, wenn sie selbstverantwortlich mit Freude lernen!«

→ *vgl. Kapitel 7*

Die Fragen zeigen den untrennbaren Zusammenhang zwischen den Leistungen der Kinder und den Leistungen der Grundschule auf, die nicht auflösbare Spannung zwischen den allgemeinen Lernzielen, Lehrplänen und Interessenlagen der Kinder. Die Grundschule wird nach dem in diesem Buch entwickelten grundschulpädagogischen Leistungsbegriff den berechtigten Ansprüchen der Kinder und dem gesellschaftlichen Auftrag offenbar gerechter, wenn sie neben den klassischen Leistungen wie z.B. der Einführung in die »Kulturtechniken« auch die folgenden Leistungsperspektiven aus den Ansprüchen der Kinder berücksichtigt:

– die Ermutigung und Stärkung der ganzen Person, um die Beziehungen zu anderen Kindern verantwortungsvoll, selbstbewusst und geduldig gestalten zu können (Interaktion der Gleichaltrigen);

3. Kind und Grundschule heute

- den Widerstand gegen den einseitigen gesellschaftlichen Innovationsdruck (z.B. Leistungsstandardisierung und Selektion) über das Recht auf Vielfalt, auf Anderssein und auf Differenz zu kultivieren;
- das eigentätige Erschließen von Naturphänomen und Zusammenhängen in einer Umwelt der kulturellen Vielfalt zu fördern;
- die Lernfähigkeit der Kinder, ihre Sinnlichkeit, ihre Wahrnehmungsmöglichkeiten, an den praktischen Künsten der Kinder zu entwickeln;
- die Erweiterung von pädagogisch gelenkten «Räumen» zu geöffneten Räumen, Bewegungs- und Freiräumen, die das informelle Schauen, Fragen, Zeigen, Entdecken der Kinder untereinander unterstützt.

Diese Perspektiven bedeuten auch, angesichts gesellschaftlichen »Zeitgeistes«, sich für die Grundschule deutlich zu artikulieren, bildungspolitische Positionen aufzubauen, sich einzumischen und vor Ort Zivilcourage zu zeigen – im Interesse der Rechte der Kinder!

Zusammenfassung

Das Kapitel stellt den Zusammenhang zwischen der Einführung in »Kindsein heute« (1) und der Entfaltung eines grundschulpädagogischen Bildungsbegriffs (5) her: Die Perspektive der Kinder, ihre Erwartungen und Möglichkeiten im neuen sozialen System »Grundschule« erfordern »Gemeinschaft«. Die hohe Bedeutung der Gruppe der Gleichaltrigen für die Entwicklung sozialer und kognitiver Kompetenzen wird von der Grundschule als Herausforderung angesichts von Heterogenität und Differenz begriffen. Die Leistungen der Kinder können zu Freiräumen für eine Interaktionskultur der Gleichaltrigen führen.

Verwendete Literatur

Beck, G./Scholz, G.: Soziales Lernen – Kinder in der Grundschule. Reinbek bei Hamburg 1995

Behnken, I./Jaumann, O. (Hg.): Kindheit und Schule. Weinheim und München 1995

Benner, D.: Umgang und Wissen als Horizonte einer Bildungstheorie für die Grundschule. In: Grundlegung von Bildung in der Grundschule von heute. Konferenzbeiträge. Wiss. Red.: U. Drews und A. Durdel. Potsdamer Studien zur Grundschulforschung. H. 20. Potsdam 1997*

Bräuer, G./Schneider, G./Schulz, W. K.: Zugänge zur ästhetischen Elementarerziehung. Deutsches Institut für Fernstudien an der Universität Tübingen. Tübingen 1989

Drews, U.: Grundlegung von Bildung und die Öffnung von Schule und Unterricht – ein schwieriges Verhältnis. In: Potsdamer Studien zur Grundschulforschung. H. 20. Potsdam 1997

Erikson, E.: Kindheit und Gesellschaft. Stuttgart 1965

Faust-Siehl, G./Garlichs, A./Ramseger, J./Schwarz, H./Warm, U.: Die Zukunft beginnt in der Grundschule. Empfehlungen zur Neugestaltung der Primarstufe. Reinbek bei Hamburg 1996
Flitner, A.: Zukunft für Kinder. Gedanken zur Grundschule. In: Zukunft für Kinder – Grundschule 2000. Bundesgrundschulkonferenz 1995 in Berlin. Bonn/Frankfurt a.M. 1996
Fölling-Albers, M.: Schulkinder heute. Auswirkungen veränderter Kindheit auf Unterricht und Schulleben. Weinheim 1992
Garlichs, A.: Eine Grundschule für heutige Menschenkinder. In: Die Grundschulzeitschrift. Seelze 8/1994/73
Haarmann, D. (Hg): Handbuch Grundschule Bd. 1 und 2. Weinheim 1997
Herz, O.: Landschaften und Räume sind die Dritte Haut! In: NaSch. H. 14. Kinderfreundliche Schule. Dortmund 1996
Kästner, E.: »was nicht in euren Lesebüchern steht«, Frankfurt a. M. 1968
Key, E.: Das Jahrhundert des Kindes. Weinheim und Basel 1992
Korczak, J.: Das Recht des Kindes auf Achtung. Göttingen 1988[4]
Krappmann, L., Oswald, H.: Alltag der Schulkinder. Weinheim 1995
Lambrich, H.-J./Scholz, G.: »Schau mal...« Kinder lernen mit Kindern. In: Neue Sammlung. Seelze 32/1992/2
Müller-Guntrum, M./Wallrabenstein, W.: Kinder, die uns Probleme machen. Eine Hamburger Untersuchung. In: Die Grundschulzeitschrift. Seelze 8/1994/76
Oswald, H.: Was lernen Kinder von Kindern? In: PÄDAGOGIK, Hamburg 49/1997/11
Piaget, J.: Biologie und Erkenntnis. Frankfurt a.M. 1974
Piaget, J.: Das moralische Urteil beim Kinde. München 1986
Prengel, A.: Pädagogik der Vielfalt. Opladen 1995
Preuss-Lausitz, U.: Die Kinder des Jahrhunderts. Zur Pädagogik der Vielfalt im Jahre 2000. Weinheim 1993
Schneider, G.: Zur Begriffsbildung der Musisch-Ästhetischen Erziehung. In: Bräuer u.a.: a.a.O.
Valtin, R., Portmann, R. (Hrsg): Gewalt und Aggression: Herausforderungen für die Grundschule. Beiträge zur Reform der Grundschule, Bd. 95. Frankfurt a.M. 1995
von Hentig, H.: Die Schule neu denken. München 1993
Wallrabenstein, W.: Grundschule im Aufbruch: Lernen im Widerstand. In: Die Grundschulzeitschrift. Seelze 8/1994/76
Weinert, F. E./Helmke, A. (Hg): Entwicklung im Grundschulalter. Weinheim 1997
Zinnecker, J./Silbereisen, R. K.: Kindheit in Deutschland. Aktueller Survey über Kinder und ihre Eltern. Weinheim 1996

* Beiträge aus diesem Heft zitieren wir nachfolgend und in allen weiteren Kapiteln nur noch durch Angabe der Reihe und der Nummer des Heftes.

Was Sie sonst noch lesen sollten

Negt, O.: Kindheit und Schule in einer Welt der Umbrüche. Göttingen 1997
Schwarz, H.: Lebens- und Lernort Grundschule. Frankfurt a.M. 1994

3. Kind und Grundschule heute

Fragen und Aufgaben

☐ Denken Sie über die folgenden »10 An-Gebote« aus der Perspektive von Kindern von Otto Herz nach: Welche Bezüge können Sie zu einzelnen Aussagen und Merksätzen dieses Kapitels herstellen, welche Beispiele aus Ihren Erfahrungen fallen Ihnen dazu ein?

10 An-Gebote

1. Kinder wollen lernen. Kinder wollen leisten.
2. Kinder wollen verstehen.
3. Kinder wollen die Welt entdecken. Sie wollen auf- und manchmal ausbrechen.
4. Kinder wollen Ruhe.
5. Kindern wollen Kontakt.
6. Kinder wollen Verlässlichkeit.
7. Kinder wollen Wandel.
8. Kinder wollen Anerkennung und Achtung.
9. Kinder wollen Heimlichkeiten.
10. Kinder haben Wünsche.

☐ Setzen Sie folgende Alltagsgeschichte zu der Keunergeschichte von Brecht in Beziehung:

a) Kind mit Vater gemeinsam beim Malen. Das Kind hat einen Hasen mit zwei Beinen gemalt. Vater: »Dein Hase hat nur zwei Beine! Wie kannst Du nur so einen dummen Fehler machen!«

b) Herr Keuner sah die Zeichnung seiner kleinen Nichte an. Sie stellte ein Huhn dar, das über den Hof flog. »Warum hat Dein Huhn eigentlich drei Beine?« fragte Herr Keuner. »Hühner können doch nicht fliegen«, sagte die kleine Künstlerin, »und darum brauche ich ein drittes Bein zum Abstoßen.« »Ich bin froh, dass ich gefragt habe«, sagte Herr Keuner.

4. Geschichte von Grundschule

Wozu denn Geschichte?

Einige Studentinnen und Studenten wünschen sich sogar den weiteren Ausbau historischer Betrachtungsweisen, wobei sich ihr Interesse dabei vor allem auf reformpädagogische Ansätze unterschiedlicher Art richtet.

In einer Vorlesung zur Einführung in die Grundschulpädagogik und -didaktik erfolgt stets ein knapper historischer Exkurs. Werden die Studierenden anschließend befragt, ob sie einen solchen Ausflug in die Geschichte für Gewinn bringend halten, äußern sich in der Regel 75 bis 80% zustimmend, andere äussern sich gar nicht oder halten Historisches für langweilig und »ätzend«. Aber das ist die Minderheit.

In der Lehrerfortbildung verschiebt sich das Interesse an historischen Akzentuierungen deutlich, d.h., es nimmt ab. Allerdings trifft das auf ausgewählte Gebiete nicht zu: z.B. auf das Problem kleiner Grundschulen oder auf das des Umgangs mit den Fächern im Verhältnis zu fächerübergreifendem Unterrichten oder das der Wurzeln des offenen Unterrichts.

Es mag durchaus so sein, dass Lehrerinnen und Lehrer in der Pragmatik des Schulalltags das Interesse an historischen Fragestellungen verlieren bzw. es nur noch sehr selektiv pflegen oder pflegen können. Auch das studentische Interesse sollte man durchaus nicht überbewerten. Könnte vielleicht eine abschließende Klausur der Beweggrund dafür sein? Nichtsdestotrotz: Bliebe nur bei einem Viertel der Studierenden ein gewisses Interesse für historische Pädagogik während des gesamten Studiums und darüber hinaus erhalten, so wäre schon viel gewonnen. Ja, aber was wäre gewonnen? Wozu überhaupt brauchen künftige Lehrerinnen und Lehrer die Beschäftigung mit Geschichte?

Hierauf lässt sich eine Vielzahl von Antworten finden – teils recht divergierender Art. Zwei greifen wir heraus und fügen unsere Auffassung hinzu.

Im Vorwort zur 1. Auflage seiner *Geschichte der Pädagogik* schreibt August SCHORN im Jahre 1873:

»*Die Geschichte wehrt dem Dünkel von heute und gestern, der nicht hoch genug sich glaubt beglückwünschen zu kön-*

4. Geschichte von Grundschule

nen, wie herrlich weit er es gebracht ... sie mehrt die Pietät und die Dankespflicht gegen die Vorarbeiter, welche unter Mühsalen, Kämpfen, Opfern groß geschaut und gebaut haben ... sie lehrt ein tieferes Verständnis der jetzt betretenen Unterrichtswege in ihren ersten Ansätzen und Wurzeln« (SCHORN 1917, Vorwort 1. Auflage).

Peter MENCK stellt dagegen über hundert Jahre später die provozierende Frage »Aus der Geschichte lernen – kann man das?« (MENCK 1993, 195) und antwortet sofort mit NEIN, denn auf keine der heute zu beantwortenden Fragen sei in der Geschichte unmittelbar eine Antwort zu finden. Allerdings setzt er fort: »Von unseren Klassikern lernen? Ja, und zwar insoweit, als wir uns in der Arbeit an ihren Werken als Pädagogen bilden können« (ebenda, 205).

Was nun?

Wir haben für uns eine »Lösung dazwischen« gefunden:

Kein Mensch kann ohne seine Vergangenheit leben. Geschichtslosigkeit rächt sich im Grunde immer, ob im privaten oder beruflichen Leben. Jedes adoptierte Kind sucht beispielsweise irgendwann nach seiner richtigen Mutter, seinem richtigen Vater, nach seiner Familie – in welcher Absicht auch immer.

Auch im beruflichen Leben ist es gut, um die Wurzeln und unterschiedlichen Daseinsweisen seiner »Zunft« zu wissen. Ob man daraus lernt und was man daraus lernt, hängt durchaus von der eigenen Lernfähigkeit ab. Insofern kann das Lernen aus der Geschichte auch kein aufgezwungenes Pflichtpensum für jeden Studierenden beispielsweise sein. Aber einer Horizonterweiterung dient es allemal. Und nur darauf wollen auch wir unsere Aufmerksamkeit richten.

Wir haben vor, Ihnen einige wenige Szenen aus der Grundschulgeschichte zu zeigen, so wie sie in der einschlägigen Literatur beschrieben werden. Aber auch Präparationen für den Unterricht und Inspektionsberichte greifen wir auf. Wir wählen solche Zeitpunkte und Beispiele, in denen Grundschule und ihre Lehrer sich als veränderungsfähig oder höchst konform mit den herrschenden Auffassungen und Regularien zeigten. Unsere Absicht dabei ist, ein vielleicht vorhandenes Bild von einer schönen, harmonisch sich unentwegt entwickelnden Grundschule infrage zu stellen und die Aufmerksamkeit auf interessante oder auch verhängnisvolle Entwicklungen zu lenken.

Auch deshalb »bastelt« sich jeder Mensch von einem bestimmten Punkt seines Lebens an eine Biografie zusammen, die er für seine eigene hält ...

(vgl. hierzu etwa auch Max Frisch).

»Eine Lehre kann man nicht ziehen, in sie müsste man vielmehr gehen«.

Peter Menck (1993, 202f.)

Abschnitt I: Kindorientierte Grundschule

Die Grundschule als eine relativ junge Schule

In einem nach Scheibe (1974) im 19. Jahrhundert vielbenutzten Lehrbuch in Schulpraxis und Ausbildung von *J. B. Hergenröther* hieß es beispielsweise zu den Aufgaben der Volksschule: »Die Volksschule als diejenige Anstalt, aus welcher sich die Volksmasse, d.h. die ganze nach den Grundsätzen des Christentums geordnete Staatsgesellschaft beständig – wo möglich in einer immer veredelten Gestalt – erneuern und ergänzen soll, also gleichsam die Pflanzschule des Volkslebens in jeder Form, besonders der religiösen, hat eine wichtige und hohe Bedeutung. Sie soll ... allen Ständen ... einen gesunden und edlen Nachwuchs liefern; ... sie soll ihren Schülern alle diejenigen Kenntnisse und Fertigkeiten, alle diejenigen Tugenden und Eigenschaften aneignen, die er überall als Mensch und als Bürger haben muss« (ebenda, 13f.).

Die Klassenfrequenzen an den Vorschulen waren deutlich niedriger als die an den Volksschulen. Während die Klassen der Vorschule in der Regel von je 20 bis 30 Kindern besucht wurden, waren das in den Volksschulen bis zu 100 Kinder und mehr.

1919: Beschluss der Nationalversammlung über die Reichsverfassung: Eine für alle gemeinsame Grundschule sollte zur Grundlage des Schulwesens werden. Das Reichsgrundschulgesetz basierte hierauf.

Bis zum Jahre 1820 war in den meisten deutschen Ländern die allgemeine Schulpflicht für alle Kinder eingeführt. Eine Grundschule in unserem heutigen Verständnis gab es damals allerdings noch nicht. Es wurde zwischen einem niederen und einem höheren Schulwesen unterschieden. Zum niederen Schulwesen gehörte die Volksschule, die in der Regel von Kindern im Alter von 6 bis 14 Jahren besucht wurde. In der Volksschule sollten die Kinder vor allem Lesen, Schreiben und Rechnen erlernen. Religion und Singen traten hinzu, später auch die so genannten Realien. Die Volksschule hatte also insgesamt Aufgaben zu realisieren, wie sie bis heute grundschulspezifisch sind: das Erlernen des Lesens, Schreibens und Rechnens zu sichern. Umgekehrt trafen andere Volksschulaufgaben, wie z.B. die Erziehung der Kinder, voll und ganz auf alle Volksschulzöglinge, gleich welchen Alters, zu.

In einigen deutschen Ländern wurde auch von Elementarschule anstelle von Volksschule gesprochen.

Eine in sich nach Stufen und Klassen gegliederte Volksschule entwickelte sich erst allmählich, wobei sich in den Städten eine solche Strukturierung rascher als auf dem Lande vollzog. Auf dem Lande gab es bis weit in das 20. Jahrhundert hinein noch wenig gegliederte oder ungegliederte Volksschulen.

Parallel zur Ausdifferenzierung einer unteren Stufe der Volksschule, die unserer heutigen Grundschule (strukturell) nahekam, hatten sich an höheren Schulen so genannte Vorklassen entwickelt. Dort lernten die Kinder begüterter Eltern mit dem direkten Ziel, in das Gymnasium einzutreten. Berührung mit dem »gemeinen« Volk hatten diese Kinder also nicht.

Der Kampf gegen die Vorschulen und für eine gemeinsame Grundschule für alle Kinder vereinte seit dem Ende des 19. Jahrhunderts viele engagierte Pädagogen. Das Reichsgrundschulgesetz aus dem Jahr 1920 krönte deren Arbeit, indem es eine gemeinsame Grundschule (Klassen 1 – 4) für alle Kinder festlegte, wenn auch viele Bestrebungen, die Grundschulzeit nicht bei 4 Jahren festzusetzen, sondern deutlich länger vorzusehen, nicht realisiert wurden.

Während der Zeit des Nationalsozialismus wurden auch die ersten 4 Schuljahre (Grundschule) der Volksschule der faschisti-

4. Geschichte von Grundschule

schen Ideologie unterworfen, wobei in letzter Zeit insbesondere Margarete Götz nachgewiesen hat, dass die amtlichen Maßnahmen für die Grundschule recht heterogen waren und durchaus »von oben nach unten« unterschiedlich realisiert wurden (Götz 1997).

Nach dem Zusammenbruch der nationalsozialistischen Diktatur wurden im Westen und im Osten Deutschlands unterschiedliche Wege zur äußeren und inneren Ausgestaltung von Grundschule beschritten, wobei die Ausgangspunkte und die ersten Konzepte nach 1945 gar nicht so unterschiedlich waren, da Ost wie West nahezu gleichermaßen zunächst auf das reformpädagogische Erbe zurückgriffen. Die weiteren Entwicklungen im Vergleich sind sicher bis ins Detail noch wenig untersucht. Wünschenswert wäre eine ähnlich gründliche Aufarbeitung, vor allem der Geschichte der Unterstufe in der SBZ und der DDR, wie sie von Dietrich Benner und Horst Sladek für die Entwicklung der pädagogischen Theorie vorgenommen worden ist (Benner/Sladek 1998).

Volksschule – und darin eingeschlossen die Unterrichtung des jüngeren Schulkindes – zeichnete sich seit Beginn nicht durch große Methodenvielfalt im Unterricht aus. Besonders die Unterrichtskonzepte der Herbartianer mit ihrer Grundvorstellung von erziehendem Unterricht, von Gesinnungsstoffen, Konzentrationsidee und formaler Stufenfolge des Unterrichts, bescherten der Volksschule einen unglaublichen Formalismus, wenn es auch immer wieder einzelne «Ausbrüche» von Lehrern gab. Durch die in der Volksschule besonders manifeste Gängelung des Kindes (und auch der Lehrer) fanden die gegen Ende des vergangenen Jahrhunderts immer stärker werdenden reformpädagogischen Strömungen und Veränderungskonzepte für Schule und Unterricht hier großen Widerhall. Insbesondere gilt bis heute die Grundschule als die Schulform, die sich am offensten gegenüber reformpädagogischen Ansätzen gezeigt hat und in der bis heute noch – neben aktuellen Ansätzen – die pädagogische Grundideen z.B. einer Maria Montessori oder eines Celestin Freinet festen Fuß gefasst hatten und noch immer haben. Besonders in der Zeit der Weimarer Republik konnten sich in der Grundschule viele Ansätze etablieren, die eine neue, dem Kind zugewandte Unterrichts- und Umgangsweise einläuteten, die bis heute zum »Markenzeichen« einer guten Grundschule gehört und die quasi unser gesamtes Buch durchzieht.

→ *vgl. Kapitel 8*

Unterrichtsszenen, Präparationen, Beispiele

Ein Unterrichtsgang im Jahre 1836 – Normen und Ausbrüche

> Einer der bedeutendsten Vertreter der »heimatlichen Kunde«, der auch als einer ihrer wichtigsten Theoretiker gilt, war darüber hinaus *Wilhelm Harnisch*, der im Übrigen 1820 eine »Weltkunde« vorlegte.

Friedrich August FINGER schrieb 1844 eine Anweisung zum Unterricht in der Heimatkunde. Es heißt da:

»Nach und nach lernte ich immer besser erkennen, welche Nahrung man Kindern zu geben und auf welche Weise man ihnen diese zu bieten habe.

Im Sommer des Jahres 1836 machte ich mit Zöglingen der Anstalt einen Spaziergang. Wir kamen an einen langsam fließenden Bach. Einen etwa zwölfjährigen Knaben, der ein guter Lateiner, aber ein schwacher Naturbeobachter war, fragte ich, wohinaus – ob nach rechts oder nach links von uns aus – der Bach fließe. Er sah mich verblüfft an und schwieg. Ich forderte ihn auf, ein Blatt in das Wasser zu werfen. Er tat es, und nun konnte er mir die richtige Antwort geben« (FINGER 1908, VII).

Als Teilnehmer dieser Szene regte der Pfarrer den Lehrer Finger an: »Finger, du solltest einmal eine Heimatskunde schreiben« (ebenda), was dieser denn auch tat.

> *Schule erregte seit je das Interesse der Öffentlichkeit in hohem Maße. Das gilt bis heute.*

Das oben genannte kleine Büchlein erlebte eine Vielzahl von Auflagen. In ihm beschreibt der Autor nicht nur, weshalb er »Heimatskunde« (neben Lesen, Schreiben, Rechnen u.a.) realisieren wollte, sondern auch, welche Schwierigkeiten und Hindernisse sich ihm dabei in den Weg stellten, welche Ängste er hatte. Zum Beispiel: »Was werden aber die Eltern sagen, wenn man ihre Kinder, statt sie lesen zu lehren, spazieren führt ...« (ebenda, 54). Und weiter

»so heißt's wohl, die Elementarschulen ... hätten keine Zeit dazu, der tägliche Unterricht sei auf wenige Stunden beschränkt, da müsse man sorgen, dass das Notwendigste gelernt werde, Lesen, Schreiben, Rechnen, biblische Geschichte, Bibelsprüche und Liederverse; für anderes bleibe kein Raum mehr übrig, wir glauben aber doch, dass diese (die Heimatkunde, die Verf.) die Freude der Kinder an der Schule erhöht und ein Leben in ihnen erweckt, das durch das bloße Einlernen häufig ertötet würde« (ebenda, 53).

4. Geschichte von Grundschule

In Richtung praktischer Durchführung verweist Finger noch auf Folgendes:

»Eine andere Schwierigkeit macht hie wie da die große Schülerzahl; wenn man achtzig bis hundert Kinder beisammen hat, lässt sich freilich nicht so viel tun; besonders Gänge werden dann sehr erschwert. Man müsste für diese noch bestimmtere soldatenmäßige Ordnung einführen, die Kinder in Reih und Glied gehen, auf das Kommando die Hand nach der Sonne oder nach dem Donnersberge ausstrecken lassen« (ebenda, 56).

Worauf verweist die Schilderung dieses »Unterrichtsganges« und der damit verbundenen Schwierigkeiten? Was lässt sich über Hintergründe und Umfeld dieses Beispiels sagen?

Zunächst: Ganz offenkundig ist das Problem der großen Schülerzahl: 80 bis 100 Kinder und nur ein Lehrer! Das wäre heute in unseren Breitengraden nicht mehr vorstell- und schon gar nicht realisierbar. Zu Fingers Zeiten und noch weit über die Jahrhundertwende hinaus war das allerdings für die so genannten Elementar- oder auch Volksschulen die Regel. Dem Text kann hinzugefügt werden, dass es kaum in Jahrgangsklassen gegliederte Schulen gab, sondern dass ganz unterschiedliche Jahrgänge von Kindern durch einen Lehrer zu gleicher Zeit unterrichtet wurden.

> Auch andere Länder standen vor dem Problem der elementaren Massenbildung. *Bell* (schottischer Geistlicher) und *Lancaster* (Londoner Armenschullehrer) entwickelten z.B. ein System wechselseitigen Unterrichts, das es erlaubte, Hunderte von Schülern gleichzeitig zu unterrichten.

Der Text veranschaulicht auch, dass die Lehrer oft zu Methoden greifen mussten, um diese große Schülerzahl zu bändigen, die sich mit heutigem Verständnis von Unterrichten nicht mehr vereinbaren lassen und auch glücklicherweise kaum noch vorkommen: militärische Ordnung und militärischer Drill. Sie waren wahrscheinlich einzig geeignet, mit einer solchen Schülerzahl fertig zu werden. Wiederum über den Text hinausgehend muss man sagen, dass es noch schlimmere Formen des Umgangs mit Kindern in der Schule gab als die hier deutlich gewordene Form. Körperliche Züchtigungen, Schläge, Demütigungen waren übliche und von den Schulträgern auch direkt geförderte und erwünschte Umgangsweisen mit Kindern, und sie waren Machtmittel der Lehrer. Allerdings ist hinzuzufügen, dass sich deshalb nicht a priori die Lehrer verdammen lassen. Viele von ihnen hatten nie eine pädagogische Ausbildung genossen, wussten also kaum um Mittel und Möglichkeiten der pädagogischen Meiste-

> In der Erziehungslehre zählten die Kapitel über körperliche Züchtigung von Kindern zu den wichtigsten Kapiteln. In der Regel wurden auch die zu züchtigenden Körperteile und die Art der Züchtigung genau beschrieben.

rung des Schul- und Unterrichtsalltags. In den Schuldienst wurden zudem bevorzugt ausgediente Unteroffiziere eingestellt, die in ihrem Leben Drillen und Bestrafen erlernt und praktiziert hatten, nicht aber, wie man Lern- und Entwicklungsprozesse von Kindern in Gang setzt. Und äußerst schlecht bezahlt wurden die Schulmeister auch.

Die Beförderung des entdeckenden Lernens der Kinder durch einzelne Lehrer gehört zu den wichtigsten Ansatzpunkten einer permanenten Reform von Schule und Unterricht

Trotz dieser Negativposten, die in teilweiser Erweiterung und Vertiefung des Textes angeführt wurden, wird am Text etwas deutlich, das bis zum heutigen Tag ein vorrangiges Anliegen des Unterrichtens ist, aber noch kaum in idealer Weise realisiert wird: das entdeckende Lernen. Wie klug und weitsichtig, wie kindorientiert muss dieser Lehrer Finger gewesen sein, um seiner Schülerschar die Fließrichtung eines Flusses nicht verbal im Klassenraum erklären zu wollen, sondern sie dies in freier Natur, am Transport eines Blattes durch das fließende Wasser, selbst entdecken zu lassen! Ohne vielleicht zu wissen, dass er hierbei gewissermaßen in die Fußstapfen eines ROUSSEAU oder PESTALOZZI oder auch COMENIUS trat.

Was dies tatsächlich für ein Wagnis gewesen ist, verdeutlichen seine Ängste vor den Eltern: Ob sie diese »Spaziergänge« tolerieren oder – man kann die Gedanken wiederum weiterführen –

4. Geschichte von Grundschule

vielleicht dafür sorgen würden, dass er mit Schimpf und Schande aus seinem Amt gejagt würde, da er nicht in der Lage sei, die Kinder »richtig« zu unterrichten?

Verweilen wir noch etwas beim Umfeld dieses Beispiels.

Was vielleicht großes Erschrecken erzeugt – die hohe Schülerzahl – relativiert sich zunächst leicht, wenn man die Zeit, in der dieses Beispiel angelagert ist, etwas genauer unter die Lupe nimmt. Schule als Institution für alle war damals durchaus noch keine solch große Selbstverständlichkeit. FINGER bezieht sich auf das Jahr 1836. Bis zum Jahre 1820 etwa war in den deutschen Ländern die allgemeine Schulpflicht eingeführt (siehe den Einstieg zu unserem Kapitel). Vor allem wirtschaftliche Erfordernisse waren dafür maßgebend, letzten Endes aber auch die großen Ideen der Französischen Revolution »Freiheit, Gleichheit, Brüderlichkeit«. Noch bis ins neue Jahrhundert hinein war es allerdings schwierig, diese allgemeine Schulpflicht für alle Kinder durchzusetzen. Auf dem Lande scheiterte die Realisation zum Beispiel schon daran, dass die Kinder im Sommer und im Herbst auf den Feldern der Bauern zum Arbeiten gebraucht wurden. Da musste die Schule zurücktreten. Zuweilen wurden Sonntagsschulen und Winterschulen eingerichtet, um die Kinder wenigstens mit einem Minimum an Wissen auszustatten.

Stellt man die Gesamtheit der Bedingungen in Rechnung, die es in Fingers Zeit für Schule überhaupt gab, so ist zunächst einmal festzuhalten, dass deren Einrichtung ein ungeheurer Fortschritt war. Und das ungeachtet der tatsächlichen Möglichkeiten, die hierfür vorhanden waren. Eine Schule mit hohen Schülerzahlen, für die nur eine Lehrkraft (oder in anderen Gebieten zwei oder drei Lehrkräfte) zur Verfügung standen, ist zweifellos keine gute Schule. Aber wenn es sie gar nicht gegeben hätte? Und keine gesetzlichen Regelungen?

Eine weitere Frage ist die des Fächerkanons, der unterrichtet wurde. Für das niedere Schulwesen, also die Elementar- oder Volksschule, waren Lesen, Schreiben, Rechnen Pflichtgegenstände, also Fächer, die bis heute wichtige Gegenstände der Grundschule als erster Stufe des Schulwesens geblieben sind, aber eben schwerpunktmäßig in den ersten Schuljahren unterrichtet werden und deren Unterrichtung nicht nahezu den ganzen Schulzeitraum eines Kindes umfasst. Weiterhin traten noch Religion und Singen hinzu.

Abschnitt I: Kindorientierte Grundschule

FINGERS Heimatkunde, mit der er sich in eine in allen deutschen Ländern mit einigen Varianten akzeptierte und verbreitete Stundentafel »hineindrängen« wollte (2 Stunden pro Woche schwebten ihm vor), war in der Tat fast ein Sakrileg. Allerdings wurde schon kurze Zeit später der besondere Wert heimatkundlichen Unterrichtens für die nationale oder vaterländische Erziehung erkannt. Heimatkunde gehörte schon bald zum unveräußerlichen Bestandteil der in der Grundschule zu unterrichtenden Fächer.

Friedrich Adolph Wilhelm Diesterweg (1790–1866) gilt als einer der wichtigsten Pädagogen und Lehrerbildner des 19. Jahrhunderts. Sein 1835 erstmals erschienener »Wegweiser zur Bildung für deutsche Lehrer« erlebte bis heute weite Verbreitung: Diesterweg vertrat die Auffassung, dass die Schule gerade so viel wert wie der Lehrer sei.

Weiter oben hatten wir festgestellt, dass die Lehrer nahezu ohne pädagogische Ausbildung waren. Viele große Pädagogen wie z.B. Friedrich Adolph Wilhelm DIESTERWEG setzten sich für eine wissenschaftliche Ausbildung der Lehrer ein, insbesondere für die Volksschullehrerausbildung. Auch Lehrer selbst stritten dafür, engagierten sich zudem für eine Verbesserung des Unterrichts, der schulischen Lernbedingungen überhaupt sowie für eine bessere soziale Absicherung der Witwen und Waisen von Lehrern (Lehrerverbände). Nach der Revolution von 1848 verloren viele von ihnen wegen »Ungehorsams« ihren Arbeitsplatz.

Anton Wilhelm Ferdinand Stiehl (1812–1878), Leiter der Abteilung für Volksschulen und Lehrerseminare im preußischen Kultusministerium

Auszug aus dem 3. Regulativ: »Demgemäß hat die Elementarschule ... dem praktischen Leben in Kirche, Familie, Beruf, Gemeinde und Staat zu dienen und für dieses Leben vorzubereiten, indem sie sich mit ihrem Streben auf dasselbe gründet und innerhalb seiner Kreise bewegt.«

Eine preußische Besonderheit: Die Stiehl'schen Regulative vom Jahre 1854 schränkten die Ansätze von Unterrichtsfreiheit und gediegener Ausbildung zusätzlich ein. Sie erklärten die einklassige Elementarschule (auf dem Lande) zur Regelschule, beschränkten das »Leserecht« des Lehrers oder angehenden Lehrers, stellten das erzieherische Moment (vaterländische Gesinnung) in den Vordergrund, sprachen sich gegen eine Erweiterung von Unterrichtsgegenständen aus, favorisierten den einfachen lebenspraktischen Zugang zu den Unterrichtsgegenständen, formalisierten die Unterrichtsabläufe, minimierten das bei einem Lehrer anzustrebende Bildungsniveau (3. REGULATIV 1854, vgl. SCHEIBE 1974, 23ff.).

Im Übrigen verbreiteten sich die Grundideen der Stiehl'schen Regulative über Preußen hinaus, z.B. nach Bayern (vgl. SCHEIBE 1974, 174).

Dennoch: Trotz aller Einschränkungen, Reglementierungen und Bedrängnisse gehörte Deutschland zum Ende des Jahrhunderts zu den Ländern, die einen hohen Stand in der Bewältigung des Analphabetentums erreicht hatten und die für ihr Schulsystem viel Anerkennung in Europa fanden.

4. Geschichte von Grundschule

Herbart und die Folgen – Unterricht nach den Formalstufen der Herbartianer

Gleich zu Beginn: HERBART (1776–1841), über dessen pädagogisches Konzept Sie in der einschlägigen Literatur nachlesen sollten (zum Beispiel bei BENNER 1986, BLANKERTZ 1992), kann nicht dafür verantwortlich gemacht werden, was *seine* Schüler aus *seiner* Theorie nach *seinem* Ableben machten. Wir denken an ZILLER, REIN, WAITZ, STOY, STRÜMPELL, DÖRPFELD u.a. Und auch sie sind keine homogene Masse; aber ihre jeweiligen Besonderheiten zu benennen, kann nicht unsere Aufgabe sein.

Wir verändern jetzt die Darstellung etwas: statt uns auf eine einzige Unterrichtsszene zu konzentrieren, fügen wir noch zwei weitere Aspektbetrachtungen hinzu: Da ist zum einen eine zeitgenössische Empfehlung für das, was ein Inspektor bei seinen Schul- und Unterrichtsvisitationen zu beachten hatte und zum anderen geben wir Ihnen einen Einblick in den Umgang mit einem Lehrer, der – nach Ansicht seiner Dienstvorgesetzten – nicht konsequent genug dem Formalstufenmodell in seinem Unterricht gefolgt war.

Die Stiehl'schen Regulative hatten wir bereits erwähnt. Zu ihren Intentionen gehörte auch eine strenge Reglementierung des Unterrichtens. Und das nicht nur auf Ziele (Gesinnungsbildung) und Unterrichtsinhalte (u.a. Konzentrationsidee) bezogen, sondern auch auf den gesamten Gang des Unterrichts, seinen methodischen Ablauf bezogen. Die so genannte Formalstufentheorie kam ihnen hierbei entgegen. Dazu ein paar Sätze mehr:

HERBART war einer der ersten Pädagogen, die sich Gedanken darüber gemacht hatten, wie Unterricht ablaufen sollte, damit die Schüler wirklich Gewinn davon hätten. Den Entwicklungen seiner Zeit gemäß, fand HERBART für ihn gültige Antworten in der Assoziationspsychologie. Demzufolge empfahl er für größere Unterrichtseinheiten (bei ihm Methodische Einheiten) einem Modell zu folgen, das durch Begriffe wie Klarheit, Assoziation, System, Methode gekennzeichnet war. Diesen Stufen sollte der Unterricht, ausgelöst durch den Lehrer, folgen.

Seine Schüler, insbesondere ZILLER und REIN, verabsolutierten dieses Ablaufmodell und forderten quasi seine Berücksichtigung in jeder noch so kleinen Unterrichtseinheit und unabhängig vom Unterrichtsgegenstand. Demzufolge sollte ein Gedicht ebenso behandelt werden wie ein historischer Sachverhalt oder ein geometrischer Körper.

Johann Friedrich Herbart, der aufgrund seiner körperlichen Schwäche als Knabe längere Zeit Privatunterricht erhielt, arbeitete auch selbst zunächst als Privatlehrer (Hauslehrer). Hierbei – wie während seiner Tätigkeit an der Universität Königsberg – legte er den Grund für seine pädagogischen Auffassungen, die er aus der Philosophie und der Psychologie begründete.
Die sittliche Persönlichkeit war für ihn das Erziehungsziel, der Unterricht das Hauptmittel der Erziehung, die Mannigfaltigkeit des Interesses der Schüler die Hauptform ihrer geistigen Tätigkeit.
Seine wichtigsten Werke:
– Allgemeine Pädagogik aus dem Zwecke der Erziehung abgeleitet (1806)
– Umriss pädagogischer Vorlesungen (1835)

Höchstes Ziel des Unterrichts sollte die religiös-sittliche Charakterbildung sein. Zu deren Realisierung waren – neben den Formalstufen – im Verlauf des Unterrichts- und Erziehungsprozesses die kulturhistorischen Stufen der Menschheitsgeschichte zu beachten (Annahme einer Parallelität von Ontogenese und Phylogenese des Menschen).

REIN führte zum besseren Verständnis eine deutsche Bezeichnung der Stufen ein und nannte sie: Vorbereitung, Darbietung, Verknüpfung, Zusammenfassung, Anwendung. So manch einer/einem mag dieses Muster gar nicht so fremd vorkommen. Und tatsächlich sind bis zum heutigen Tage die Formalstufen in mancherlei Form durchaus noch erhalten geblieben.

Aber wieder zurück zur Geschichte. Die Formalstufen der Herbartianer passten also so gut zu den Reglementierungsversuchen der Lehrer, dass sie gleichsam zur Unterrichtsdoktrin erhoben wurden. Nach ihrem Muster sollte jede Stunde erteilt werden. Das ermöglichte auch eine leichte Überprüfung der Unterrichtsarbeit von Lehrern.

Schauen wir uns nun eine so intendierte Stunde etwas näher an. Es handelt sich dabei allerdings nicht um einen realen Ablauf, sondern um einen Präparationsentwurf von T. ZILLER aus dem Leipziger Seminarbuch, der als vorbildlich galt (vgl. ZILLER 1886. In: Unterrichtsbeispiele ... Herausgegeben von Prof. Dr. Theo DIETRICH, 7).

Gegenstand des Unterrichts ist in dieser Stunde die Formenlehre, speziell der Würfel. Die Präparation, von der hier die Rede sein soll, richtet sich an eine vierte Klasse. Als Ziel wird bezeichnet: Systematisierung des bekannten Materials vom Würfel.

Stichpunktartig nun die einzelnen Stufen:
- **Analyse**. Heimatkundlich bekannte Denksteine ... Würfel aus anderen Stoffen (Pappe z.B.). Quadrat
- **Synthese**. Jeder hat einen Würfel von derselben Größe, demselben Stoffe, derselben Farbe, in derselben Stellung vor sich. Aber Stellung noch nicht beschreiben lassen, wohl aber die Teile des Würfels nach den Merkmalen (Fläche, Kante, Ecke). Zusammenfassung: 6 Flächen, 12 Kanten, 8 Ecken
- **Assoziation**. Würfel von anderen Größen, Farben, Stoffen beschreiben
- **System** (von den Elementen aus). Kante – zu bestimmen nach Finger, Hand, Bewegung, Grenze ... usw.
- **Methode** (ZILLER folgt hier FRESENIUS, den er als Quelle anführt); z.B.:
  »17. Wo ist am Würfel eine Kante, der entlang ein Ding herunterfallen könnte? Jede, die von oben nach unten verläuft, ist der Art. Solche Richtungen heißen senkrecht« (ebenda, 9) usw.

Für jedes Schuljahr gab es einen gesinnungsbildenden Stoff als konzentrierenden Mittelpunkt für alle Fächer (z.B.: 2. Schuljahr: Robinson).

Viele Beispiele für die Realisierung dieser Grundideen finden sich in den von W. Rein, A. Pickel und E. Scheller verfassten »Schuljahren« (Das erste Schuljahr, das zweite Schuljahr usw.).

4. Geschichte von Grundschule

Der akribisch vorgegebene Unterrichtsverlauf, den einzelnen Stufen folgend, ist deutlich zu erkennen. Zu erkennen ist sicher auch, dass der Unterricht eindeutig vom Lehrer bestimmt wurde, also lehrerzentriert zu verlaufen hatte.

Stand dem Lehrer eine Visitation ins Haus, so hatte er dessen gewiss zu sein, dass der Unterrichtsverlauf genau nach vorgegebenem Schema analysiert und eingeschätzt werden würde. So werden in einem Handbuch der Pädagogik aus dem Jahre 1903 u.a. folgende Gesichtspunkte für die Beurteilung einer Probelektion angegeben: »Wurden die Lehrtätigkeiten (Vorbereitung, Darbietung, Verknüpfung, Zusammenfassung und Anwendung) [Übung und Verwertung] in angemessener (gebotener und richtiger) Weise angewendet?« (HEILMANN 1903, 240f.).

Ausgangspunkt hierfür war die unverrückbar formulierte Position »Die formalen Stufen bezeichnen die mit Inhalt zu füllenden Formen, die der Unterrichtsgang bei Behandlung einer Lehreinheit ... nacheinander einzunehmen hat« (ebenda, 240).

Es bedarf keiner großen Vorstellungskraft, wie ein solcher Unterricht, der Tag für Tag, Woche für Woche in dieser Weise erteilt wurde, auf die Kinder gewirkt haben mag. Hinzu trat dann noch ein ausgeklügeltes Züchtigungssystem, sodass nicht nur auf geistigem Gebiet, sondern auch in körperlicher Hinsicht die Kinder in ihrer Entwicklung unglaublich eingeengt und gedemütigt wurden.

Für die Lehrer galt Ähnliches. Hatten sie den Kindern gegenüber durchaus eine Machtposition, so waren sie doch ihren Dienstvorgesetzten ähnlich ausgeliefert wie die Kinder ihnen.
    Schauen wir uns das an einem konkreten Fall einmal an.

Die Leipziger Lehrerzeitung, das Organ des Leipziger Lehrervereins, berichtet in ihrer Ausgabe vom Mittwoch, dem 27. April 1898 unter dem Titel »Pädagogische Lehrfreiheit in der Volksschule« vom Schicksal des Lehrers ZILLIG, einem – wie es ausdrücklich heißt – Anhänger der Herbart-Zillerschen Schule. Aber er nahm sich die Freiheit, sich gegen den herrschenden didaktischen Materialismus – die Stofffülle der Lehrpläne – auszusprechen und den Unterricht methodisch so zu gestalten, dass er zwar nicht gegen das Formalstufenprinzip verstieß, aber doch den Kindern mehr Raum zum Durchdringen der Unterrichtsgegenstän-

---

Aber: einige Schüler HERBARTS machten sich z.B. auch um die Entwicklung einer Lehrplantheorie verdient. ZILLER in Leipzig und STOY und REIN in Jena begründeten und entwickelten darüber hinaus Übungsschulen für die Ausbildung in den Lehrerseminaren.

An nahezu allen Schulen gab es Schulordnungen, die genaue Verhaltensweisen der Lehrer festlegten: welche Kleidung zu tragen, wie viel Kohle täglich zum Heizen des Ofens im Klassenraum mitzubringen, wie den Beamten des Bezirksschulamtes zu begegnen war usw.

de, zum tieferen Verstehen des Unterrichtsstoffes gewährte. Gezwungen zur Verteidigung seiner Auffassungen, schrieb er im Übrigen einen Satz auf, der in der Gegenwart häufig von Vertretern der Öffnung von Unterricht gebraucht wird:

> »Man muss das Kind nehmen, wie es ist, von ihm ausgehen und mit ihm fortschreiten. Der Unterricht muss auf das Leben und die Erfahrung und die eigene Geistesthätigkeit der Kinder gegründet werden« (ebenda, 299).

Der Leipziger Lehrerverein engagierte sich stark für die wissenschaftliche pädagogische Arbeit der Volksschullehrer und setzte sich für Methodenfreiheit im Unterricht ein. Er initiierte die Einrichtung einer Pädagogischen Zentralbibliothek (Comenius-Bücherei), von der viele Generationen von Lehrern profitierten.

Ein Samenkorn für die Reform von Schule und Unterricht? Und noch dazu auf Grundlage einer Position, die nun gerade nicht für Reformbewusstsein steht? Wie dem auch sei: auf jeden Fall zeugt Lehrer ZILLIGS Auffassung davon, dass es nicht immer ganz einfach ist, bestimmte Auffassungen und bestimmte Menschen konsequent in bestimmte Schubladen einzuordnen.

Was ZILLIGS konkretes Schicksal betrifft, so sind ihm beharrlich kleinste Abweichungen vom staatlich verordneten Konzept nachgewiesen und aktenkundig gemacht worden. Das führte letzten Endes dazu, dass ihm das Aufrücken in eine höhere Gehaltsklasse verweigert wurde. Alles zusammen war Anlass für den Leipziger Lehrerverein, sich erneut nachhaltig für die pädagogische Lehrfreiheit einzusetzen.

Die Gegenbewegung – Maria Montessori als Beispiel

Maria Montessori, italienische Ärztin und Pädagogin. Sie war die erste Frau, die erfolgreich Medizin studierte und damit in eine ausgesprochene Männerdomäne eindrang. 1898 erhielt sie ihre Promotionsurkunde. Der Vordruck musste für die »dottoressa« abgeändert werden, da er nur männliche Absolventen vorsah. 1902 begann sie mit einem pädagogischen Studium und vollzog den Übergang von der Medizin zur Pädagogik. Ihr besonderes Engagement galt den Kindern der Armen.

Maria MONTESSORIS (1870–1952) Pädagogik, ihr Konzept von Unterricht, ist heute in der Grundschule in seiner Anwendung weit verbreitet. Und das nicht nur in Deutschland, sondern in vielen Ländern Europas, ja der ganzen Welt. Stellvertretend seien lediglich die Niederlande angeführt.

Werfen wir einen Blick auf die Anfangszeiten der Verbreitung und Durchsetzung von MONTESSORIS pädagogisch-didaktischen Auffassungen in Deutschland. Ein eindrucksvolles Beispiel liegt aus dem Jahre 1932 vor:

> »In einem großen hellen Raum stehen hell gestrichene Kindertischchen und -stühlchen. Sie sind nicht in Reih und Glied ausgerichtet, mit einem Lehrerkatheder vor der Front, sondern sie stehen, wie die Kinder sie gerade brauchen: hier in der Fensternische ein Einzeltisch, dort zwei oder drei zusammengerückt, hier ein großes Quadrat von vier Tischen

4. Geschichte von Grundschule

– die große Fläche lädt förmlich dazu ein, dass man sich zu sechst oder acht darum herumsetzt und etwas gemeinsam tut. An den Wänden hängen Bilder und Zeichnungen der Kinder, Reime, Verschen, auch zwei große schwarze Wandtafeln, nicht zu hoch, sondern erreichbar für Kinderhände: herrliche Gelegenheit, Buchstaben, Zahlen, Zeichnungen darauf zu malen. Ein niedriger Schrank steht noch da mit vielen Fächern und Laden.

In diesem Raum bewegen sich etwa 30 Kinder. Sie bewegen sich wirklich, holen sich aus dem Schrank Buntstifte, Papier, Federn und Tinte, die Perlen zum Zählen, die Blätter, auf denen gerechnet wird, die Kärtchen, an denen sie etwas Lesen üben, ein Buch, einen Atlas. Morgens, eine Viertelstunde nachdem die Kinder gekommen sind, sitzt alles befriedigt da und schafft. Wenn Inge dann noch etwas braucht, dann geht sie leise hin, es zu holen ...

Renate möchte Lesen lernen. Wie macht sie das? Sie holt Pappkarten, etwa 10 Zentimeter groß, auf denen die Buchstaben, aus Sandpapier geschnitten, aufgeklebt sind. Sie fährt mit zwei Fingern die Formen nach und sagt dabei: b oder i. Wenn sie es zum ersten Mal macht, geht sie zum Lehrer – ja, ein Lehrer ist auch da – und fragt ihn. Er sagt ihr, wie der Buchstabe heißt, er schaut ein Weilchen zu, hilft ihr, dann geht er weiter. Renate macht das Berühren der Buchstaben großen Spaß, es ist für die Fingerspitzen ein Vergnügen, Linien und Kurven nachzufahren. Sie kann es stundenlang üben. Wenn sie eine Zahl von Buchstaben kennt, legt sie Wörter zusammen, das kann sie auch mit besonders schönen Buchstaben aus rotem und blauem Papier auf einem Teppich machen ...

Und was tat Angela inzwischen, Helga, Wolfgang? Sie haben Rechnen gelernt, Stäbchen mit aufgezogenen Perlen lagen bereit, je 1, 2, 3 bis 10 Perlen an einem Stäbchen ... Die Kinder zählten die bunten Kügelchen ab, einmal, zehnmal, zwanzigmal, so oft es ihnen Spaß machte. Sie legten die Perlen aneinander ... sie zählten sie zusammen ...

Die nächste Stufe ist die Beschäftigung mit nummerierten Kärtchen, auf denen Aufgaben stehen:

1.   8 + 2
2.   12 + 3

Die Kinder legen andere Kärtchen daneben mit der Auflösung. Sie kontrollieren die Richtigkeit an der dazugehören-

den, entsprechend nummerierten Liste der Auflösungen. Der so genannte ›Schlüssel‹, sonst streng dem Lehrer vorbehalten, ist also in ihre Hände gewandert. Sie können aber auch den Lehrer fragen oder sich untereinander kontrollieren« (REICHENBACH und BULOWA 1962, 41ff.).

Stellen wir zunächst wiederum die Frage, worauf die Beschreibung des Unterrichts an dieser besonderen Schule verweist und was über das Einzelbeispiel hinaus noch anzumerken wäre.

Zuallererst ist zu registrieren, dass an dieser Schule offenbar dem Lernumfeld größte Bedeutung beigemessen wird: Berichtet wird von einem großen hellen Raum, von hell und freundlich gestrichenen Stühlen und Tischen, von auf die Kinder zugeschnittenen Tafeln und einem niedrigen Schrank, den Kinderhände ungehindert erreichen und dessen Schubladen sie ohne Erlaubnis öffnen können.

> »Um es (das Kind) glücklich zu machen, genügen die einfachsten Dinge: Die Kleider an einen niedrigen, für es erreichbaren Kleiderständer zu hängen; eine leichte Tür zu öffnen, deren Griff der Größe seiner Hand entspricht; leise und mit Anmut einen Stuhl versetzen, dessen Gewicht der Kraft seiner Arme angepasst ist. Wir stehen hier vor einer ganz einfachen Tatsache: Man muss dem Kind eine Umgebung bieten, in der alle Dinge seinen Proportionen entsprechend gebaut sind; und dort soll man es leben lassen.«
>
> *Maria Montessori 1976, 28*

Kleinigkeiten? Nein. Bestandteil des Konzepts der italienischen Ärztin und Pädagogin: Die Lernumgebung (so würden wir heute sagen) soll hell, freundlich, zugänglich und von Kindern auch selber gestaltbar sein. MONTESSORI wollte eine dem Kind zugewandte Pädagogik schaffen. Und die begann gerade mit solchen »Kleinigkeiten« – einer Abkehr von großen, furchterregenden Schulhäusern, dunklen Gängen und Fluren, fest verschlossenen und für das Kind niemals erreichbaren Schränken, Schulmöbel, die ebenso dunkel und abschreckend waren wie alles andere und gerade kleinen Schulkindern oft Angst und Furcht einjagten.

Zum Zweiten verweist das Beispiel auf eine andere »Ungeheuerlichkeit«: Tische und Stühle (die klassischen Schulbänke gab es bei ihr nicht) stehen nicht fest angeschraubt im Raum, sondern lassen sich bewegen. Und nicht von irgend jemandem, sondern von den Kindern selbst, nach deren eigenen Bedürfnissen. Also auch hier: die Kinder sind wichtig.

Beachten wir ein drittes Moment: Die Kinder dürfen sich frei im Raum bewegen. Ein weiterer Affront gegen das traditionelle »Schulehalten«. Wenn schon Bewegung gestattet war, dann traf das auf den Lehrer zu. Die Kinder hatten still zu sitzen, sich höchstens auf Kommando zu bewegen: den Arm zu heben, zum Gebet oder zum Singen oder zum Chorsprechen aufzustehen. Aber ganz von allein sich zu bewegen? Nein, das war nicht möglich.

Für MONTESSORI war das Kind aber ein ganzheitliches Wesen, zu dem auch sein Bewegungsdrang gehörte. Und was vielleicht

4. Geschichte von Grundschule

noch wichtiger war: Das Kind durfte dabei über sich selbst entscheiden.

Dringen wir in eine weitere und noch tiefere Dimension unseres Beispiels ein: Renate erlernt nahezu allein das Lesen. Sie benutzt dazu Sandpapierbuchstaben, die sie zunächst mit den Fingern tastend und fühlend umreißt. Das macht ihr Spaß. Sie fragt den Lehrer nach der Bezeichnung der Buchstaben, legt sie zusammen zu Wörtern. Der Lehrer unterstützt und beobachtet ihre Arbeit mit den Buchstaben. Zu gleicher Zeit erlernen andere Kinder das Rechnen. Sie nutzen dazu farbige Perlen, dann Kärtchen und lernen so allmählich den Umgang mit abstrakten Zahlbegriffen. Die Kinder dürfen die Lernangebote so nutzen, wie und wann sie gern möchten. Die Individualität des Kindes wird also nicht unterdrückt, sondern akzeptiert und geachtet. Alle Kinder arbeiten konzentriert, lassen sich kaum ablenken, sorgen allein für Ruhe und stören sich gegenseitig nicht, obwohl offenbar alle mit etwas anderem beschäftigt sind, also der klassische Fachunterricht durchbrochen zu sein scheint.

Und noch etwas ist auffällig: Ein Lehrer befindet sich zwar im Raum, ist aber keinesfalls die das ganze Geschehen beherrschende und dirigierende Figur.

Das Beispiel zeigt nur, dass der Lehrer von Renate gefragt wird und ihre Tätigkeit beobachtet. Dennoch wird hier MONTESSORIS Konzept sehr deutlich. Einer ihrer wichtigsten Grundsätze war der bis heute stets zitierte Ausspruch: »Hilf mir, es selbst zu tun«. Sie hatte großes Vertrauen in die Kraft der Kinder, in ihr Interesse, ihren Lernwillen, ihre Konzentrationsfähigkeit. Von daher vertrat sie den Standpunkt, die Erwachsenen müssten dem Kind helfen, quasi zu sich selbst zu finden, es auf seinem Weg helfend und unterstützend begleiten. Deshalb hatten für sie die Lehrkräfte auch nur eine indirekte Führung wahrzunehmen und nicht das Kind Schritt für Schritt zu leiten und schon gar nicht, es zu gängeln.

In diesem Zusammenhang spielte das so genannte didaktische Material (in unserem Beispiel: Sandpapierbuchstaben, Perlenketten) eine wichtige Rolle. Im Umgang mit dem Material, das die Sinne der Kinder vielfältig ansprach, das die Schwierigkeiten lokalisierte und das den Kindern ermöglichte, ihren Lernweg und ihre Ergebnisse selbst zu kontrollieren, erwarben die Kinder Freiheit und Selbstständigkeit.

Maria Montessori forderte, den Tätigkeitsdrang des Kindes so weit wie möglich zu unterstützen, das Kind nicht zu bedienen, sondern es zur Selbstständigkeit zu erziehen.

»Sinnesschulung« und «Polarisation der Aufmerksamkeit« spielen eine zentrale Rolle in Maria Montessoris Pädagogik.

Abschnitt I: Kindorientierte Grundschule

Ein jeweils aktuelles Verzeichnis der derzeitigen Montessori-Schulen in Deutschland erhält man über die Aktionsgemeinschaft Deutscher Montessori-Vereine in Bonn.

Bis heute sind all diese Ansatzpunkte nicht unumstritten. In der einschlägigen Literatur wird darauf verwiesen. Fakt ist allerdings auch, dass MONTESSORI zu den großen Persönlichkeiten der Pädagogik gehörte, die sich dem traditionellen Schul- und Unterrichtssystem, in dem Kinder weitgehend unterdrückt wurden und ihre Interessen und Bedürfnisse nur eine geringe Rolle spielten, entgegenstellten und eine kindorientierte Pädagogik entwickelten. Ihre grundlegenden Positionen durchdachte sie selbst bis hin zu einem Netz praktischer Konsequenzen. Beides, ihre Ausgangspunkte und ihre praktische Pädagogik, sichern ihr offenbar bis heute so große Resonanz.

Die Vereinnahmung – ein Beispiel aus der Zeit des Nationalsozialismus

Die geringe Erforschung der Grundschule (Volksschulunterstufe) in der Zeit des Nationalsozialismus hat jüngst erst wieder Margarete GÖTZ konstatiert (vgl. GÖTZ 1997, 9ff.). Es wäre in der Tat zu wünschen, dass sich Historiker oder historisch interessierte Grundschulpädagogen dieser Problematik künftig stärker annähmen.

Dennoch steht die in der einschlägigen Literatur zur Schule im Nationalsozialismus überhaupt getroffene Feststellung außer Zweifel und gilt auch für die Grundschule: Die Schule nahm einen herausragenden Platz im System der Indoktrination und Vereinnahmung durch das nationalsozialistische System, vor allem durch dessen Ideologie, ein (vgl. DITHMAR 1989, REBLE 1989, 326ff., RODEHÜSER 1989, 241ff.).

Ziehen wir zunächst wieder ein Beispiel heran: Es bezieht sich allerdings – geschuldet auch dem oben genannten Mangel – nicht definitiv auf die ersten vier Schuljahre, lässt jedoch Schlüsse auch auf den »Geist« der Grundschule zu und veranschaulicht recht deutlich die häufig in verallgemeinerter Form nachzulesenden Tendenzen von Indienstnahme der Schule. Unser Text ist einem Zeitzeugenbericht aus Berlin entnommen:

> *»Als ich zwölf oder dreizehn war, wurde in der Schule der Hitlergruß eingeführt. Wir fanden ihn gut. Da fing es auch in der Schule an, dass man von Rassen sprach. In meiner Klasse waren fünf Juden. Die Eltern verzogen kurz darauf. Wir haben nichts dabei empfunden, dass die verzogen ... Kein Mensch bei uns in der Klasse hätte sich Gedanken gemacht,*

4. Geschichte von Grundschule

wo die nun alle hingezogen sein könnten, weil sie peu à peu alle verzogen ...

In der Schule wurden uns Rasse und nationale Einstellung bewusst gemacht. Da erfuhren wir, wie vorteilhaft es doch ist, deutsch zu sein, Deutscher zu sein und in dem nordischen Raum zu wohnen. Lehrer machten zum Beispiel im Zeichenunterricht auf unsere Schädelformen aufmerksam. Da schnitt ich nicht sehr gut ab. Später, während meiner Lehrzeit, war es für mich mal sehr peinlich, als einer der Lehrer sagte, ich hätte eine ›Sechsernase‹. Das war für mich eine schlimme Sache, weil das eine Judennase war ...

Ich kann mich auch an Lehrer besinnen, die verhalten reagierten, in deren Unterrichtsstunden wir eigentlich gar nichts erfahren haben. Aber unser Klassenlehrer ... war ein Supernazi. Er hat sich aber auch so gegeben ... Wir sind darauf hingewiesen worden, dass diese oder jene Dinge sich nicht gehörten für einen Deutschen. Zum Beispiel war es verpönt, bei kalter Witterung mit langen Strümpfen oder langen Hosen in die Schule zu kommen. Einige Eltern haben durchgesetzt, dass die Kinder doch lange Strümpfe tragen. Die Kinder haben sich dann gesträubt und haben gesagt: ›Nee, ich will in Kniestrümpfen gehen.‹ Auch wenn die Knie blau waren, man kam eben in kurzen Hosen. Die Eltern hatten sehr viel zu tun, um diesen Unsinn einzudämmen, aber in der Schule war das einfach nicht wegzubiegen. Schüler, die mit langen Strümpfen von den Eltern zur Schule geschickt wurden, haben teilweise vor der Schule die Strümpfe runtergerollt, sodass sie auch Kniestrümpfe hatten« (HEIL HITLER, HERR LEHRER 1983, 76f.).

Das Beispiel verweist uns auf mehrere Aspekte oder Tendenzen nationalsozialistischer Schul- und Unterrichtsarbeit:

Zunächst erfahren wir, dass eine Veränderung in Ritualisierung und Ordnungsformen von Unterricht und Schule erfolgte: Der Hitlergruß wurde eingeführt. Hinzu traten – wir gehen wiederum über unser Beispiel hinaus – an den Schulen in der Regel besondere, das Schulleben bestimmende und den Unterricht ergänzende Veranstaltungen wie Feiern, Wanderungen, Hausmusiktage, »Stunden der Nation« u.Ä. Sie trugen entscheidend dazu bei, dass sich die nationalsozialistische Ideologie krakenhaft im Leben schon der jüngeren Schulkinder ausbreiten konnte.

Die Schule hatte den Auftrag, die nationalsozialistische Macht »auch innerlich derart zu festigen, dass in aller Zukunft ein Rückfall in die Fehler der Vergangenheit unmöglich wird ...«

Reichsminister Frick: Rede am 9. Mai 1933 vor den Kultusministern der deutschen Ländern

Rituale geben das Gefühl, zu etwas zu gehören und jemand zu sein. Sie konstituieren Gemeinschaft, sind aber in der Regel ambivalent. Einmal eingeführt, können sie von großer Macht sein.

Von ganz besonderer Bedeutung ist jedoch, dass im Unterricht Rassenkunde gelehrt wurde. In unserem Beispiel lesen wir darüber etwas. Der Irrationalismus, der mit dieser so genannten Rassenkunde verbunden war, ist evident, nichtsdestotrotz erfüllte der Rassenbegriff, dessen Kernstück der Antisemitismus war, eine Funktion und diente durchaus praktischen Zwecken (vgl. HEIL HITLER, HERR LEHRER 1983, 101). *Welch* praktischen Zwecken konnten die Schülerinnen und Schüler, aus deren Klasse allmählich die Kinder von fünf jüdischen Familien verschwanden, offenbar nicht ahnen. Gedanken darüber, nein, die machten sie sich nicht, wo doch die Erwachsenen, wie *wir* mittlerweile wissen, auch über vieles nicht nachdachten ...

Über die Heimatkunde hinaus verbanden des Weiteren beispielsweise viele Schulbuchautoren die stoffliche und didaktische Aufbereitung von Unterrichtsstoffen auf psychologisch geschickte Weise mit nationalsozialistischer Propaganda.

Die Einführung von Rassenkunde oder rassenkundeähnlichen Elementen in unterschiedlichen Fächern war im Übrigen eine der gravierendsten Veränderungen im Bereich der Unterrichtsinhalte in der nationalsozialistischen Schule. Eine – gerade in der Volksschulunterstufe noch darüber hinausgehende – Bedeutung hatte allerdings Heimatkunde mit deutlicher Orientierung auf gefühlsbetonte Gesinnungsbildung (vgl. GÖTZ 1997, 201ff.). Ebenso erfolgte eine merkbare Erhöhung des Stellenwertes von Turnen bzw. Leibeserziehung. Wenn auch in den einzelnen Ländern unterschiedlich gehandhabt, so zeigt sich doch, dass körperliche Ertüchtigung (letztendlich die Wehrertüchtigung) als ein wesentliches Ziel nationalsozialistischer Erziehung betrachtet wurde (vgl. ebenda, 237ff.). An unserem Beispiel wird deutlich, bis zu welcher Absurdität dies teilweise getrieben werden konnte. Und: wie gerade in diesem Fall auch die Eltern vielfach machtlos waren.

Diese Feststellungen dürfen natürlich nicht darüber hinwegtäuschen, dass in der Schule auch anderes gelernt und getan wurde: »Festzuhalten ist: im Schulalltag des deutschen Faschismus lernten die Schüler Rechnen, Lesen, Schreiben, Gedichte, Jahreszahlen usw.« (HEIL HITLER, HERR LEHRER 1983, 100). Was und wie in diesen Fächern gelehrt und gelernt wurde, unterlag nicht durchgängig zentraler Steuerung durch das Reichserziehungsministerium. Die Länder gingen durchaus unterschiedlich mit dessen Verlautbarungen um. Es gab sowohl vorauseilenden Gehorsam als auch treue Gefolgschaft wie auch durchaus Festhalten an einem gewissen länderhoheitlichen Verständnis. Diese durchaus vorhandene Differenzierung reicht bis zum nächsten Aspekt in dem von uns aufgegriffenen Augenzeugenbericht, dem der Haltung von Lehrern: Neben dem Erznazi stand ein Lehrer, der sich offenbar aus allem irgendwie heraushielt. Von diesem beschriebenen Fakt aus gehen wir wieder über unser Beispiel etwas hinaus: Die Nationalsozialisten wussten natürlich um die Bedeutung der Lehrperson in Schule und Unterricht für die Erziehung. Deshalb waren sie vor allem an völkisch denkenden und lebensbejahenden Lehrern interessiert. Und deren gab es genug! Allerdings verzichteten sie nach ihrer Machtergreifung auf eine generelle Auswechslung des Lehrpersonals. Sie besetzten natürlich alle Schlüsselstellungen mit regimeergebenen Menschen und entfernten »nicht-arische« und viele liberale Lehrkräfte aus dem Schuldienst. Von den übernommenen Lehrern forderten sie »aktive Loyalität« (vgl. ebenda, 125), die sie u.a. über ein System von Lehrgängen vor allem im Gelände- und Wehrsport und in Schulungslagern zu erreichen trachteten.

Am 7. April 1933 wurde das »Gesetz zur Wiederherstellung des Berufsbeamtentums« erlassen. Es erlaubte eine sofortige Entfernung jüdischer und politisch unerwünschter Lehrkräfte aus dem Schuldienst.

Der 2. Weltkrieg, das Umschlagen von Siegesgewissheit der nationalsozialistischen Propaganda in reale Schrecken und Ängste der Bevölkerung hatte auch für die Schule Folgen. Nachdem zwar schon die Grundschule kriegswichtig geworden war (vgl. GÖTZ, 304ff.), musste der Schulbetrieb zuletzt gänzlich eingestellt und konnte nach dem Zusammenbruch auch erst allmählich wieder aufgenommen werden.

Grundschule im vereinten Deutschland – ein Ausblick

Als 1989 die Einheit etwas unvermittelt über die Deutschen hereinbrach, brachten die alte Bundesrepublik und die ehemalige DDR ganz unterschiedliche Entwicklungen und Traditionen auf dem Gebiet der Grundschule ein. Dabei hatten beide 1945 mit nahezu gleichen Voraussetzungen begonnen:

Das Schulwesen war weitestgehend nationalsozialistisch infiltriert gewesen, viele Schulen waren zudem durch Bombenangriffe zerstört, beschädigt (allein in Leipzig betraf das 95 von 105 Schulen, in Dresden 119 von 139 Schulen) oder – zumindest im Osten – zu Flüchtlingslagern umfunktioniert worden. Viele Kinder, große wie kleine, hatten in den letzten Kriegsjahren Heimat und Halt verloren, die Lehrer waren nicht mehr »brauchbar« – ebenso wie es kaum noch verwendbare Lehr- und Unterrichtsmittel gab.

Der ideologische und materielle Zustand von Schule wurde von den Besatzungsmächten in Ost und West durchaus auf gleiche Weise wahrgenommen und eingeschätzt. Die eingeleiteten

Abschnitt I: Kindorientierte Grundschule

25. Juni 1947: Anweisung der Kontrollratsbehörde (Frankreich, Amerika, Russland, England) »Zur Demokratisierung des deutschen Bildungswesens«

Maßnahmen zur Veränderung der Situation und zum Aufbau eines neuen Schulwesens, die zunehmend auch von den Deutschen selbst getragen wurden, waren zunächst auch durchaus ähnlicher Art: Beseitigung nationalsozialistischer Ideologie, Entlassung von Lehrern, die dem Hitlerregime treu gedient hatten, Wiederanknüpfen an deutsche reformpädagogische Traditionen, vorrangig aus der Weimarer Zeit u.Ä.

Die weitere politische Entwicklung führte jedoch zur Herausbildung ganz unterschiedlicher Schulsysteme mit sehr unterschiedlichen praktischen Konsequenzen auch für die unteren Schuljahre. Das begann bei der Dauer der Grundschulzeit. In den meisten Ländern der Bundesrepublik blieb die Grundschule auf vier Jahre festgelegt; Ausnahmen stellten zunächst Hamburg und Bremen dar. In der SBZ und der DDR gab es eine 8-jährige Grundschule, die nach Einführung der zehnklassigen allgemein bildenden polytechnischen Oberschule in dieser aufging und zwar als vierjährige Unterstufe. In Berlin (West) gab es zunächst auch eine achtjährige Grundschule. Nach vielen Debatten konnte sie sich bis heute als 6-jährige Grundschule halten. Berlin und das neue Bundesland Brandenburg sind damit die einzigen Länder in Deutschland mit einer sechsjährigen Grundschule. Diese allerdings wird mit wachsendem Engagement vom Arbeitskreis Grundschule, der GEW, dem VBE, dem Bayrischen Lehrerinnen- und Lehrerverband eingefordert. Die Gegenbewegung ist allerdings auch sehr stark. Besonders deutlich wird das in Berlin.

Neben vielen extremen Unterschieden zwischen Grundschule der »alten« Bundesrepublik und Unterstufe der ehemaligen DDR – z.B. Föderalismus kontra Zentralismus, Meinungsvielfalt kontra sozialistische Moral und Weltanschauung (VON DER UNTERSTUFE ZUR GRUNDSCHULE 1992) – gibt es aber durchaus Punkte, die beispielsweise in Ost und West auf gewisse Parallelen in der Entwicklung schließen lassen. Das betrifft u.a. das Problem der Wissenschaftsorientiertheit in Grundschule und Unterstufe.

Auszug aus dem Strukturplan: »Wissenschaftliches Lernen im Primarbereich heißt darüber hinaus: neue Inhalte. Die Anfänge der Naturwissenschaften, der Sozialwissenschaften sowie eine moderne Mathematik und Sprachlehre müssen in elementarisierter Form Eingang in den Primarbereich finden.«

Im Strukturplan für das Bildungswesen wird 1970 durch den Bildungsrat Wissenschaftlichkeit des Unterrichts nach Lerngegenstand und Lernmethode für alle Schulstufen, also auch für die Grundschule, gefordert (DEUTSCHER BILDUNGSRAT: STRUKTURPLAN ... 1970): Das hatte u.a. Konsequenzen für die Mathematik, insondere für die Einführung der Mengenlehre. Eine heftige und höchst kontroverse Diskussion setzte bekanntermassen hierzu ein.

4. Geschichte von Grundschule

In der DDR gab es – u.a. unter Berufung auf sowjetische Psychologen und Pädagogen – eine ähnliche Positionierung zum wissenschaftlichen Gehalt des Unterrichts in der Unterstufe (z.B. »Mathematikbeschluss« 1963, »Unterstufenbeschluss« 1965). Allerdings war der Umgang mit der Mengenlehre beispielsweise weitaus moderater.

Insgesamt jedoch lässt sich der Ruf nach »mehr Wissenschaft« in West und Ost durchaus miteinander vergleichen. Paradoxerweise war auch der »Gegenpol« ähnlich. Hüben wie drüben wurde gegen den alten Volksschulunterricht Stellung bezogen; im Osten wurde dieser allerdings deutlich mit dem Apostroph »bürgerlich« versehen.

Interessant ist auch, dass im Westen wie im Osten anschließend ähnliche Reaktionen auf eine gewisse Hypertrophierung des Wissenschaftsanspruchs erfolgten: Eine verstärkte Kindorientierung wurde letztendlich hier wie da wieder gefordert; wenn auch die Konsequenzen bis hin zur Gestaltung des Unterrichts teils recht kontrovers waren.

Hier genauere Analysen und Vergleiche vorzunehmen, wäre nicht nur lohnenswert, sondern höchst wichtig für Grundschulentwicklung im geeinten Deutschland. Dabei wäre auch herauszuarbeiten, inwiefern Ost und West die gleichen Begriffe verwandten und häufig doch nicht das gleiche meinten (vgl. Lichtenstein-Rother 1990, 13).

Die gesamte Entwicklung in Ost und West, die Gemeinsamkeiten und Unterschiede verfolgen wir hier nicht weiter. Unser Buch versteht sich als ein Ost-West- oder West-Ost-Buch. Es greift Zukunftsperspektiven der Grundschule ebenso auf wie Entwicklungen in den einzelnen Bundesländern, die sich mittlerweile schon zu einem gewissen »Gesamtbild« zusammenfügen lassen, an dem westliche und östliche Bundesländer auf je ihre Weise mitgewirkt haben. Den Autoren/der Autorin ist dabei die Orientierung am Humanum im Sinne von Ilse Lichtenstein-Rother (vgl. dieselbe, 14) wichtig. Unter diesem Gesichtspunkt betrachten wir Grundschule.

Zusammenfassung

Geschichte ist nicht jedermanns Sache. Ein gewisses geschichtliches Denken sollte aber schon jedermanns Sache sein – vor allem von zukünftigen Lehrerinnen und Lehrern.

Die Einblicke, die das Kapitel in die Geschichte von Grundschule gibt, sind unvollständig. Jedes einzelne Fenster aber, das wir zu öffnen versuchten, könnte vielleicht das Bedürfnis wecken, sich selbst an das Öffnen neuer und ganz anderer Fenster zu machen. Aber schon, wenn die hier gegebenen Einblicke wahrgenommen werden, ist Horizonterweiterung zu erwarten.

Verwendete Literatur

Arbeitsgruppe Pädagogisches Museum (Hg.): Heil Hitler, Herr Lehrer. Volksschule 1933–1945. Das Beispiel Berlin. Reinbek bei Hamburg 1983

Benner, D./Sladek, H.: Vergessene Theoriekontroversen in der Pädagogik der SBZ und der DDR 1946–1961. Monografie mit Quellenteil. Weinheim 1998 (Bibliothek für Bildungsforschung, Bd. 11)

Benner, D.: Die Pädagogik Herbarts. Eine problemgeschichtliche Einführung in die Systematik neuzeitlicher Pädagogik. Weinheim und München 1986

Beschluss »Für eine weitere Verbesserung der Bildungs- und Erziehungsarbeit in der Unterstufe der sozialistischen Schule«. In: Die Unterstufe. Berlin 12/1965/7/8

Beschluss des Politbüros des ZK der SED und des Ministerrates der DDR vom 17.12.1962 »Zur Verbesserung und weiteren Entwicklung des Mathematikunterrichts«. In: Deutsche Lehrerzeitung. Berlin, Nr. 1/1963

Blankertz, H.: Die Geschichte der Pädagogik. Von der Aufklärung bis zur Gegenwart. Wetzlar 1992

Deutscher Bildungsrat: Strukturplan für das Bildungswesen. Stuttgart 1970

Dithmar, R. (Hg.): Schule und Unterricht im Dritten Reich. Neuwied 1989

Finger, F. A.: Anweisung zum Unterricht in der Heimatskunde, gegeben an dem Beispiele der Gegend von Weinheim an der Bergstraße. Berlin 1908[9]

Götz, M.: Die Grundschule in der Zeit des Nationalsozialismus. Bad Heilbrunn/Obb. 1997

Günther, K.-H. (Leiter), Hofmann, F., Hohendorf, G., König, H., Schuffenhauer, H. (Herausgeberkollegium): Geschichte der Erziehung. Berlin 1988[16]

Herbarts Pädagogische Schriften. Mit Herbarts Biographie, neu bearbeitet und mit erläuternden Anmerkungen versehen von E. v. Sallwürk. Erster Band. Langensalza 1922[8]

Heilmann, K.: Handbuch der Pädagogik. Leipzig 1903

Knörzer, W./Grass, K.: Einführung Grundschule. Geschichte – Auftrag – Innovation. Weinheim und Basel 1998

Leipziger Lehrerzeitung. Organ des Leipziger Lehrervereins und der Verwaltung der Comeniusstiftung. V. Jahrgang, Leipzig 1898

Leontjew, A. N.: Probleme der Entwicklung des Psychischen. Berlin 1964

Lichtenstein-Rother, I.: Grundlegung der Bildung als Orientierungsrahmen für die Realisierung des pädagogischen Auftrages der Grundschule. In: Unterstufe/Grundschule in Ost und West. Erstes deutsch-deutsches Kolloquium am 29. und 30. Juni 1990 in Berlin. Herausgeber: Akademie der Pädagogischen Wissenschaften. Berlin 1990

Menck, P.: Geschichte der Erziehung. Donauwörth 1993
Montessori, M.: Schule des Kindes. Freiburg Basel Wien 1976
Montessori, M.: Kinder sind anders. München 1990[5]
Neuhaus-Siemon, E./Götz, M.: Die Bedeutung der historischen Grundschulforschung. In: Grundschule. Braunschweig 30/1998/7-8
Reble, A.: Geschichte der Pädagogik. Stuttgart 1989[15]
Reichenbach, E. und Bulowa, E.: Wie Kinder lesen, schreiben und rechnen lernen. (Bericht aus Montessori-Schule und -Kinderhaus. Jena 1932). In: Unterrichtsbeispiele von Herbart bis zur Gegenwart. Herausgegeben von Prof. Dr. Theo Dietrich. Bad Heilbrunn/Obb. 1962
Rein, W.: Methodische Einheit. In: Enzyklopädisches Handbuch der Pädagogik. Herausgegeben von W. Rein. Bd. 5. Langensalza 1906
Rodehüser, F.: Epochen der Grundschulgeschichte. Bochum 1989[2]
Scheibe, W. (Hg.): Grundzüge betr. Einrichtung und Unterricht der evangelischen einklassigen Elementarschule. 3. Regulativ 1954. In: Zur Geschichte der Volksschule. Bd. II. Bad Heilbrunn/Obb. 1974 (Klinkhardts Pädagogische Quellentexte)
Schorn, A.: Geschichte der Pädagogik in Vorbildern und Bildern. Leipzig 1896[17]
Tillmann, K.-J.: Staatlicher Zusammenbruch und schulischer Wandel. Schultheoretische Reflexionen zum deutsch-deutschen Einigungsprozess. In: Zeitschrift für Pädagogik. Weinheim und Basel 1993, 30. Beiheft
Ziller, T.: Formenlehre im vierten Schuljahr, aus Materialien zur speziellen Pädagogik des Leipziger Seminarbuches. Dresden 1886. In: Unterrichtsbeispiele von Herbart bis zur Gegenwart. Herausgegeben von Prof. Dr. Theo Dietrich. Bad Heilbrunn/Obb. 1962

Was Sie sonst noch lesen sollten

Neuhaus, E.: Reform der Grundschule. Bad Heilbrunn/Obb. 1991[5]
Oelkers, J.: Reformpädagogik. Eine kritische Dogmengeschichte. Weinheim und München 1996
Pehnke, A.: Sächsische Reformpädagogik. Traditionen und Perspektiven. Leipzig 1998
Hagemann, W.: Der Unterricht in den unteren Klassen (Ziele, Inhalte, Methoden). Bd. 1 und 2. Ausgearbeitet von einem Autorenkollektiv unter der Leitung von Werner Hagemann. Berlin 1976
Rutschky, K. (Hg.): Schwarze Pädagogik. Quellen zur Naturgeschichte der bürgerlichen Erziehung. Berlin 1993[6]
Schmitt, H., Link, J. W., Tosch, F. (Hg.): Bilder als Quellen der Erziehungsgeschichte. Bad Heilbrunn/Obb. 1997
Wittenbruch, W.: Grundschule. Texte und Bilder zur Geschichte einer jungen Schulstufe. Heinsberg 1995

Fragen und Aufgaben

☐ Entwickeln und gestalten Sie im Seminar eine Art Leporello zu Etappen der Grundschulgeschichte. Stellen Sie es in Ihrem Seminar vor. Wenn es an Ihrer Universität oder Ihrer Schule eine Lernwerkstatt gibt, dann versuchen Sie, das Leporello dort auszustellen, damit von Ihrer Arbeit vielleicht viele einen Gewinn haben.

☐ Spielen Sie in Szenen nach, wie Unterricht nach ausgewählten Konzepten in bestimmten historischen Zeiträumen verlaufen ist.

☐ Entwickeln Sie eine Präparation zu einem beliebigen Thema auf der Grundlage der von W. Rein benannten Formalstufen des Unterrichts. Diskutieren Sie darüber in ihrem Seminar.

☐ Es werden 2 Partner/innen gebraucht. Die Anforderung lautet:
Versetzen Sie sich in die Lage einer Herbart-Anhängerin (eines Herbart-Anhängers) und in die Lage einer Montessori-Anhängerin (eines Montessori-Anhängers). Führen Sie miteinander ein Streitgespräch über die Produktivität des jeweiligen pädagogischen Ansatzes.

Abschnitt II:
Grundschule zwischen Tradition und Moderne

5. Grundlegung von Bildung

Bildung – wo liegt das Problem?

Bildung ist ein umstrittener Begriff. Wenn aber schon das festzustellen ist, wie ist es dann um »Grundlegung von Bildung« bestellt? Mehrere Autoren haben beispielsweise über 600 verschiedene Definitionen oder Beschreibungen von Bildung (bzw. Allgemeinbildung) in der deutschen pädagogischen Literatur gezählt (vgl. HEYMANN, 1996, 21). Im Übrigen kennt man den Begriff der Bildung in anderen Ländern kaum oder gar nicht.

Da sich in Deutschland der Bildungsbegriff bis heute gehalten hat – und das trotz vielfältiger Debatten und Kritik – und vor allem im Hinblick auf das Verständnis des pädagogischen Auftrags der Grundschule in Deutschland eine lange Tradition hat, soll er auch von uns verwendet werden.

Historisch gesehen fanden Debatte und Verbreitung des Bildungsbegriffes einen besonderen Höhepunkt in und mit den Arbeiten Wilhelm VON HUMBOLDTS (1767–1835). Sie werden bis heute immer wieder aufgegriffen. Nach HUMBOLDTS Auffassung zeichnete sich ein gebildeter Mensch dadurch aus, dass er so viel Welt als möglich zu ergreifen und so eng als möglich mit sich zu verbinden suchte.

Auf einem solchen Bildungsverständnis, das allerdings in seinem Kern nicht nur HUMBOLDT zuzuschreiben ist, hat sich auch eine der einflussreichsten pädagogischen Richtungen in Deutschland entwickelt, die geisteswissenschaftliche Pädagogik. Auf ihr wiederum basiert die sogenannte bildungstheoretisch orientierte Didaktik, die den Bildungsbegriff in das Zentrum ihrer Überlegungen zur Planung und Organisation des Unterrichts gestellt hat. Ihr prominentester Vertreter ist Wolfgang KLAFKI.

Fasst man die unterschiedlichen Auffassungen von Bildung grob zusammen, so kann man konstatieren:

5. Grundlegung von Bildung

- Bildung hat etwas mit dem Anspruch des Individuums an sich selbst und in der Gesellschaft zu tun, handlungsfähig zu werden.
- Bildung hat etwas mit Wissen, mit freier Verfügbarkeit über Wissen und mit Ergebnisabsichten zu tun.
- Da Prozesse, die sich in der Persönlichkeit vollziehen, selten genau eingrenzbar sind, hat Bildung auch immer etwas mit dem Sprengen von Fachgrenzen zu tun. Bildung hält sich nicht an ein Fach!
- Bildung hat etwas mit Verläufen, Vorgängen, Prozessen zu tun – dauert also, vollzieht sich in der Zeit, trägt ein ständig weiterwirkendes Moment in sich, ist in dem Sinne nie völlig abgeschlossen.
- Bildung hat auch immer etwas mit Sich-selbst-klarwerden über etwas und über sich selbst zu tun, ist an Selbstreflexion gebunden.
- Bildung hat immer etwas mit dem Gewinn freier Entscheidungsmöglichkeiten in einem Gemeinwesen/der Gesellschaft zu tun.
- Bildung hat immer auch mit sozialen Momenten, mit sozialer Sensibilität und sozialer Verantwortung zu tun.
- Zu Bildung kann der einzelne über sehr unterschiedliche Zugänge gelangen, aber im Kindes- und Jugendalter hat jeder Mensch das Recht, dass die Entfaltung seiner Anlagen pädagogisch gestützt wird (KLAFKI), das heißt, dass Schule und Unterricht hierfür eine nicht zu ersetzende Verantwortung tragen.
- Und schließlich: Nicht ohne Absicht wurde bisher die Formulierung gewählt »Bildung hat zu tun ...«. Das führt an das wichtigste Moment heran:

- *Bildung hat mit Tun zu tun!*

Zu Bildung zu gelangen ist ohne Lernen und Spielen, ohne Arbeiten und Genießen, ohne Werken und Gestalten u.a.m. nicht möglich.

In den letzten Jahren hat die Debatte um Bildungsfragen erneut zugenommen (v. HENTIG 1996, HEYMANN 1996 u.a.). Bei einer Reihe von Autoren lässt sich jedoch eine gewisse Engführung der Gedanken konstatieren. Das gilt auch für die Reflexion dieser Problematik in den Medien. Nicht selten wird hier Bildung mit (noch dazu einem ganz bestimmten) Fachwissen identifiziert.

Abschnitt II: Zwischen Tradition und Moderne

> **Bildung:**
> »Fähigkeit zur Selbstbestimmung jedes/jeder Einzelnen über seine individuellen Entscheidungen, Lebensbeziehungen und Sinndeutungen zwischenmenschlicher, beruflicher, ethischer, religiöser Art«
>
> »Mitbestimmungsfähigkeit, insofern jeder und jede Anspruch, Möglichkeit und Verantwortung für die Gestaltung unserer gemeinsamen kulturellen, ökonomischen, gesellschaftlichen und politischen Verhältnisse hat«
>
> Solidaritätsfähigkeit, insofern der eigene Anspruch auf Selbst- und Mitbestimmung nur gerechtfertigt werden kann, wenn er mit dem Einsatz für andere verbunden ist
>
> *Wolfgang Klafki 1992, 13f. u.a.*

Natürlich gehört Sach- und Fachwissen zur Bildung. Aber kann man die Bildung eines Menschen allein auf die Beherrschung mathematischer oder historischer, biologischer oder literarischer Fakten und Zusammenhänge reduzieren?

Die Auffassung Wolfgang KLAFKIs (ders. 1985, 1992 u.a.) ist hier wohl die brauchbarere. Zusammengefasst begreift er Bildung

– als Fähigkeit zur Selbstbestimmung
– als Mitbestimmungsfähigkeit
– als Solidaritätsfähigkeit.

Diese drei Richtungen, einschließlich der sie konstituierenden Voraussetzungen und der daraus erwachsenden Folgerungen, werden wir unseren Ausführungen weitgehend zugrunde legen.

Die Grundschule und die Grundlegung von Bildung

Seit der Reichsschulkonferenz im Jahre 1920 wird der pädagogische Auftrag der Grundschule in der Grundlegung von Bildung gesehen (LICHTENSTEIN-ROTHER/RÖBE 1989). Damit sind bis heute folgende Überlegungen verbunden:

– die Achtung des Kindes als Subjekt,
– der Verzicht auf eine frühe Auslese von Kindern,
– die Sicherung der Teilhabe aller Kinder am Erwerb ausgewählter Kulturgüter der Menschheit,
– die Realisierung der erzieherischen Komponente von Schule und Unterricht, die sich am Humanum und der Entwicklung von Solidaritätsfähigkeit der Kinder orientiert.

Selbst wenn diese Überlegungen kaum oder selten als Ganzes in ihrem Wesensgehalt erfasst und realisiert werden, so ist doch das prinzipielle Bekenntnis zu und Einverständnis mit ihnen eine entscheidende Größe von Grundschulentwicklung in Praxis und Theorie.

→ *vgl. Kapitel 3*

Grundschule allerdings kann nicht davon ausgehen, dass Grundlegung von Bildung mit dem Eintritt der Kinder in die Grundschule beginnt. Sie muss zur Kenntnis nehmen, dass Eltern, vorschulische Einrichtungen, die Medien u.a.m. viele Bildungseinflüsse bewirkt haben. Zugleich kann und muss sie an deren Arbeit partizipieren und hieraus Nutzen ziehen.

5. Grundlegung von Bildung

Ebenso ist die Grundlegung von Bildung nicht nach dem 4. oder 6. Schuljahr abgeschlossen.

Wie lässt sich Grundlegung von Bildung näher bestimmen?

Zunächst ist festzuhalten, dass für Grundlegung von Bildung in der Grundschule alle Merkmale gelten, die auf Bildung überhaupt zutreffen. Die hier bestehenden Unterschiede sind ausschließlich gradueller Art.

Wo aber liegen die Unterscheidungsmerkmale?

Zum *Ersten* liegen solche Merkmale in den Kindern selbst begründet. Grundschulkinder sind in der Regel spontaner und offener – aber auch beeinflussbarer – als Schulkinder höherer Jahrgänge. Ihre Bildungsbiografie ist zugleich noch wenig konturiert und fixiert, sodass man zuweilen versucht ist, von »unbegrenzten Möglichkeiten« zu sprechen. Das aber sollte man sofort mit einer pädagogischen Warnung verbinden: Werden den Kindern beispielsweise Themen, Geschichten, Umgangsweisen in der Grundschule verleidet, so behalten sie oft ein Leben lang Narben zurück.

Dafür ein Beispiel:
Aufgefordert, Erlebnisse aus ihrer Grundschulzeit aufzuschreiben, schrieb eine Studentin aus dem 1. Semester:

> *»Besonders schlimm empfand ich es, als ich von meiner Klassenlehrerin eine schlechte Mathearbeit um die Ohren geschlagen bekam. Die Heftecke verletzte mein Auge, und ich konnte eine Weile nichts mehr sehen. Seitdem ist mein Verhältnis zu Mathelehrerinnen und Mathelehrern sehr gespannt gewesen.«*

In der belletristischen Literatur finden sich viele Beispiele, in denen beschrieben wird, wie Kindern schon in der Grundschule der Zugang zur Welt durch unangemessene Beschäftigung mit Themen und Problemen verleidet und Angst erzeugt wurde.

Zum *Zweiten* liegen solche Merkmale in den seit langer Zeit unveränderlich feststehenden Aufgaben der Grundschule: dem Ermöglichen von Lesen-, Schreiben- und Rechnenlernen.

Auch wenn nach neueren grundschulpädagogischen Auffassungen die Zeithorizonte, die den Kindern hierfür eingeräumt werden, hinausgeschoben wurden, so bleibt es Aufgabe der Grundschule, diese Aufgaben unbedingt zu realisieren. Allerdings gibt es seit langem eine Debatte, ob das Erlernen von Lesen, Schreiben und Rechnen (also der sog. Kulturtechniken) überhaupt etwas mit Bildung und deren Grundlegung zu tun habe oder eher instrumenteller Art sei. Ohne diese Auffassung gänzlich abzustreiten[1], schließen wir uns jener Auffassung an, die davon ausgeht, dass Schriftspracherwerb und Rechnen durchaus zur Bildung eines Kindes, eines Menschen überhaupt gehören. Sie sind kein Skelett ohne Fleisch, das erst vorhanden sein muss, um sich »Höherem« zuwenden zu können oder als ein ausschließlich flexibel einzusetzender Baustein nur dann genutzt werden können, wenn sie in anderen Zusammenhängen gebraucht werden.

Zum *Dritten*: Da ihr Bildungshorizont noch wenig konturiert ist, ist die Frage nach der Auswahl der Bildungsangebote für Grundschulkinder mit besonders hoher Verantwortung verbunden. Die Selektions- und Abwehrmechanismen beispielsweise sind bei Grundschulkindern keineswegs so ausgeprägt wie möglicherweise bei älteren Schulkindern. Deshalb können »Billigangebote« gerade für sie verheerende Folgen haben. Solche Angebote zu vermeiden, setzt bei Grundschullehrerinnen und -lehrern ein hohes Maß an Sachverstand, also an Kenntnis von Dingen und Erscheinungen der Wirklichkeit, von Reflexionen darüber bzw. auch von virtuellen Welten einerseits und Verständnis der kindlichen Individualität andererseits voraus.

Aktuelle Probleme und Erschütterungen tradierter Verstehensweisen

In den ersten beiden Abschnitten hatten wir stärker einen allgemeinen Konsens beschrieben, der zu Bildung und ihrer Grundlegung in der Grundschule besteht.

Nachfolgend werden wir solche Momente charakterisieren, die gegenwärtig geradezu ein weiteres Nachdenken über Grundlegung von Bildung provozieren.

Aktuelles Verständnis von Schule

Seit einigen Jahren erfreut sich Schule eines wachsenden Interesses seitens der Medien[2]. Der Grundtenor ist allerdings vorwiegend negativer Art[3]. In der Regel wird vorwurfsvolle Kritik an der Schule geübt, wobei die Grundschule noch relativ wohlwollend betrachtet wird.

Nun darf die Schule keineswegs von Kritik ausgeschlossen bleiben, zumal sie ein Ort ist, an dem sich alle Mitglieder der

5. Grundlegung von Bildung

Gesellschaft während eines langen Lebenszeitraumes aufhalten oder später als mehr oder weniger leidgeprüfte Eltern mit Schule zu tun haben oder über Gelder für Schulen zu befinden haben oder die vermeintlichen oder tatsächlichen Wirkungen von Schule auf Menschen in Unternehmen und Verwaltungen wahrnehmen. Schule hinterlässt in allen Menschen Spuren. Hierfür sind Schulen natürlich auch eingerichtet worden: Sie sollen gleichsam kontinuierlich Generationenverträge realisieren. Eine direkte Weitergabe von Wissen und Umgangsweisen in Familien und kleinsten Gemeinschaften von Generation zu Generation ist schon lange nicht mehr möglich.

Dieser exklusive Auftrag hat natürlich auch gleichsam Exklusivität an Kritik (auch aus den »eigenen Reihen«) zur Folge. Damit zu leben, müssen Lehrerinnen und Lehrer lernen. Noch schwieriger aber ist es, sich sine ira et studio damit auseinanderzusetzen, z.B. mit Fragen wie:

> Bekannte Zeitschriften titeln u.a. »Chaos Schule«, »Alptraum Schule«, »Horrorjob Lehrer«, »Nie wieder Schule«.

In welchem Maße darf die Schule kindorientiert sein?

Hermann GIESECKE warf 1996 in einem vielbeachteten Aufsatz der Schule vor, dass sie zu sehr auf die Individualität der Kinder und auf antiautoritäre Strukturen setze, versuche, die Maximen der Erlebnisgesellschaft (Erfindung solcher didaktisch-methodischer Konstruktionen, die möglichst »Spaß« machen) auf die Schule zu transponieren, sich für alle Kinder gleichermaßen verantwortlich fühle (vgl. GIESECKE 1996, 5ff.).

> In einer Erwiderung auf Giesecke schreibt Hartmut von Hentig 1996: »Die meisten Pädagogen wissen ... dass die Forderung, ›kindgerecht‹ lernen zu lassen, zu lehren, zu erziehen vermutlich die schwierigste und wichtigste Grundregel unseres Berufes ist – neben der Wahrhaftigkeit und der Achtung vor dem Kind.«
>
> H. v. Hentig 1996, 62

Dieter HOPF hinwiederum – im Übrigen ein anerkannter Grundschulforscher und Schulreformer – führt in einer neueren Arbeit an, dass die Grundschule schon längst alle Ansprüche aufgegeben habe, sie auch gar nicht mehr haben müsse, da die weiterführenden Schulen ohnehin Schlange vor den Grundschulen stünden, um bei abnehmender Schülerzahl ihre Klassen zu füllen. Insofern könne sich die Grundschule derzeit und demnächst alles leisten, ihre »Abnehmer« wären ja sicher (vgl. HOPF 1997, 249).

Beide Auffassungen enthalten durchaus einen Kern an Wahrheit. Versehen mit einem Absolutheitsanspruch gehen sie jedoch in die Irre, denn:

Grundschule *will* kindorientiert sein. Sie *will* die Kinder aus ihrer Lebenswelt heraus wahrnehmen, mit ihren Lern- und Entwicklungsmöglichkeiten und -chancen, mit ihren Freuden,

> In einem immer wieder lesenswerten Buch über Leben und Lernen in der Bielefelder Laborschule beschreiben Annemarie von der Groeben und Maria F. Rieger, wie eine Schule sein kann, die den Kindern zwar nicht die beste aller Welten, aber eben wenigstens einen »Zipfel der besseren Welt« bieten möchte.
>
> (Dieselben: Ein Zipfel der besseren Welt. Essen 1991)
>
> → vgl. Kapitel 7

Problemen, Ängsten. Und sie *will* ein Ort sein, an dem Kinder sich wohlfühlen, einen «Zipfel der besseren Welt» fassen können. Das kann eher zur Stärkung der kindlichen Persönlichkeit führen, als Leben und Lernen in einer Schule, die sich abmüht, beispielsweise Konkurrenzkampf und Ellenbogenmentalität so gründlich wie möglich abzubilden und die Kinder in solche Verhaltensweisen einzuüben.

Damit ist durchaus kein Abstrich am Leistungsanspruch an die Kinder verbunden (vgl. Kapitel 7).

Aus der aktuellen Debatte geht ein weiteres Problem hervor:

Wofür kann und muss Schule sich denn heute überhaupt noch verantwortlich fühlen?

Anders gefragt: Ist nicht schon die Grundschule, sind ihre Lehrkräfte nicht bereits gnadenlos überfordert? Die Kinder kommen – und das nicht nur am Montagmorgen – voller nicht besprochener Probleme und nicht erörterter Fragen an Welt, Menschen, Videos, Verhaltensweisen in ihrer nächsten Umgebung in die Schule, erwarten, dass ihnen hier Hilfe zuteil wird, ihnen zumindest jemand zuhört und sich mit ihren Fragen und Problemen beschäftigt. Lässt das der Bildungsauftrag der Grundschule überhaupt zu? Können sich Lehrerinnen und Lehrer diesen »Zeitverlust« leisten? Oder: Wie dicht dürfen sie alle kindlichen Probleme an sich herankommen lassen, ohne in ihrer eigenen Identität beschädigt zu werden?

Drei Faustregeln lassen sich hier aufstellen.

Eine *erste*: Schule kann in der Tat nicht, auch nicht die Grundschule, alle Probleme in Gesellschaft, Familie, Umfeld der Kinder aufgreifen und sie schon gar nicht lösen. Praktisch heißt das selbstverständlich, Sensibilität für die Kinder, aber zugleich ein Bewusstsein für den Schutz der eigenen Person und für die tatsächlichen Möglichkeiten der Grundschule zu entwickeln. Man muss auch Nein sagen können!

Eine *zweite*: Schule darf ihren Bildungsauftrag nicht als Stoffvermittlungsauftrag verstehen. Zu Bildungserwerb anzuregen heißt auch, sich selbst als Lehrkraft Zeit zu nehmen und den Kindern Zeit zu geben. Es ist doch zu überlegen, ob und wie mit aufgeregten Kindern der »Stoff zu schaffen« ist! Ist es nicht vielmehr verlorene Zeit, das stoffliche Konzept auf jeden Fall realisieren zu wollen, obwohl keines der Kinder den Intentionen folgt

5. Grundlegung von Bildung

und man am Ende des Unterrichts todunglücklich ist, weil man wieder einmal festgestellt hat, nicht ernstgenommen worden zu sein? Deshalb: Planung und Gestaltung von Unterricht können nur dann gut sein, wenn von vornherein und ganz bewusst Zeit für nicht Vorhersehbares einkalkuliert wurde.

→ *vgl. Kapitel 12 und 13*

Eine *dritte*: Wir hatten umrissen, was zu Bildung und ihrer Grundlegung gehört. Auch Kommunikation, das Reden, Zuhören und Umgehen miteinander hatten wir eingeschlossen. Insofern ist es beispielsweise unangebracht, ein schlechtes Gewissen zu haben, wenn man auf Fragen und Probleme von Kindern eingeht und Kinder aufeinander eingehen. Aber wie in jedem Beruf muss man auch hier selbst Grenzen erkennen und setzen. Ein uferloses Erörtern (wie es allerdings häufiger in oberen Klassen praktiziert wird) kann nicht im Interesse aller Kinder liegen und leicht ins Banale abgleiten.

→ *vgl. Kapitel 1*

Schlüsselfragen und Fächerkanon für die Grundschule

Über so genannte Schlüsselfragen wird in der Pädagogik noch nicht sehr lange diskutiert. Einen – wenn auch nicht unumstrittenen – Entwurf hat Wolfgang KLAFKI vorgelegt. Er gehört auch zu den ersten, die eine Übertragung dieser Problematik auf die Grundschule versucht haben und zwar speziell auf den Sachunterricht bezogen (VGL. KLAFKI in LAUTERBACH 1992, 83ff.). Die Grundstruktur von KLAFKIs Entwurf haben nun hinwiederum die Verfasserinnen und Verfasser der wohl bedeutendsten Schrift der letzten Jahre für die Grundschule aufgegriffen (vgl. FAUST-SIEHL u.a. 1996, 68ff.).

Die Verfasser schlagen vor, bei der Suche von Aneignungsgegenständen aus dem Erkenntnisbestand der Menschheit, also solchen, die über die individuelle Situation des einzelnen Kindes hinausgehen, allgemeine Bedeutung quasi für alle Kinder haben, ein Raster anzulegen, das umfasst:
– Welches sind entwicklungstypische Schlüsselfragen von Grundschulkindern?
– Welches sind die epochaltypischen Schlüsselfragen der Menschheit?
– Welches sind Epoche machende Errungenschaften der Menschheit, mit denen Kinder schon im Grundschulalter vertraut gemacht werden können?
– Welche Methoden der Rekonstruktion und Darstellung der Welt können schon Grundschulkinder kennen- und anwenden lernen?

Beispiele für entwicklungstypische Schlüsselfragen von Grundschulkindern:
Wo komme ich her?
Wo gehöre ich hin?
Was ist nach dem Tod?
Wer hält zu mir?
Wie setze ich mich durch?
Wie soll ich das schaffen u.a.m.

Dieses Denk- und Suchraster wollen die Verfasser/innen vorrangig einem veränderten Sachunterricht zugrunde legen, der einem neuen Anspruch, ausgedrückt in der Bezeichnung **Welterkundung**, folgen soll.

Insgesamt schlagen die Verfasser/innen eine Neuordnung der Lernbereiche für die Grundschule folgender Art vor:

1) Welterkundung (vormals Sachunterricht)
2) Sprache (einschließlich Fremdsprachen)
3) Mathematik
4) Musisch-ästhetische Erziehung
5) Körper und Bewegung – Spiel und Sport
6) Religion, Ethik und Philosophie

Dieser Kanon soll durch drei übergreifende Aufgabenstellungen ergänzt werden: Gesundheits- und Sexualerziehung, Medienerziehung, Umweltbildung.

All dies sind Diskussionsvorschläge. Aber sie nehmen unseres Erachtens sachlich und unprätentiös Ergebnisse und Entwicklungen in Gesellschaft, Schule und Unterricht auf, die für das weitere Verfolgen der Idee der Grundlegung von Bildung in der Grundschule von heute und morgen von eminenter Wichtigkeit sind.

Der heimliche Lehrplan in der Grundschule

Für das Bildungsverständnis, von dem wir ausgegangen sind, spielt eine große Rolle, was für Menschen im Kindheits- und Jugendalter über speziell aufbereitete Unterrichtsgegenstände und zu erlernende Umgangsformen hinaus, *noch* alles von bildender Wirkung ist bzw. sein kann.

Vor Jahren ist hierfür z.B. das Wort vom heimlichen Lehrplan (ZINNECKER 1975) geprägt worden. Das wollen wir aufgreifen. Die mittlerweile zahlreichen Untersuchungen hierzu fasst Hilbert MEYER wie folgt zusammen: Sie

> »bestätigen, dass unterhalb der offiziellen Zielsetzungen der Schule eine von der großen Mehrzahl der Lehrer nicht gewollte, zumeist auch gar nicht bemerkte Einübung in persönliche und strukturelle Gewaltverhältnisse stattfindet.

5. Grundlegung von Bildung

Der heimliche Lehrplan der Schule macht den Menschen zum Schüler! ... Es geht beim heimlichen Lehrplan um die lautlosen Mechanismen der Einübung in die Regeln und Rituale der Institution; es geht darum, sich an Oben und Unten, an Gutsein und Schlechtsein, an Auffälligwerden und Durchwursteln zu gewöhnen« (MEYER 1987, 65).

Viele versuchen den so genannten heimlichen Lehrplan zu ignorieren. Leider aber ist das nicht möglich und pädagogisch auch nicht wünschenswert.

Haben diese fast unmerkbaren Anpassungen der Kinder an Gepflogenheiten der Schule (denen natürlich auch Lehrkräfte unterliegen) etwas mit Bildung zu tun?

Vielleicht nur auf den ersten Blick nicht. Bei genauerem Hinsehen wird sehr wohl deutlich, dass ein Kind z.B. quasi en passant ein Verständnis von sozialer Sensibilität in sich aufnimmt, das es selbst von anderen erfährt oder andere wahrnehmen lässt. Das kann sowohl positiver oder negativer Art sein. Ein Kind kann erfahren und über lange Zeit darin bestätigt werden, dass seine Solidaritätsfähigkeit gefragt ist und gebraucht wird. Umgekehrt kann es Zurückweisungen in seiner sozialen Empfindlichkeit erfahren oder, was sicher noch schlimmer ist: Es kann von anderen gedemütigt, unterdrückt, gekränkt werden.

All das kann von höchst bildender Wirkung sein. Gesellschaftliche Legitimation findet es dadurch, dass der Grundschule seit je die Hauptlast bei der Sozialisation der Schülerrolle zugesprochen wird (vgl. ZINNECKER 1975, 187).

Dass wir jetzt beinahe unter der Hand unseren Betrachtungs- und Darstellungsaspekt geändert haben, wird Ihnen nicht entgangen sein: Bildung und ihre Grundlegung haben wir nicht mehr ausschließlich positiv apostrophiert, sondern unterstellt, dass Bildung durchaus auch zum Negativen erfolgen kann. Das ist natürlich keine Zielsetzung von Schule und am allerwenigsten von Grundschule, aber es ist ein Fakt, vor dem man nicht die Augen verschließen kann. Und hieran haben durchaus Momente und Aspekte besonderen Anteil, die u.a. unter dem Stichwort «heimlicher Lehrplan» zusammengefasst werden können.

Halbbildung und Trivialisierung – eine akute Gefahr für die Grundschule?

Das Problem des halbgebildeten Menschen wird in der Gesellschaft zunehmend thematisiert. Dies geschieht u.a. im Zusammenhang mit der Beschreibung des Phänomens der Erlebnisgesellschaft (CZIKSENTMIHALYI 1993).

Die Angst vor Langeweile treibt heute viele Menschen zur Jagd nach Zerstreuung. Auch für die Schule besteht die Gefahr, sich zu einem Konkurrenzunternehmen für die Medien u.a. entwickeln zu wollen.

Die so genannte Erlebnisgesellschaft verführe dazu, dass Menschen möglichst viel und Unterschiedliches in kurzen Zeiträumen wahrnehmen möchten oder sogar müssen, um ihren gesellschaftlichen Status nicht zu gefährden (»Das muss man gesehen haben«). Das oberflächliche Wahrnehmen, um mitreden zu können, nimmt häufig zwanghafte Formen an und lässt für Gründlichkeit, Vertiefung und Besinnung nur noch wenig Platz. Vor Jahren schrieb Adorno bereits: »Halbbildung ist der vom Fetisch der Ware ergriffene Geist« (ADORNO 1979, 108). Inwieweit dies für die Schule als Problem manifest ist, wird an zwei »Gegenstrategien« deutlich. Da ist zum einen die ständig wiederkehrende Debatte darum, *was* in der Schule angeeignet, mit anderen Worten, wodurch Bildung bewirkt werden soll. Zum Zweiten geht es um die Frage, *wie* angeeignet werden soll. Der Zusammenhang beider Strategien/Fragen ist evident, wobei die erste die zweite häufig so weit dominiert, dass beispielsweise – bedingt durch allzu große Fülle des Angebotenen – oft nur noch eine oberflächliche Auseinandersetzung damit möglich ist. In der Diskussion um die Neugestaltung der gymnasialen Oberstufe

5. Grundlegung von Bildung

begegnet man diesem Argument sehr häufig, mündend in die Forderung, «aus dem trivialen Unterricht der Oberstufe wenigstens teilweise wieder einen bildenden zu machen» (FÖLLING 1993, 210).

Im Hinblick auf die Grundschule lassen sich im Kontext dieser Problemstellungen zwei besondere Akzente ausmachen: Zum einen stößt vielfach die mühsam errungene Reformorientierung des Grundschulunterrichts, wonach beispielsweise auch das Spiel einen angemessenen Platz erhalten müsse, bei Reformgegnern auf Widerspruch. Es wird die Auffassung vertreten, dass die Kinder bei dieser »Spielerei« nichts lernten, kein Bildungseffekt erzielt werde.

➔ *vgl. Kapitel 2*

Zum Zweiten lässt sich nicht wenig Kritik an der Fülle der im Unterricht eingesetzten Arbeitsblätter und Kopiervorlagen ausmachen. Hier empfiehlt sich in der Tat stets eine genaue Sichtung im Hinblick auf sachlich-fachliche Qualität. Der Einsatz einer Fülle trivialer Kopiervorlagen und Arbeitsblätter dient keineswegs den bildenden Absichten von Grundschule und ist höchstens dem Portmonee ihrer Verfasserinnen und Verfasser nützlich.

Ein Kennzeichen offenen Unterrichts (➔ vgl. Kapitel 9) ist z.B. fälschlicherweise für manch einen die Anzahl der eingesetzten Kopiervorlagen...

Eine ganz besonders wertvolle Gegenwirkung gegen Halbbildung scheint sich seit einigen Jahren in der Grundschule in dem Bemühen abzuzeichnen, den Kindern Zeit zu lassen, sich in eine Sache, eine Aufgabe zu versenken. Freie Arbeitsformen schließen dieses Zeitlassen unmittelbar ein. Die Grundschule ist damit gegenwärtig wohl diejenige Schulform, die sich relativ konsequent den so genannten Beschleunigungsdidaktiken widersetzt.

Wer fragt uns denn schon?

Mit »uns« sind hier die Kinder gemeint. Selbst wenn Bildung keineswegs allein aus subjektiven Interessen heraus ihre Bestimmung erfahren darf (zumal die Interessenlage im Kindesalter ja zwangsläufig begrenzt ist), selbst wenn Schule für alle da sein soll, erhebt sich dennoch die Frage: Was können Kinder zu ihrer Bildung selbst beisteuern?

In einer Studentenbefragung, bei der u.a. gefragt wurde »Was hat Sie gebildet?« gab es die Antwort: »Ich habe mich gebildet«. Und dies scheint uns eine sehr bedeutende Antwort zu sein. Ein gebildeter Mensch bedarf vieler Anregungen und Angebote. Aber den Bildungsvorgang kann er nur ganz allein vollziehen. Insofern ist die Bildung immer auch etwas ganz Individuelles. Bildung nimmt im Inneren jeder Persönlichkeit einen bestimmten Platz ein, der allerdings durchaus bei jedem Menschen unterschiedlich zur Geltung kommt.

Was Grundschulkinder betrifft, so muss hier ein besonders schwieriger Balanceakt bewältigt werden. Bildungsgüter, die sich für alle Kinder und häufig schon über längere Zeiträume als wichtig erwiesen haben, müssen mit jenen gekoppelt werden, die temporären Bedürfnissen der Kinder entsprechen oder vielleicht von Verantwortlichen für die Organisation von Schule und Unterricht noch nie als bedeutsam wahrgenommen und verdrängt wurden. Insofern kann der von uns bereits erwähnte Katalog von entwicklungstypischen Schlüsselfragen von Grundschulkindern ein brauchbares Instrument für Lehrkräfte sein, die den ganz besonderen Bildungshunger und die ganz besonderen Bildungsbedürfnisse der Kinder im Sinne der Grundlegung ihrer Bildung dauerhaft befördern wollen. Der Erwachsene ist immer wieder erstaunt, wie stark Kinder mit existenziellen Grundfragen sozialen Zusammenlebens wie Leben und Tod, Armut und Reichtum, Gesundheit und Krankheit befasst sind. Das zeigen beispielsweise Arbeiten von LAMBRICH (1992), VALTIN (1991), KRAPPMANN und OSWALD (1995). Aber nicht nur Probleme menschlichen Zusammenlebens beschäftigen die Kinder, sondern Fakten und Zusammenhänge in der Welt überhaupt – zumal durch die Medien die Welt auch für Grundschulkinder über weite zeitliche und räumliche Entfernungen hinaus wahrnehmbar geworden ist. Lambrich schreibt hierzu:

> »*Aus der Vielfalt der Welt machen sich die Kinder besondere Interessenschwerpunkte zum Thema. Sie verfolgen sozusagen ein eigenes Lebenscurriculum, das im Kontrast zu der Schulstruktur steht und Teil ihrer Kinderkultur ist. Sie interessieren sich für Seeräuber, Dinosaurier, Tiergeschichten, Erdbeben, Spielzeug, Schlangen, Blumen u.v.m.*« (LAMBRICH 1996, 20).

→ *vgl. Kapitel 13* Die wichtigste, bekannteste und immer wieder aufs Neue vernachlässigte Methode, um diese Interessen und Bedürfnisse der Kinder aufzugreifen und sie in einem guten Sinne bildungswirksam zu machen, ist Aufmerksamkeit für die Fragen der Kinder zu haben.

5. Grundlegung von Bildung

Leider gehört es zu den nicht besonders rühmenswerten Seiten der Schule, den Kindern sehr bald das Fragenstellen abzugewöhnen. Es gilt jedoch:

> »Die Kinderfragen sind eine aufschlussreiche Quelle, die das Verstehen von Kindern eröffnet und zu Tage treten lässt, für welche Erfahrungen mit der Welt bei ihnen praktischer Integrationsbedarf besteht, der ihnen dazu verhilft, ihr Wissen zu strukturieren« (LAMBRICH, ebenda).

Einen interessanten Versuch, Grundfragen der Kinder in Unterrichtsfragen umzuwandeln (key-questions) stellt beispielsweise die in der Literatur beschriebene »Methode Glasgow« dar.

(Vgl. u.a. »Die Grundschulzeitschrift«. Seelze 8/1994/80)

Zusammenfassung

»Bildung« ist ein ausgesprochen deutscher Begriff. In anderen Ländern findet er kaum Verbreitung.

Seit der Reichsschulkonferenz im Jahre 1920 wird der pädagogische Auftrag der Grundschule mit »Grundlegung von Bildung« bezeichnet. Die elementaren Kulturtechniken nehmen hierbei eine besondere Stellung ein.

Neue Entwicklungen in Bildungspolitik, Schule und Unterricht legen es nahe, auch über das Verständnis von »Grundlegung von Bildung« neu nachzudenken.

Anmerkungen

1 Sehr interessante Überlegungen hierzu hat Benner in seinem Aufsatz »Umgang und Wissen als Horizonte einer Bildungstheorie für die Grundschule« (siehe Literaturverzeichnis) entwickelt.
2 Erwähnt seien lediglich die zahlreichen Berichte und Reportagen in »Spiegel«, »Stern«, »Focus«, »Geo« und auf unterschiedlichen Kanälen des Fernsehens.
3 Stellvertretend sei das ZEIT-Special angeführt »Welche Schule brauchen wir?« ZEIT-Punkte 2/1996.

Verwendete Literatur

Adorno, T.W.: Theorie der Halbbildung. In: Ders.: Soziologische Schriften I. Frankfurt am Main 1979

Allgemeinbildung. Lehrplanwerk. Unterricht. Ausgearbeitet von einem Autorenkollektiv unter der Leitung von G. Neuner. Berlin 1973

Benner, D.: Auf dem Weg zur Öffnung von Unterricht und Schule. Theoretische Grundlagen zur Weiterentwicklung der Schulpädagogik. In: Grundschulzeitschrift. Seelze 3/1989/27

Benner, D.: Wilhelm von Humboldts Bildungstheorie. Weinheim und München 1995²

Benner, D.: Umgang und Wissen als Horizonte einer Bildungstheorie für die Grundschule. In: Potsdamer Studien zur Grundschulforschung, Heft

20. Potsdam 1997. Eine erweiterte Fassung findet sich in: Neue Sammlung 37/1997/4

Cziksentmihalyi, M.: Das flow-Erlebnis. Jenseits von Angst und Langeweile im Tun aufgehen. Stuttgart 1993

Drews, U.: Ist Grundlegung von Bildung heute noch ein Thema für die Grundschule? In: Reihe Schulleitung (Brandenburg). Stuttgart 1993

Fauser, P. (Hg.): Wozu die Schule da ist. Eine Streitschrift der Zeitschrift Neue Sammlung. Seelze 1996

Faust-Siehl, G. u.a.: Die Zukunft beginnt in der Grundschule. Empfehlungen zur Neugestaltung der Primarstufe. Reinbek bei Hamburg 1996

Fölling, W.: Trivialisierung statt Bildung? In: Pädagogik und Schule in Ost und West. Oldenburg 41/1993/4

Fromm, M.: Heimlicher Lehrplan. In: Enzyklopädie Erziehungswissenschaften, Bd. 3. Stuttgart 1980

Giesecke, H.: Wozu ist die Schule da? In: Fauser, P. (Hg.): Wozu die Schule da ist. A.a.O.

Grundlegung von Bildung in der Grundschule von heute. Konferenzbeiträge. Wissenschaftliche Redaktion: Ursula Drews, Anja Durdel. Potsdamer Studien zur Grundschulforschung, Heft 20, Potsdam 1997

Hentig, H.v.: Abdankung. In: Fauser, P. (Hg.): Wozu die Schule da ist. A. a. O.

Hentig, H.v.: Bildung. Ein Essay. München, Wien 1996

Heymann, H.-W.: Allgemeinbildung und Mathematik. Studien zur Schulpädagogik und Didaktik. Weinheim und Basel 1996

Hopf, D.: Erinnerung an vergessene Befunde der empirischen Schulforschung zum Übergang auf die Sekundarstufe. In: Grundlegung von Bildung in der Grundschule von heute. Konferenzbeiträge. Potsdamer Studien zur Grundschulforschung, Heft 20, Potsdam 1997

Klafki, W.: Neue Studien zur Bildungstheorie und Didaktik. Weinheim und Basel 1985

Klafki, W.: Allgemeinbildung in der Grundschule und der Bildungsauftrag des Sachunterrichts. In: Lauterbach, R. (Hg.). A.a.O.

Krappmann, L./Oswald, H.: Alltag der Schulkinder. Weinheim und München 1995

Lambrich H.-J./Scholz, G.: »Schau mal ...« Kinder lernen mit Kindern. In Neue Sammlung. Seelze 32/1992/2

Lambrich, H.-J.: Wie Kinder lernen. In: Päd. Landesinstitut Brandenburg (Hg.): Sachunterricht in der Grundschule. Werkstattheft Nr. 22. Ludwigsfelde 1996

Lauterbach, R. (Hg.): Brennpunkte des Sachunterrichts. Kiel 1992

Lichtenstein, E.: Zur Entwicklung des Bildungsbegriffs von Meister Eckhart bis Hegel. Heidelberg 1966

Lichtenstein-Rother, I./Röbe, E.: Grundschule. Der pädagogische Raum für Grundlegung von Bildung. Weinheim und Basel 1989

Meyer, H.: Unterrichtsmethoden. I: Theorieband. Frankfurt am Main 1987

Neuhaus, E.: Reform der Grundschule. Bad Heilbrunn 1994[6]

Tenorth, H.-E.: »Bildung« – Thematisierungsformen und Bedeutung in der Erziehungswissenschaft. In: Zeitschrift für Pädagogik. Weinheim u. Basel 43/1997/6

Valtin, R.: Mit den Augen der Kinder. Reinbek bei Hamburg 1991

5. Grundlegung von Bildung

Willmann, O.: Der subjektive und der objektive Faktor des Bildungserwerbs. Anhang zu: Pädagogische Vorträge über die Hebung der geistigen Tätigkeit durch den Unterricht. Leipzig 1896

Zinnecker, J. (Hg.): Der heimliche Lehrplan. Weinheim und Basel 1975

Was Sie sonst noch lesen sollten

Hentig, H. v.: Die Schule neu denken. München, Wien 1993

Lenzen, D.: Lösen die Begriffe Selbstorganisation, Autopoiesis und Emergenz den Bildungsbegriff ab? In: Zeitschrift für Pädagogik. Weinheim und Basel 43/1997/6

Lichtenstein-Rother, I.: Grundlegung der Bildung als Orientierungsrahmen für die Realisierung des pädagogischen Auftrages der Grundschule. In: Unterstufe/Grundschule in Ost und West. Erstes deutsch-deutsches Kolloquium am 29. und 30. Juni 1990 in Berlin. Herausgeber: Akademie der Pädagogischen Wissenschaften. Berlin 1990

Fragen und Aufgaben

☐ Reflektieren Sie über Ihr ganz persönliches Bildungsverständnis. Überlegen Sie, was Ihrer Bildung förderlich war. Versuchen Sie, sich an einige Erlebnisse von Bildung in der Grundschule zu erinnern.

☐ Stellen Sie zusammen, was zum allgemeinen Konsens im Hinblick auf das Verständnis von Bildung gehört. Setzen Sie sich kritisch damit auseinander und beschreiben Sie notwendige neue Akzente, die auch und vor allem für die Grundschule von Bedeutung sind. Nutzen Sie dafür auch die empfohlene Literatur.

☐ Unterhalten Sie sich mit einer kleinen Gruppe von Kindern, ob diese Kinder gern gebildete Menschen werden möchten und was sie darunter verstehen. Wählen Sie eine für Kinder – nach Ihrem Dafürhalten – geeignete Umschreibung von Bildung.

☐ Organisieren Sie in Ihrem Seminar eine Pro- und Kontra-Debatte zur weiteren Verwendung des Bildungsbegriffs in der pädagogischen und didaktischen Literatur.

Abschnitt II: Zwischen Tradition und Moderne

6. Aufgaben einer kindgerechten Grundschule

→ *vgl. Kapitel 3, 4, 5*

Die Grundschule steht heute zwischen einer bedeutsamen, verpflichtenden Tradition (vgl. Kapitel 4) und einer risikoreichen Moderne (vgl. Kapitel 3), zwischen ständig wachsenden zusätzlichen Funktionen und der gesellschaftlichen Aufgabe, eine grundlegende Bildung (vgl. Kapitel 5) für eine besonders heterogene Schülerschaft zu garantieren. Wie stellt sich die Grundschule diesen Herausforderungen? Wir beginnen zunächst mit einem Exkurs »Müssen Kinder schulfähig sein?« und schließen mit einem analogen Exkurs »Müssen Kinder für die weiterführenden Schulen schulfähig werden?«

Exkurs: Müssen Kinder schulfähig sein?

»Schulreife« geht als Vorstellung von einem idealisierten Bild des »gleichen« Entwicklungsstandes der Kinder aus und verkennt damit die Heterogenität der Lernausgangslagen von Kindern beim Schuleintritt.

Alle Eltern wissen vor dem Eintritt ihrer Kinder in die Schule: Die Grundschule legt den Grund für den weiteren schulischen Erfolg oder Misserfolg ihres Kindes – häufig wird dabei aber der eigene Anteil am Gelingen oder Misslingen des schulischen Lernens und der Entwicklung eines Kindes verdrängt. Die in diesem Zusammenhang anzutreffende simple Vorstellung lautet: der erste Schultag ist die Stunde Null für die Bildungslaufbahn des Kindes, es muss deshalb für diesen Start geeignet sein, es muss »schulreif« sein. Vor dem Hintergrund der Kindheitsforschung, den Untersuchungen zur Leistung von Kindern in Abhängigkeit von soziokulturellen Variablen (vgl. z.B. WEINERT/HELMKE 1997) und zur Vorschulzeit der Kinder (Entwicklungsunterschiede im Einschulungsalter zwischen 2-3 Jahren) kann diese Vorstellung und auch der Begriff »Schulreife« nicht aufrecht erhalten werden. Die Grundschule hat die Pflicht, alle Kinder aufzunehmen und sie so anzunehmen, dass sie schulfähig werden. Dieser zentrale Gedanke lässt sich aus dem Bildungsanspruch von Artikel 20 des Grundgesetzes ableiten: Alle Kinder haben das Recht auf eine Basisbildung, bei der die Schulfähigkeit der Kinder in der Grundschule auch selbst erarbeitet wird.

Ob ein Kind lernend, neugierig, engagiert und sozialfähig auf die Welt zugeht, wird heute vor allem in den familiären Systemen vor Beginn der Grundschulzeit entschieden – aber die Grund-

6. Aufgaben einer kindgerechten Grundschule

schule hat die Chance zur Korrektur, zum Ausgleich, zur aufbauenden Förderung. In diesem Sinn ist »Schulfähigkeit« als grundschulpädagogischer Auftrag zu sehen, letztlich eine Passung zwischen den Interessen, Bedürfnissen und Möglichkeiten des Kindes, den Erwartungen der Erwachsenen und den allgemeinen Bildungsaufgaben der Grundschule herzustellen.

Was bedeutet unter dieser Sicht nun »Schulfähigkeit« im Einzelnen? Zunächst ist festzustellen, dass Schulfähigkeit keine feststehende Größe ist, sondern sich als Wechselspiel aus körperlichen, geistigen und sozialen Voraussetzungen eines Kindes im Rahmen seines Umfeldes, sozusagen als Ökologie kindlicher Entwicklung (BRONFENBRENNER 1981) darstellt.

Ein Kind, das in den neuen Lebensabschnitt »Schule« hineinwächst, wird also heute von der Grundschule nicht mehr wie früher danach beurteilt, ob es nach einer vorgegebenen Norm »schulreif« ist – ob es also einen Entwicklungsstand erreicht hat, der den schulischen Erwartungen entspricht und der mit Tests messbar ist. Vielmehr will die Grundschule dem Kind entgegenkommen, indem sie unterschiedliche Entwicklungsstufen, so weit es geht, berücksichtigt. Dennoch müssen gewisse Grundfähigkeiten vorausgesetzt werden, um einen fördernden Unterricht mit einer größeren Lerngruppe gestalten zu können.

Unter dem Begriff »Schulfähigkeit« verbirgt sich ein Puzzle aus etwa 500 kleinsten Fähigkeiten, die eine Rolle beim Schulanfang spielen. Wenn ein Kind etwa drei Viertel davon beherrscht, ist es gut vorbereitet. Das Augenmerk liegt vor allem auf den körperlichen, geistigen und sozialen Voraussetzungen. So sind z.B. die Leistungsfähigkeit der Sinnesorgane (u.a. Gleichgewichtssinn, Grob- und Feinmotorik) wichtig. Praktisch gefragt: Kann das Kind selbstständig mit Materialien wie Papier, Schere, Stiften umgehen, sich unverkrampft bewegen, laufen, rückwärtsgehen? Kann es Mengen erfassen, Figuren abzeichnen, Größenunterschiede benennen? Wie spricht das Kind, kann es sich verständlich ausdrücken, sich etwas merken? Ist es in der Lage, sich zu konzentrieren? Wichtig erscheint, dass es sich über 10 bis 15 Minuten mit einer Aufgabe beschäftigen kann – und zwar nicht nur allein, sondern in einer Gruppe mit vielen Kindern.

In einer solchen Lerngemeinschaft sollte das Kind sich ebenfalls einordnen und die eigenen Bedürfnisse zurücknehmen können.

Randnotizen:

1954 schreibt Ilse Rother in ihrem pädagogischen Klassiker »Schulanfang« als ersten Satz: »Sechsjährige Kinder brauchen auch in der Schule Wärme, Geborgenheit, Wohlgefühl, Vertrautsein mit Menschen und vielfältige Auseinandersetzung mit sachlichen Gehalten ...«
– ein zeitloser Satz?

»Ökologie kindlicher Entwicklung« meint den Gesamtzusammenhang kindlicher Fähigkeiten in der Auseinandersetzung mit der Lebenswelt.

Die Kinder dort abholen, wo sie stehen

Es sollte Regeln und Vereinbarungen beachten können, gemeinsam mit anderen zu spielen und zu arbeiten.

Die Konkretisierung all dieser Fähigkeiten in praktischen Einzelfragen zeigt allerdings auch, wie entscheidend für die allgemeinen Aufgaben der Grundschule eine fördernde und integrierende Anfangsphase ist – denn welche Kinder erfüllen heute alle genannten Erwartungen?

Grundaufgabe: Vielfalt in der Gemeinsamkeit

Wem ist die Grundschule beim Bürgerrecht auf Bildung verpflichtet? Welchen Interessen dient sie? Welche gesellschaftlichen Gruppen und Schichten haben den stärksten Einfluss in der einzigen echten Gesamtschule?

In der Grundschule liegen Bildung und Erziehung in staatlicher Verantwortung. Die dafür in den Bildungsplänen und Richtlinien der einzelnen Bundesländer (durchaus unterschiedlich) formulierten Aufgaben, Prinzipien, Methoden und Leistungsstandards stehen im Schnittpunkt unterschiedlicher Ansprüche, Interessen, Theorien und Erwartungen aus den verschiedenen gesellschaftlichen Systemen; sie sind deshalb immer auch eine Mischung aus Tradition und Zeitgeist, aus Einschätzungen von gesellschaftlich notwendigen Standards von Bildung und Erziehung im Grundschulalter.

Der in diesem Buch propagierte »Eigenwert« der Grundschule ist demnach auch nicht ein unverbindliches Konglomerat aus verschiedenen Versatzstücken, sondern eine begründete Fixierung der zentralen Aufgaben:

– Einführung der Kinder in die Traditionen der Kultur,
– Vorbereitung für die Teilnahme an Öffentlichkeit und Demokratie,
– Entwicklung von Kompetenzen für die Zukunft.

Damit sind die Herausforderungen aktueller Grundschularbeit angesprochen, wie sie in den Teilen »Grundlegung von Bildung« und »Grundschultypische Spannungsfelder« vorbereitend und weiterführend entwickelt wurden: zu entscheiden oder zu vermitteln zwischen dem Aufgabenverständnis aus einer eher anthropologischen, humanen Perspektive auf die Vielfalt der Kinder und deren Recht auf Gegenwartserfüllung oder einer eher selektiven, normativen Perspektive auf das zukünftige gesellschaftliche Funktionieren und Einpassen von Kindern.

6. Aufgaben einer kindgerechten Grundschule

Wenn heute beispielsweise ein Vater der Lehrerin seiner Tochter sagt – »Wir haben ein Recht auf die richtige Leistung, lassen Sie diesen unnützen Morgenkreis, trainieren Sie lieber die Rechtschreibung!« – ist das inzwischen kein Einzelfall der schrecklichen Vereinfachung mehr, sondern die Spitze des Eisbergs ungeklärter Aufgabenzuschreibungen.

An diesem Fall wird der grundlegende Widerspruch, der verunsichernde *Zielkonflikt* der Grundschule in ihren Aufgaben deutlich: zugleich *erziehend zu unterrichten*, *sozialpädagogisch zu fördern* und *leistungszuschreibend zu bewerten*. Damit werden auch die Grenzen pädagogischen Handelns sichtbar, zumal die Verpflichtung auf die »Vielfalt in der Gemeinsamkeit« mit einem sehr engen Leistungsbegriff für eine Vorbereitung der Grundschule für eine bestimmte Schulform kollidieren kann. Der Eigenwert der Grundschule als »Basislager« gegenüber der Vorstellung einer »Zulieferschule« kann deshalb heute im Aufgabenverständnis nur bedeuten, sowohl Kinder mit ausgeglichenen Lernausgangslagen als auch Kinder mit Entwicklungsverzögerungen zu fördern, sowohl sich der besonders begabten Kinder anzunehmen, als auch der Kinder aus verwöhnenden Milieus, aus benachteiligten Milieus, aus unterschiedlichen Herkunftsländern usw.

Wie könnte man diesen Zielkonflikt noch umschreiben: Paradoxon? Spagat? Falle? Omnipotenz?

Zusammen heißt das für die hier entwickelte Aufgabenperspektive:

1. Die Grundschule hat als *eigenständige* Schulform, als *erste* Bildungseinrichtung spezifische Funktionen: *Grundlagen* für das Lernen und Leben aller Kinder zu schaffen.
2. Angesichts zunehmender Heterogenität der Lerngruppen haben demgemäß alle Kinder Anspruch auf eine *gemeinsame* und *differenzierende* Förderung.
3. *Vielfalt in der Gemeinsamkeit* bedeutet als integrierendes Prinzip, den individualisierenden erzieherischen Auftrag der Grundschule mit der Mitbeteiligung (Partizipation) und Mitgestaltung der Kinder am Unterricht zu verbinden, um in die demokratische Öffentlichkeit einzuführen.
4. *Grundlegende Bildung* als Aneignung von Kultur vernetzt in der Grundschule *Grundfähigkeiten* mit der *Selbstverantwortung* und *Gruppenfähigkeit* der Kinder.

Lässt sich mit dieser Aufgabenperspektive der aktuelle Trend zu Leistungsvergleichen schon in der 2. Klasse vereinbaren?

Der erzieherische Auftrag der Grundschule

Fördern – nicht selektieren, entwickeln – nicht homogenisieren, Grund legen – nicht vorformen, integrieren – nicht separieren: mit diesen und anderen Gegensatzpaaren aus dem grundlegenden Bildungsauftrag der Grundschule richten wir den Blick auf den erzieherischen Auftrag der Grundschule.

»Vergleiche nie ein Kind mit einem anderen, sondern nur mit sich selbst.«
Pestalozzi

Die Kinder kommen als ganze Menschen zur Schule. Jedes Kind hat als individuelle Persönlichkeit mit Stärken und Schwächen ein Recht darauf, ernstgenommen und so weit gefördert zu werden, dass es die Grundschule als positive Chance für seine weitere Entwicklung erleben kann. Damit ist die erste Grundlage für die erzieherische Aufgabe der Grundschule benannt: der Ansatz an der Individualität, der Einmaligkeit jedes Kindes, an seinen Grundbedürfnissen nach Zuwendung und Geborgenheit, seinem Streben nach neuen Erfahrungen, nach Anerkennung und Leistung. Die Grundschule der Vielfalt muss deshalb auch als humane Schule des Respekts vor der Würde und Einzigartigkeit der betroffenen Kinder (und Lehrkräfte) gedacht werden.

→ *vgl. Kapitel 3*

Erwin Schwartz, bekannter Grundschulreformer, Gründer des Arbeitskreises Grundschule und Initiator des ersten Grundschulkongresses (1969).

Die Umsetzung einer »freisetzenden Erziehung« (VGL. SCHWARTZ 1969, 21) ist deshalb schwierig, weil zugleich damit die tief im Bewusstsein verankerte *traditionelle Unterscheidung* von Unterricht und Erziehung, von fachlichen und sozialpädagogischen Aufgaben der Grundschule als erster Bildungseinrichtung für Kinder infrage gestellt wird. Die von uns als eindeutige bildungsbezogene Zielperspektive der Grundschule beschriebene Vermittlung zwischen dem kindlichen Anspruch auf Entfaltung und den Anforderungen der Gesellschaft, der Öffentlichkeit kann ohne die (erzieherische) Haltung von Annahme, Vertrauen und Akzeptanz nicht realisiert werden:

> »In der Sphäre des Vertrauens tritt an die Stelle jenes Widerstandes gegen das Erzogenwerden ein eigentümlicher Vorgang: der Zögling nimmt den Erzieher als Person an. Er fühlt, dass er diesem Menschen vertrauen darf; dass dieser Mensch nicht ein Geschäft mit ihm betreibt, sondern an seinem Leben teilnimmt; dass dieser Mensch ihn bestätigt, ehe er ihn beeinflussen will« (BUBER 1969, 57).

Die Logik dieser erzieherischen Grundhaltung liegt zum einen in der umfassenden Verpflichtung der Grundschule auf die

6. Aufgaben einer kindgerechten Grundschule

Persönlichkeitsentwicklung der Kinder, zum anderen in der Integration eben der Lernsituation in ein erzieherisches Konzept (BENNER 1989). Unterricht in der Grundschule ist also gleichzeitig als Erziehungssituation für Kinder zu gestalten, sodass durch ein Wechselspiel von didaktischen, pädagogischen und demokratischen Prinzipien eine umfassende Förderung der Kinder stattfindet.

In seinem Buch »Schulmeistereien« schreibt Peter Bichsel dazu kritisch: »Der Maßstab jedenfalls ist die Schule, nicht der Schüler. Deshalb kann der Schüler an der Schule scheitern, die Schule am Schüler nicht.«

Das erzieherische Dilemma aus den grundschultypischen Spannungsfeldern und widersprüchlichen Zielperspektiven wird durch die unübersehbaren Divergenzen zwischen elterlichen und grundschulischen Erziehungsvorstellungen verstärkt, so dass vielfach von der »Erziehungsnot« der Grundschule gesprochen wird. Tradierte Werte wie Gemeinschaftsfähigkeit, Verantwortungsübernahme, Rücksichtnahme, Empathie, Aufgabenorientierung, Ordnung u.a. verlieren über das (Nicht-)Erziehungsverhalten vieler Eltern an Bedeutung; andere Werte und Haltungen wie Kreativität, Selbstständigkeit, Konsumorientierung, Freizeitperspektive, Medienkonsum u.a. gewinnen an Bedeutung. Kinder kommen deshalb z.T. schon mit sehr ausgeprägten Persönlichkeitsmustern aus positiven oder z.T. negativen Lebenserfahrungen in die Klassen.

→ *vgl. Kapitel 7*

Der erzieherische Auftrag der Grundschule bei der Entwicklung positiver sozialer und emotionaler Haltungen für ein gelingendes Lernen wird deshalb als belastende *Gratwanderung* in einer Risikogesellschaft gesehen – die Grundschule erhält mehr und mehr die Funktion eines allgemeinen Erziehungssystems, z.B. als Familienersatz. Damit wandelt sich auch die Rolle der Lehrerin – sie muss häufig erst über eine kleinschrittige Erziehung mit dem schwierigen Einüben von Regeln, dem Lernen sichernder Handlungsmuster und der Entwicklung von Aufgabenbereitschaft die *erzieherischen Voraussetzungen* für einen Unterricht mit der Sache, mit Sprache, Zahl u.a. schaffen.

Die Grundschule als ein zentraler Ort, in dem Kinder sich von Anfang an angenommen und geborgen fühlen, in dem sie sich mutig in noch unbekannte (Lern-)Bereiche vorwagen und dabei die Anstrengungen des Lernens erfahren, produziert also sehr komplexe und sensible erzieherische Anforderungen an die Lehrenden. Letztlich ist diese Anforderungsstruktur in sich so widersprüchlich, dass sie prinzipiell nicht vollständig einzulösen ist. Die Gründe dafür liegen nicht nur in den aufgezeigten gesell-

Für viele Kinder ist die Grundschule der einzige Ort, in dem sich heute so etwas wie ein reichhaltiges soziales Leben ereignet. Welche Verpflichtung für die Gestaltung entsprechender Lernprozesse!

> »Eile nicht, gehe langsam,
> du musst ja auf dich zugehen.
> Eile nicht, gehe langsam,
> denn das Kind deines Ichs,
> das ewig Neugeborene, kann
> dir sonst nicht folgen.«
>
> *García Lorca, spanischer Dichter*

schaftlichen Widersprüchen (Fördern und Auslesen) und institutionellen Effekten, sondern sind auch in der Person der Erziehenden begründet, z.B. im Problem des »Loslassen-Könnens«: Sie haben oft Mühe, das Bild eines stellenweise nur aus sich selbst heraus tätigen Kindes anzuerkennen; sie haben Mühe, das »freie« Kind-Ich bei sich selbst (wieder) zu entdecken und das Recht des Kindes auf seine Zeit-Identität zu achten.

Entwicklung von Ich-Stärke des Kindes

Grundlegung von Bildung bei jedem Kind setzt die Förderung jedes Kindes voraus. Die Entwicklung von Ich-Stärke kann nur erfolgreich sein, wenn jedes Kind bei der Aneignung von Kenntnissen, Haltungen und Fertigkeiten in seiner *Selbstständigkeit gestärkt wird*. Dies gelingt um so besser, je mehr das Kind durch Aufgaben und Problemlösungssituationen im sozialen und kognitiven Bereich des Lernens gefordert wird, Neugierverhalten erwünscht ist und durch die Aneignung und Bewältigung von noch Unbekanntem eine persönlichkeitsstabilisierende *Sicherheit* entsteht. In diesem ganzheitlichen Prozess vom *inneren Antrieb* über die *Aneignung von Fertigkeiten und Fähigkeiten* (Beispiel Schriftspracherwerb) zur *Stärkung des Selbst* können Kinder, überspitzt formuliert, aus dem Terrain der Unsicherheit in den Bereich von »Glücksgefühlen« über etwas Gelerntes, Gekonntes, Sicherheitgebendes gelangen.

Kinder werden in der Grundschule nicht mehr als Objekte von Erziehung und Unterricht angesehen, sondern sind als Subjekte ihres Lernens und Lebens, ihrer jeweiligen Entwicklung zu verstehen (vgl. FLITNER 1992, 206). Für die Entwicklung von Ich-Stärke muss sich damit die Perspektive der Lehrkraft verändern: der Blick auf das Kind bedeutet zu verstehen, wie Kinder sind, sich zunächst am »Sosein« der Kinder auszurichten. Praktisch heißt das, an der Wahrnehmung des Lerngegenstandes durch die Kinder zu arbeiten, um mit einer Passung von Lernprozess und Unterricht die Ich-Stärke zu fördern. Wer damit versucht, die (Lern-)Situation eines Kindes zu verstehen, gibt zunächst sein primär in der Berufsrolle verankertes Muster, Wissen zu vermitteln, zu belehren auf – zu Gunsten der Perspektive des Kindes. Dieses grundschulpädagogische Prinzip, sich immer wieder neu auf die Problemsicht des Kindes einzustellen, kann Kinder stärken. Es führt zudem direkt in die Vorstellungswelt der Kinder zur Entwicklung von Ich-Stärke hinein, die sich etwa so umrei-

> »Man kann sich in Fragen gut
> einrichten, man könnte in
> Fragen leben. Kinder leben in
> Fragen, Erwachsene leben in
> Antworten.«
>
> *Peter Bichsel, Schulmeistereien*

6. Aufgaben einer kindgerechten Grundschule

ßen lässt: Ich möchte lernen, sodass
- ich aus eigener Kraft etwas herausfinden kann ...
- ich wirklich gebraucht werde ...
- ich für etwas sorgen kann ...
- ich etwas kann, was nützlich ist und anderen hilft ...
- ich anderen helfen kann ...

Zum Aufbau sozialer Kompetenz, Sach- und Reflexionskompetenz

Der Blick auf die Entwicklung von Ich-Stärke des Kindes im Grundschulunterricht verdeutlicht auch die Verknüpfung von »Ich« und »Wir«: ohne den sozialen Kontext kann sich die Ich-Stärke nicht entwickeln. Folgende Szene aus dem Unterricht einer dritten Klasse soll diesen Zusammenhang erhellen:

Dennis fühlt sich nicht wohl in der Klasse, er wird gehänselt und ausgegrenzt. Am Freitag, im Klassenrat, fasst er Mut, vertraut auf den Lehrer und auch auf seine Klasse und redet sich im anteilnehmenden Kreis stockend den Kummer von der Seele. Er weint bitterlich. Beklommene Stille. Dann setzt sich Max in den Kreis, auf den freien Stuhl direkt gegenüber von Dennis. Nähe entsteht. Sie schauen sich an. Max sagt, dass er das nicht gewollt hat. Ein zweiter »Quäler« setzt sich dazu. Alle überlegen zusammen, wie man das wieder gutmachen kann. Schließlich: Für die Zukunft wird ein schlichtes »STOPP« als Signal für die Grenze vereinbart, die nicht überschritten werden darf.

Eine Deutung ergibt folgende Perspektiven für grundlegende, soziale Prozesse:
1. Zum Inhaltlichen: Das Gespräch in seiner existenziellen, dialogischen Bedeutsamkeit erhält weit über ein künstliches »Kommunikationstraining« des Unterrichts hinaus eine Funktion für »Lebensformen« der Kinder untereinander.
2. Zum Methodischen: Der praktizierte Täter-Opfer-Ausgleich ist Ergebnis eines vom Lehrer angeleiteten Lernens am Fall, das der methodischen Öffnung »Lehren heißt: lernen lassen« (HEIDEGGER) verpflichtet ist.
3. Zum Organisatorischen: Eine neue Organisation der Arbeit an der Schnittstelle zwischen »Ich« und »Wir« findet Formgebung in der Einrichtung »Klassenrat« als definierter Bereich zur Entwicklung sozialer Kompetenz.

»Die Sprache ist die Wohnung von allem, das Haus hängend an der Flanke des Abgrundes. Worte wechseln ist menschlich.«

Octavio Paz, lateinamerikanischer Dichter

4. Zum Personalen: Der vorgegebene Raum für Beziehungsarbeit ist von Verantwortung der handelnden Personen geprägt. Die Kinder lernen in einer konkreten Situation, Verantwortung für sich zu übernehmen; in der Vertiefung sogar die Verantwortung für die Delegation von Verantwortung zu tragen.

Damit ist der Rahmen abgesteckt: Für sich und andere verantwortlich zu sein, heißt die soziale Kompetenz der Kinder in sozial bedeutsamen Umgangsformen von Anfang an als allgemeine Aufgabe der Grundschule zu verstehen, sie praktisch über die integrierende Kraft der »Lerngemeinschaft Klasse« und über Gruppenarbeit umzusetzen. Für Kinder sind diese Lerngruppen und die informellen Gruppen der Gleichaltrigen immer häufiger das zentrale Erfahrungsfeld.

→ *vgl. Kapitel 5*

»Respekt ist die Grundlage dafür, wie wir über Kinder, Kollegen und Eltern denken und reden.«

Ute Wilms, Lehrerin

Kinder erwerben damit zugleich – am Beispiel der Institution Grundschule – prägende Erfahrungen über den sozialen Zustand eines Gemeinwesens (Werte, Gerechtigkeit, Toleranz, Gleichheit). Insofern stellt die Grundschule ihrem Auftrag gemäß gleiche soziale Bildungschancen für alle Kinder her und gewinnt *eigenständige* Ziele der sozialen Kompetenz gegenüber den Zielen und Erscheinungen im sozialen Erfahrungsraum Gesellschaft mit Egoismus, Konkurrenz um jeden Preis, Isolierung, Kälte, Macht, Mangel an Zivilcourage u.a.m.

Im allgemeinen werden heute bei der Sozialkompetenz der Kinder folgende Bereiche unterschieden: Gesprächsfähigkeit, Empathie, Gruppenfähigkeit, Kontaktfähigkeit, Regelbewusstsein, Konfliktfähigkeit (BECK/SCHOLZ 1995, FATKE/VALTIN 1997, PETILLON 1993 u.a.).

Die Menschen stärken, die Sachen klären – diese häufig benannte Aussage Hartmut VON HENTIGS über die Aufgabe einer guten Schule bündelt unseren Gedankengang »Grundschule als Bildungsinstitution mit erziehendem Unterricht« und verweist zugleich auf die *Korrespondenz* von *Sozial-* und *Sachkompetenz*: Kinder brauchen in der Grundschule nicht nur eine Entwicklung, Öffnung und Vertiefung ihrer Sozialbeziehung, sondern auch eine Vertiefung und Öffnung ihres Bezugs zu den Sachen, zu den Gegenständen des Lernens.

Sozial-, Sach- und Reflexionskompetenz sind im Kinderalltag nicht voneinander zu trennen. Wenn sich Kinder ihre unmittelbare

6. Aufgaben einer kindgerechten Grundschule

Umgebung erschließen und beispielsweise auf Entdeckungsreise in die Natur gehen, bringen sie alle ihre Fähigkeiten ins Spiel: mit den Händen zu begreifen, andere zu fragen, über »Gott und die Welt« nachzudenken, Hypothesen auszutauschen.

Die Grundschule muss ihrem Bildungsauftrag gemäß diese praktische und sinnenbezogene Auseinandersetzung der Kinder mit der Welt der Dinge, der Ideen und kulturellen Tradition aufgreifen und die sich aus der Begegnung mit der Umwelt ergebenden Lernchancen zu Lernsituationen gestalten.

Das bekannte Postulat von Martin WAGENSCHEIN »Zurück zu den Sachen« verweist auf den Eigenanteil der Kinder bei der Entwicklung von Sach- und Reflexionskompetenz. Durch die Auseinandersetzung mit Phänomenen (wie z.B. dem Regenbogen), in der Begegnung mit der Sache (wie z.B. Magnetismus) gewinnen die Kinder erste, eigene Theorien, konstruieren Welt und entwickeln Deutungen (WAGENSCHEIN 1989).

> Ein kind findet den mittag
> und ruft den mond
> eine blume im o
> fahle bäume schenken angst
> das kind lobt den see
> und verschwendet wolken
>
> *Peter Härtling*

Ein solcher Unterricht gibt Gelegenheit zum Nachdenken, zum Austausch von Verstehensmustern, zum Erkennen von Beziehungen und erlaubt den Kindern eine gezielte Auseinandersetzung mit eigenen und fremden Deutungen bis hin zum Philosophieren (BECK/SCHOLZ 1995, FREESE 1996, SCHNEIDER 1997).

Interkulturelles Lernen und Integration

Grundschule als Ort der Begegnung mit »Heterogenität« soll im Folgenden unter den Aspekten der Begegnung mit dem Fremden, mit unterschiedlichen Kulturen und Sprachen, mit behinderten Kindern, mit Kindern mit besonderem Förderbedarf betrachtet werden (Pädagogik der Vielfalt – PRENGEL 1995, PREUSS-LAUSITZ 1998). Der Grundschule erwächst als gemeinsamer Basisschule für alle Kinder eine besondere Integrationsaufgabe: sie muss heute für Kinder unterschiedlicher Herkunft, unterschiedlicher Sprachen, unterschiedlicher Behinderungen gemeinsamen Unterricht konzeptionell so entwickeln, dass integrierende und nicht separierende Lernprozesse möglich werden.

Viele Untersuchungen verweisen immer wieder auf die pädagogischen Chancen interkulturellen Lernens, denn Kinder sind anderen Kulturen gegenüber aufgeschlossen, sie haben eine ausgeprägte soziale Neugier auf das andere, das Fremde, das Ungewöhnliche (AUERNHEIMER 1995). Zur Integrationsarbeit im um-

Bildung zur Mehrsprachigkeit ist Verpflichtung für die Grundschule, denn sie ist zukünftig und auch schon heute eine Grundbedingung menschlicher Kommunikation in Europa.

fassenden Sinn gehört deshalb, *Mehrsprachigkeit als Lernchance* zu begreifen und Fremdsprachenkenntnisse nicht nur unter einem kommunikativen, fremdsprachendidaktischen und vergleichenden Aspekt zu thematisieren: Zwei Sprachen zu lernen bedeutet auch, zwei Denkweisen zu erlernen – aber wie können die »Pfade durch Babylon« (KUHS/STEINIG 1998) zu gemeinsamen Wegen werden?

Es müsste ein selbstverständliches Grundrecht für alle Kinder sein, ihre mitgebrachte (Mutter-)Sprache in der Grundschule vervollkommnen zu können.

Zunächst einmal ist bildungspolitisch die Erkenntnis wichtig, dass heute für Einwanderungskinder immer noch eine starke Bildungsbenachteiligung in der Grundschule besteht. Der muttersprachliche Unterricht kommt zu kurz. Es müssten mehr Lehrerinnen und Lehrer eingestellt werden, die für diese Kinder eine Sprachförderung umsetzen, die der Sprachenvielfalt als Lernchance und Herausforderung produktiv begegnet.

Zum Zweiten ist hervorzuheben, dass die interkulturelle Kommunikation in der Schule durch die Struktur des Sprachunterrichts eher von formalen »Sprachspielen« geprägt ist – wirklich tiefgreifende Bildungsprozesse bei Kindern aber an »Lebensformen« im Alltag gekoppelt sind.

Eine erste Orientierungshilfe für dieses Dilemma kann aus den ermutigenden Versuchen vieler Grundschulen gewonnen werden, die drei Innovationsfelder der letzten zehn Jahre konstruktiv miteinander verknüpfen: »Offener Unterricht«, »Integration mit zieldifferentem Lernen« und »Interkulturelles Lernen«. In diesen Bereichen wurden qualifizierte Erfahrungen gesammelt, mehrere Gruppen mit unterschiedlichen Lern- und Sprachvoraussetzungen gleichzeitig zu unterrichten.

Eine zweite Orientierung kann die inhaltliche Auseinandersetzung mit den Vorstellungen und Kategorien wie z.B. »Deutsch als Zweitsprache«, »Probleme des Bilingualismus«, den grundsätzlichen Problemen von Zwei- und Mehrsprachigkeit darstellen.

Auch die kritische Überprüfung von entsprechenden Modellen und Konzepten, die inzwischen in den Bundesländern, in Europa und anderen Ländern entwickelt und erprobt wurden – vom frühen Fremdsprachenlernen bis zum Lernen in mehrsprachigen Situationen kann als dritte Orientierungshilfe dienen (HEGELE 1994).

6. Aufgaben einer kindgerechten Grundschule

Das unübersichtliche Feld lässt sich besser überblicken, wenn wir grundsätzlich unterscheiden zwischen

- einer allgemeinen Bildung im *interkulturellen Bereich*, die als Prinzip einer integrativen und kulturoffenen Grundschule für das Zusammenleben aller Kinder handlungsleitend ist;
- einer Förderung aller Kinder in der Verständigungs-, Ziel- und *Unterrichtssprache Deutsch*;
- einer Alphabetisierung, Förderung, Unterrichtung der Kinder in ihrer *jeweiligen Muttersprache*;
- einer *Begegnung* mit einer anderen Sprache, mit einer Fremdsprache, mit der Sprache des Nachbarlandes und
- einem Lernen in *mehrsprachigen Situationen*, um die Sprachsensibilisierung und das Sprachbewusstsein (»language-awareness«-Konzept mit Modellen in England, Australien, USA, Niederlande) zu fördern.

Eine Pädagogik der Vielfalt in der Grundschule geht davon aus, dass alle Kinder – eben auch Kinder mit besonderem Förderbedarf (Lern- und Sprachbehinderungen) – in eine *gemeinsame* Schule mit umfassenden Förderkonzepten (EBERWEIN 1994) gehen: nicht nur unterschiedliche Erfahrungen als kulturelle Prägungen aus Sprache und Herkunft fördern die Wahrnehmung und den Um-

Ein Kind: »Behinderte sind doch Kinder wie wir!«

gang mit Differenz, sondern auch unterschiedliche Arten von Anlagen, Begabungen, Stärken und Schwächen, von Beeinträchtigungen, von Behinderungen, von Lern- und Verhaltensschwierigkeiten. Ein daraus entwickelter, differenzierender Unterricht wird heute in der Grundschulpädagogik insgesamt als Zielperspektive einer *Integration* beschrieben.

Integrieren kommt aus dem Lateinischen (integrare) und bedeutet etwas zusammenfügen, ein ganzes herzustellen.

Diese selbstverständliche Aufgabe wird in der Öffentlichkeit, im Bildungssystem und in der Wirtschaft z.T. sehr kontrovers diskutiert – auch vor dem Hintergrund unterschiedlicher Schulversuche, Schulerfahrungen (Integrative Grundschulen, Integrative Regelklassen u.a.) und gezielter, empirisch abgesicherter Untersuchungen. So fordert der Arbeitskreis Grundschule seit vielen Jahren eine *Integration* der *sonderpädagogischen Förderung* (sonst separat in Sonder- und Förderschulen) in die allgemeinen Schulen und ein flächendeckendes Integrationsangebot in allen Bundesländern nach dem Prinzip der wohnortnahen Integration (HEYER u.a. 1993). Die Wirklichkeit sieht z.T. ganz anders aus, weil vereinzelt gut ausgestattete Integrationsschulen nicht über den Stand der flächendeckenden Integrationsmaßnahmen (Spar- und Haushaltszwänge) hinwegtäuschen dürfen und z.B. die sog. »graue Integration« von Kindern mit Verhaltensauffälligkeiten häufig schwieriger ist als die Integration körperbehinderter Kinder. Die integrative Praxis ist zudem von zahlreichen *Zielkonflikten* grundsätzlicher oder organisatorischer Art begleitet.

➔ vgl. Kapitel 7

Der Weg zu einer Grundschule für alle Kinder ist letztlich von der Einschätzung der sog. Heterogenitätshypothese bestimmt. Die Integrationspädagogik (HILDESCHMIDT/SCHNELL 1998) definiert Heterogenität grundsätzlich positiv, weil in der Unterschiedlichkeit der Kinder bedeutsame Anregungspotenziale für ein gemeinsames Lernen liegen, also alle Kinder von den Differenzen profitieren (vgl. Helfersystem, Tutorenkonzept, Partnerschaften, Dienste u.a.). Dagegen gehen die Anhänger der Homogenitätshypothese von der Grundüberzeugung aus, dass *homogene* Gruppen leichter unterrichtet werden können und bessere Resultate erzielen (vgl. dagegen WOCKEN 1997, 315f.).

»Ich schiele. Das macht den anderen Spass. Manchmal klebt mir der Arzt ein Heftpflaster über das linke Brillenglas. Das mögen die Kinder in meiner Klasse besonders gern. Dann lachen sie besonders laut. Und am lautesten lacht der Karli. Der lacht dann so viel und so laut, dass die anderen gar nicht merken dass er noch viel mehr schielt als ich.«

Christine Nöstlinger, österreichische Kinderbuchautorin (EIN und ALLES. Ein Jahresbuch)

Nach neuesten Untersuchungen lässt sich derzeit sagen, dass Heterogenität oder Homogenität für sich keine *hinreichende* Bedingung darstellt, die sich ohne weiteres positiv oder negativ bemerkbar macht, aber als Chance und Entwicklungsaufgabe für die Grundschule definiert werden kann: «In heterogenen Lern-

6. Aufgaben einer kindgerechten Grundschule

gruppen ist mehr und Grösseres möglich, aber eben nicht gewiss« (HINZ 1998, 119).

Zusammenfassend ist Folgendes feststellbar:
- Eine Grundschule für alle Kinder geht von Nichtetikettierung von Kindern mit Behinderungen aus (sog. Dekategorisierung).
- Ein integrativer Ansatz versteht die Grundschule als zuständig für alle Kinder ihres Einzugsbereichs, als Bewältigung von Vielfalt (vgl. PREUSS-LAUSITZ 1998, 223), als Schule ohne Aussonderung.
- Offener Unterricht ist für den Integrativen Unterricht zweifellos günstiger als Frontalunterricht (SCHÖLER 1993).
- Untersuchungen zeigen, dass die Integration von Grundschulkindern mit Behinderungen im Lernen, mit Sprachproblemen und Verhaltensauffälligkeiten gelingen kann.

Begabung ist ein Gewächs, das nicht in Monokulturen gedeiht

Kinderpartizipation und handelndes, selbstbestimmtes Lernen

Die Förderung der Selbstständigkeit ist in der Grundschule eine unabdingbare Voraussetzung zur Beteiligung am demokratischen Leben der Gesellschaft. Eine gute Grundschule versucht deshalb über die Mitbestimmung und Teilhabe der Kinder an Entscheidungsprozessen einen minimalen Konsens im Bereich von Werten, Normen und bei der Verantwortungsübernahme für die Belange der Klasse, des Unterrichts und der Schule zu erzielen.

Lernen, demokratisch zu leben, hat dabei die unendlich reichhaltigen Mitwirkungsmöglichkeiten der Kinder an der Gestaltung des Unterrichts im Blick: Demokratisches Handeln wird in schulischen Alltagssituationen erlernt! Regeln, Rituale, Rhythmen und Reviere erfordern vom ersten Tag an, die relevanten Unterrichtsformen selbst zu entwickeln. Klassenrat und Morgenkreis können beispielsweise als Urformen demokratischer Mitbestimmung im Prozess der gemeinsamen Entwicklung als demokratische Leistung erfahren werden, weil sie wenigstens im überschaubaren kleinen Bereich der Klasse als Modell eines gerechteren, besseren Zusammenlebens erfahren werden können: Kinder können lernen, Konflikte in einem erlebbaren Interessenausgleich zu regeln (VGL. FLITNER 1996, 6f.). Diese Erkenntnis muss allerdings um einen zweiten, wichtigen Schritt erweitert werden: Eine Situation, bei der Kinder von Kindern in sinnvoller Weise lernen, ist nicht nur durch die Verantwortungsübernahme für sich und andere geprägt, sondern eben auch durch »Progression«, d.h. durch die *allmähliche Entwicklung* dieser Einstellung durch Erfahrung, durch praktisches Handeln.

Es gibt eine Vielfalt von Möglichkeiten, die das Lernen der Kinder von Kindern als Partizipationsgrundlage unterstützen, z.B. Helfersysteme in der Freiarbeit und beim altersgemischten Lernen, aber auch Dienste und Aufgaben: Mit der Verabredung von Diensten und Aufgaben in der Klasse und Schule übernehmen Kinder Verantwortung – für Tiere, für die Verwaltung von Spielen, für das Leihen von Büchern, für die Forscherecke, für das Lesezelt.

→ *vgl. Kapitel 13*

In der Grundschulpädagogik wird heute davon ausgegangen, dass sich die erzieherischen und fach- und lernbereichsdidaktischen Ziele am besten erreichen lassen, wenn die Erfahrungen und *Handlungen* der Lernenden möglichst oft zum Ausgangspunkt oder Inhalt des Unterrichts gemacht werden. Simulationen von Alltagssituationen sind legitime und unverzichtbare Bestandteile des Unterrichts, sie können aber tatsächliche und konkrete Erfahrungen, die im Unterricht organisiert werden, immer nur teilweise ersetzen. Ein Beispiel: Die Baumscheibe zum Entdecken der Jahresringe in der Hand der Kinder anstatt der Folie auf dem Overheadprojektor (sie kann später eingesetzt werden).

»Kinder sind keine Fässer, die gefüllt, sondern Feuer, die entfacht werden wollen.«

François Rabelais (1494 –1553), französischer Humanist

Ein handelndes, selbstbestimmtes Lernen bietet also in der Grundschule gerade das an, was die Medien den Kindern häufig versagen: die Chance, wieder direkte, sinnliche Erfahrungen zu sammeln, selber und gemeinsam mit anderen tätig zu sein. Dieser Ansatz schafft in der Regel eine tragfähige Motivation für unterschiedliche Lernziele. Sie werden in einen Handlungszusammenhang integriert, werden nicht als isolierte Elemente im Unterricht thematisiert und müssen auch nicht künstlich zusammengefasst werden. Der Zusammenhang von handlungsorientiertem und integrativem Lernen (TERHART 1997) kann in der Grundschule dazu führen, dass Kinder ihre Erlebnisse und Erfahrungen mithilfe der Lehrerin, anderer Kinder und geeigneten Lerngegenstände praktisch, sprachlich und begrifflich verarbeiten. Eine derartige Handlungsorientierung ist besonders erfolgreich, wenn die Kinder zugleich Arbeitstechniken erwerben oder sogar selbst erarbeiten, wenn sie phasenweise selbst unter verschiedenen Lernwegen auswählen, wenn sie in wechselnden Sozialformen kooperative und individuelle Arbeitserfahrungen machen.

6. Aufgaben einer kindgerechten Grundschule

Betreuung: Grundschule als Lern- und Lebensraum

Die Grundschule ist heute nach neueren Umfragen die meistgeschätzte, pädagogischste und reformorientierteste Schulform, erfährt allerdings einen Rückgang in der Beliebtheit. Ein Grund dafür liegt mit Sicherheit in der Verschlechterung der Lernbedingungen am Ende der 90er-Jahre. Die öffentliche Wertschätzung reagiert sensibel auf die wachsenden Probleme, Grundschule als Lern- und Lebensraum mit einer verlässlichen Betreuung der Kinder zu organisieren. Aufgrund der gesellschaftlichen Veränderungen in der Lebenswelt der Kinder werden, neben den schon beschriebenen Aufgaben, heute vor allem *Betreuung* und *Fürsorge* als sozialpädagogische Funktion von der Grundschule erwartet: Grundschule soll als Lern- und Lebensraum (SCHWARZ 1994) nicht nur neben dem Unterricht reichhaltige Angebote für das *Schulleben* wie Feste, Projekte, Erkundungen, Klassenreisen usw. bereitstellen, sondern darüber hinaus eine verlässliche Betreuung der Kinder über den kurzen Stundenvormittag hinaus gewährleisten.

Diese Ausweitung des Bildungsauftrages zu einem zusätzlichen Betreuungsauftrag wird heute kontrovers diskutiert und in verschiedenen Modellen (BURK 1990) in den einzelnen Bundesländern (z.T. flächendeckend) erprobt. So gibt es die Form

— der vollen Halbtagsgrundschule mit einer pädagogischen Integration offener und strukturierter Anfangs- und Schlussphasen von 8–13 Uhr (Blockunterricht, Spielpausen, Wochenplanarbeit, Arbeitsgemeinschaften, Wahlkursen usw.),
— einer vollen Halbtagsgrundschule mit betreuten Anfangs- und Schlussphasen,
— der Integration der Horte und die Form der Ganztagsgrundschule (vgl. zum Stand der Forschung: HOLTAPPELS 1998, 181)

Das grundlegende Problem wird pädagogisch in der sinnvollen Vernetzung und Gestaltung der Betreuungs- und Unterrichtsphasen, in der Rhythmisierung eines Schulvormittags und in der Entwicklung eines Lern- und Lebensortes gesehen, der sich zum Umfeld öffnet.

Mit den öffentlichen Erwartungen und unterschiedlichen Konzepten einer »vollen« Grundschule beginnen aber erst die eigentlichen Probleme. Wenn Kinder in der Grundschule als Lebens-

---

Ein Beispiel: In Hamburg (»Verlässliche Halbtagsgrundschule« flächendeckend 8–13 Uhr) wird über einen »Wochenstrukturplan« der Unterrichtsvormittag gestaltet.
– Offene Eingangsphase täglich (8.00–8.30) offene Schlussphase (freitags) für die Klassen 1 und 2 (12.30–13.00)
– drei Unterrichtsblöcke für alle Klassen (innerhalb dieses Blocks erfolgt ein Wechsel von Lehrgangs-, Übungs- und Förderphasen)
– ein jahrgangsübergreifendes Kursangebot im Wahlpflichtbereich »Musische Erziehung« (für alle Klassen am Mittwoch im dritten Unterrichtsblock)
– gemeinsames Frühstück am Ende des ersten Unterrichtsblocks
– zwei gemeinsame Spielphasen (9.30–9.55 und 11.30–11.50)

raum ihre prägende Lebenszeit verbringen, muss Grundschule auch als *Lebenszusammenhang* mit eigener Konzeption definiert werden. Dafür sind die traditionellen, klassischen Ordnungsstrukturen aus der Administration und Verwaltung nicht geeignet (z.B. 45-Min.-stunden, ständiger Fächerwechsel). Die schlichten Fragen an diese Herausforderung müssen eben *grundschulpädagogisch* und nicht vorwiegend organisatorisch (z.B. welche Betreuungsdienste gibt es?) gestellt werden:

– Ist für die Kinder an diesem Lebensort irgendwo erkennbar, was den Vormittag zusammenhält?
– Wie kann die Dreiteilung, hier Unterricht, dort Betreuung und dort Schulleben aufgehoben werden?

Mit solchen nachdenklich stimmenden Fragen kommt Distanz ins Spiel, wird der Blick von der bildungspolitischen Oberfläche auf die Tiefenstruktur der Thematik geöffnet, sodass sich Lehrerinnen heute vor allem folgenden Problemen stellen:

»Innerhalb des Rahmens, den der Wochenstrukturplan vorgibt, können die Lehrerinnen und Lehrer den Unterricht flexibel gestalten und an die Leistungs-, Konzentrations- und Aufnahmefähigkeit der Kinder anpassen. Dabei gilt der Grundsatz, dass auf eine Phase der Anpassung stets ein Phase der Entspannung folgen soll.«

(Zitat aus dem Hamburger Konzept)

– Wie können wir den Kindern bei einem solchen Konzept mehr Raum geben – Zeiträume, Lernräume, Freiräume?
– An welche inneren Reformen können wir anknüpfen, wie wird die Schulzeitausdehnung mit einer inneren Schulerneuerung verknüpft?
– Welche neuen Aufgabenbestimmungen in Bezug auf das Lernen, Leben und die Leistung zeichnen sich ab im Zielkonflikt Elternanspruch – Elternentlastung und dem Grundrecht der Kinder auf eine angemessene Förderung?
– Welche Erfahrungen aus verschiedenen Bundesländern, aus Modellversuchen und Reformschulen lassen sich nutzen, welche Rahmenbedingungen und Ressourcen waren dabei unerlässlich zur Umsetzung der Konzepte?

Antworten auf solche weitreichenden Fragen (vgl. WALLRABENSTEIN 1996, 8ff.) können in der bildungspolitisch noch nicht gelösten Problematik einer äußeren Schulzeitverlängerung ohne innere Schulerneuerung nur als Perspektiven für einen Weg zum Lebens- und Lernort Grundschule gegeben werden, wie auch wir sie beispielsweise in unterschiedlichen Zusammenhängen zu geben versucht haben.

6. Aufgaben einer kindgerechten Grundschule

Zusammenfassung

Wir haben gezeigt: die allgemeinen Aufgaben der Grundschule müssen wir uns als vielschichtiges, sich ständig änderndes System im Differenzierungsprozess einer Risikogesellschaft mit veränderter Kindheit (Heterogenität) vorstellen. Die traditionellen Aufgaben der Einführung in die Kultur, der Aneignung von Grundfertigkeiten und der Persönlichkeitsentwicklung werden heute über neue Aufgabenfelder und Aufgabenzuschreibungen erweitert – vor allem im Bereich der sozialen Erziehung, der Förderung, der Betreuung und Gestaltung der Grundschule als integrativer Lern- und Lebensraum.

Den sich daraus ergebenden Konflikten, Widersprüchen und Grenzen der Belastung kann sinnvoll begegnet werden, wenn der erzieherische Auftrag einer Grundschule der »Vielfalt in der Gemeinsamkeit« auf einen grundlegenden Bildungsbegriff bezogen wird.

Exkurs: Müssen Kinder für die weiterführenden Schulen schulfähig werden?

Unser Gang durch die Vielfalt der Aufgaben heutiger Grundschularbeit hat schon mit dem einleitenden Exkurs »Müssen Kinder schulfähig sein?« das Recht des Kindes auf eine individuelle Förderung, auf einen eigenen Entwicklungsraum, auf einen aufgeklärten, fordernden und liebevollen Umgang verdeutlicht. Gilt das alles nun nicht mehr beim *Übergang* in ein anderes Schulsystem? Wird dabei dieser Wechsel aus der Sicherheit der abgebenden Grundschule als *Bruch oder Brücke* erfahren?

Der Übergang zu weiterführenden Schulen ist in unserer heutigen Bildungslandschaft durch große Probleme gekennzeichnet: Wenn es nach dem Elternwillen ginge, hätten wir fast schon eine »Einheitsschule« wie in anderen europäischen Ländern: weit über 60% der Eltern wünschen sich das Gymnasium, behaupten aber gleichzeitig, dass diese Schule natürlich nicht als Schule für alle Kinder verstanden werden kann. Überspitzt aus Elternsicht formuliert: »Auf diese Schule soll mein Kind, für die *anderen* Kinder brauchen wir andere Schulangebote, sonst nehmen sie meinem Kind die Chancen weg!«
  Damit wird das grundlegende Dilemma der Grundschule beim Übergang in aller Schärfe deutlich:

> Auslese- und Konkurrenzorientierung prägen die Leistungsgesellschaft. Dürfen sie einfach so auf die sensible Entwicklungsphase der Grundschulzeit übertragen werden?
>
> *Horst Bartnitzky, Grundschulpädagoge*

- Eine aufbauende und ermutigende Erziehung gerät durch die Auslesefunktion eines frühen Übergangs nach vier Grundschuljahren – wie sie in den meisten Bundesländer praktiziert wird – in einen konzeptionellen Zielkonflikt: Fördern und/oder Auslesen, Chancengleichheit und/oder Selektion, Ermutigen und/oder Vergleichen.
- Durch eine frühe Auslese verstärkt sich häufig ein falscher Leistungsdruck mit problematischen Folgen (Ängste, psychosomatische Krankheiten).
- Die föderalistisch unterschiedliche Entscheidungspraxis von freiem Elternwillen (auch gegen die Empfehlungen der Grundschule zur Übertrittsentscheidung) bis zur Verbindlichkeit der Grundschulempfehlung.

Darüber hinaus aber ist zu sehen:
- Auch der Besuch einer bestimmten Schulform (wie z.B. des Gymnasiums) bietet heute keine Gewähr für eine schnelle und glatte Bildungskarriere.
- Wesentliche Entwicklungen im Leistungs- und Begabungsbereich können auch noch nach der Grundschulzeit festgestellt werden, eine zu 100% sichere Voraussage als definitive Eignungsfeststellung gibt es nicht. Wiederum überspitzt als zu kritisierende Aussage: »Du bist nun Viertklässler und wir müssen überlegen, ob du Fußballer, Angestellter oder Arzt wirst!«

Ein Blick auf das Kind zeigt deutlich, dass Begriffe wie Wechsel, Bruch, Brücke, Übergang u.Ä. assoziationsbeladene Metaphern sind. Es handelt sich sozialpsychologisch gesehen um eine starke *Umorientierung* im Leben des Kindes: bezogen auf Personen, soziale Gruppen, Räume und dergleichen. So sind sie z.B. plötzlich wieder die »Kleinen«, die »Anfänger«, die doch zuletzt in ihrer Grundschule die »Großen«, die »Könner« waren. Das Bilden von Gemeinschaften etwa ist z.B. für den Neuanfänger in den weiterführenden Schulen ein zentrales Problem.

> Eine Grundschullehrerin: »Was in den ersten Jahren in der Grundschule richtig war, z.B. mehr auf die Lernentwicklung zu achten, das kann doch jetzt nicht in der 4. Klasse falsch sein!«

Die daraus erwachsende pädagogische Verantwortung der Sekundarstufe und der Grundschule wird für die Grundschullehrerinnen und -lehrer als eine ihrer wichtigsten Aufgaben definiert (GAMPE u.a. 1987, PORTMANN u.a. 1989). Problemlösungsversuche zu einer positiven Veränderung des Übergangs gehen heute alle von der Erkenntnis aus, dass aufgrund der veränderten Lebenswelten und Lernbiografien mit sehr unterschiedlichen individuellen

6. Aufgaben einer kindgerechten Grundschule

Entwicklungsverläufen (OERTER/MONTADA 1998, HACKER/JÜRGENS 1997) der Zeitpunkt für die Übergangsentscheidung am Ende der vierten Klasse ungünstig sei. Daraus ergeben sich im Augenblick *differierende Perspektiven*: Die Forderung nach Einrichtung einer sechsjährigen Grundschule wie sie z.B. von der Bildungskommission NRW 1995 in ihrer Denkschrift und vom Arbeitskreis Grundschule (FAUST-SIEHL u.a. 1996, 155) erhoben wurden, die Versuche einer Reform des Neuanfangs in der Sekundarstufe durch Förder-, Orientierungs- oder Beobachtungsstufen, die Besinnung auf veränderte Formen der Erarbeitung von Schullaufbahndiagnosen sowie natürlich die qualitative Weiterentwicklung der sechsjährigen Grundschule dort, wo sie bereits existiert: in Berlin und Brandenburg.

→ *vgl. Kapitel 8*

Aus der wissenschaftlichen Diskussion folgt eindeutig, dass punktuale Schullaufbahnentscheidungen mit erheblichen Fehlerquoten behaftet sind (insbesondere für Kinder mit sog. mittleren Begabungspotenzialen) und viele Kinder erst später ihre Begabungen entwickeln, sodass heute die Übergänge so weit wie möglich fließend und offen zu gestalten bzw. auf eine Zeit nach der 6. Klasse zu verlegen sind (z.B. höhere Prognosesicherheit der Grundschulempfehlung).

Eine Leistung nach Fehlern zu beurteilen, bleibt die Fehlleistung der Schule!

Eine Grundschullehrerin

Nach unserem Bildungsbegriff sollte die Auslese- und Konkurrenzorientierung die Arbeit in der Basisinstitution Grundschule so wenig wie möglich prägen: die Übergangsfrage ist damit ein wesentliches Element des pädagogischen Gesamtauftrags. Die kurze Grundschulzeit wird für die Mehrheit der Grundschulkinder gebraucht, um die Kinder im Sinne des hier entwickelten erzieherischen Auftrages insgesamt für den Anspruch auf einen gelingenden Bildungsweg stark zu machen.

Grundschule als Werkstatt für die Zukunft entwickelt Fragen, erzieht im Unterricht, verführt zum Forschen und stellt sich den Lebens- und Lernproblemen der Kinder.

Verwendete Literatur

Arbeitskreis Grundschule – Der Grundschulverband: Standpunkte zur Grundschulreform. Grundsatzprogramm des Grundschulverbandes. Frankfurt a.M. 1994

Auernheimer, G.: Einführung in die interkulturelle Erziehung. Darmstadt 1995²

Beck, G./Scholz, G.: Soziales Lernen – Kinder in der Grundschule. Reinbek bei Hamburg 1995

Begegnung mit Sprache in Grundschulen des Landes Brandenburg (BmSB). Wiss. Redaktion: U. Drews/R. Heusinger. Potsdamer Studien zur Grundschulforschung, Heft 11. Potsdam 1996

Benner, D.: Auf dem Weg zur Öffnung von Unterricht und Schule. In: Die Grundschulzeitschrift, Seelze 3/1989/27

Bronfenbrenner, U.: Die Ökologie der menschlichen Entwicklung. Stuttgart 1981

Buber, M.: Reden über Erziehung. Heidelberg 1969[9]

Burk, K. (Hg.): Die Ganze Halbtagsschule. Grundschule mit festen Öffnungszeiten. Frankfurt/M. 1990

Duncker, L.: Lernen als Kulturaneignung. Schultheoretische Grundlagen des Elementarunterrichts. Weinheim 1994

Eberwein, H.: Behinderte und Nichtbehinderte lernen gemeinsam. Handbuch der Integrationspädagogik. Weinheim und Basel 1994[3]

Fatke, R./Valtin, R. (Hg.): Sozialpädagogik in der Grundschule. Frankfurt/M. 1997

Faust-Siehl, G. u.a.: Die Zukunft beginnt in der Grundschule. Reinbek bei Hamburg 1996

Flitner, A.: Reform der Erziehung. München Zürich 1999

Flitner, A.: Zukunft für Kinder – Gedanken zur Grundschule. In: Zukunft für Kinder – Grundschule 2000. A.a.O.

Freese, H.-L.: Kinder sind Philosophen. Weinheim 1996

Gampe, H. u.a.: Klasse 4 – und was dann? Der Übergang als pädagogische Aufgabe. Heinsberg 1987

Gesing, H. (Hg.): Pädagogik und Didaktik der Grundschule. Neuwied, Kriftel, Berlin 1997

Gogolin, I.: Der monolinguale Habitus der multilingualen Schule. Münster 1994

Hacker, H./Jürgens, E.: Übergänge. In: Jürgens, E. u.a.: Die Grundschule – Zeitströmungen und aktuelle Entwicklungen. Baltmannsweiler 1997

Hegele, I. (Hg.): Kinder begegnen Fremdsprachen. Braunschweig 1994

Hergarten, M./Heyer, P./Hinz, A.: Zusammenleben lernen – Verschiedenheit respektieren. Integration statt Selektion. In: Arbeitskreis Grundschule (Hg.): Bundesgrundschulkongress 1999. An der Schwelle zum 3. Jahrtausend. Frankfurt/M. 1999

Heyer, P. u.a. (Hg.): Zehn Jahre wohnortnahe Integration. Frankfurt/M. 1993

Hildeschmidt, A./Schnell, I. (Hg.): Integrationspädagogik. Auf dem Weg zu einer Grundschule für alle. Weinheim, München 1998

Hinz, A. u.a.: Die Integrative Grundschule im sozialen Brennpunkt. Ergebnisse eines Hamburger Schulversuchs. Hamburg 1998

Holtappels, H. G.: Grundschule als »Volle Halbtagsschule«. In: Brügelmann, H./Fölling-Albers, M./Richter, S. (Hg.): Jahrbuch Grundschule. Fragen der Praxis-Befunde der Forschung. Seelze 1998

Kuhs, K./Steinig, W.: Pfade durch Babylon. Konzepte und Beispiele für den Umgang mit sprachlicher Vielfalt in Schule und Gesellschaft. Freiburg 1998

Lichtenstein-Rother, I.: Jedem Kind seine Chance. Freiburg 1991

Nickel, H.: Die Einschulung als pädagogisch-psychologische Herausforderung – »Schulreife« aus öko-systemischer Sicht. In: Haarmann, D. (Hg.): Handbuch Grundschule, Bd. 1, Weinheim 1991

Oerter, R./Montada, L. (Hg.): Entwicklungspsychologie. Weinheim 1998

Pelzer, S./Frank, K.: Betreuungsangebote für Schulkinder. In: Fatke, R./Valtin, R. (Hg.): A. a. O. 1997

6. Aufgaben einer kindgerechten Grundschule

Petillon, H.: Soziales Lernen in der Grundschule. Frankfurt/M. 1993
Piaget, J.: Meine Theorie der geistigen Entwicklung, München 1981
Portmann, R./Wiederhold, K. A./Mützlaff, H. (Hg.): Übergänge nach der Grundschule. Frankfurt/M. 1989
Prengel, A.: Pädagogik der Vielfalt. Opladen 1995
Sarter, H.: Fremdsprachenarbeit in der Grundschule. Neue Wege – Neue Ziele. Darmstadt 1997
Schneider, G.: Philosophieren mit Kindern und die Lehrerpersönlichkeit. In: Potsdamer Studien zur Grundschulforschung, Heft 20. Potsdam 1997.
Schorch, G.: Grundschulpädagogik – eine Einführung. Bad Heilbrunn 1998
Schreier, H.: Der Gegenstand des Sachunterrichts. Bad Heilbrunn 1994
Schwarz, H.: Lebens- und Lernort Grundschule. Frankfurt/M. 1994
Schwartz, E.: Für die Grundstufe einer Gesamtschule. In: Begabung und Lernen im Kindesalter. Bd. 1, Frankfurt/M. 1969
Terhart, E.: Lehr-Lern-Methoden. Weinheim und München 1997
Wagenschein, M.: Verstehen lehren. Weinheim 1989[8]
Wallrabenstein, W.: Kindern Raum geben – Auf dem Weg zur Halbtagsgrundschule. In: Die Grundschulzeitschrift, Seelze 10/1996/99
Wallrabenstein, W.: Lernen in mehrsprachigen Situationen – multikulturelles Lernen für Europa. In: Die Grundschulzeitschrift, Seelze 11/1997/106
Wittenbruch, W. (Hg.): Das pädagogische Profil der Grundschule. Heinsberg 1989[2]
Wocken, H.: Schulleistungen in heterogenen Lerngruppen. In: Eberwein, H. (Hg.): Handbuch Integrationspädagogik, Weinheim 1997[4]
Zukunft für Kinder – Grundschule 2000. Bundesgrundschulkonferenz 1995 in Berlin. Bonn/Frankfurt a.M. 1996

Was Sie sonst noch lesen sollten

Bambach, H.: Erfundene Geschichten erzählen es richtig. Lesen und Leben in der Schule, Lengwil 1994[2]
Dräger, M. (Hg.): Der Anfangsunterricht in Regel- und Integrationsklassen. Heinsberg 1997
Schöler, J.: Integrative Schule – Integrativer Unterricht. Reinbek bei Hamburg 1993

Fragen und Aufgaben

☐ Formulieren Sie eine eigene Position zur Aufgabenvielfalt der Grundschule. Verwenden Sie dabei eine oder mehrere der folgenden Metaphern oder Bilder: Reformbedrängter Wanderzirkus, gefällige Mehrzweckhalle, freie Werkstatt, Therapieanstalt.

☐ Versuchen Sie, den Satz »Man lernt nur laufen, wenn man fällt.« auf den erzieherischen Auftrag der Grundschule in Bezug auf Lernen, Leistung und Fehler zu beziehen.

☐ Suchen Sie sich aus den vorgestellten Realsituationen der Alltagsarbeit in der Grundschule eine Szene heraus. Fertigen Sie eine Interpretation an und reflektieren Sie dabei einige Botschaften aus diesem Kapitel. Schließen Sie Ihren Text mit einer persönlichen Stellungnahme, wie Sie selbst als Lehrerin handeln würden:

Der Anfang: 1. Klasse, 3. Schultag. Die Lehrerin erklärt das gemeinsame Vorhaben – ein Klebebild von allen Kindern. Kurz bevor es losgehen soll, sagt ein Kind in die Stille: »Das mache ich nicht, ich lasse mich nicht zwingen.«

Das Spiel: Svenja aus der 2. Klasse sagt im Abschlusskreis: »Keiner spielt in der Pause mit mir!« Die Lehrerin bemüht sich. Zwei Tage später kündigt Svenja im Morgenkreis an: »Mutti kommt nachher in die Pause und spielt mit mir Himmel und Hölle.«

Der Schmerz: 1. Schuljahr, vor dem Unterricht. Nadine geht an Theodora vorbei und schlägt ihr mit voller Wucht in den Bauch, ohne sichtbare vorherige Provokation. Nadine wird vom Lehrer zur Rede gestellt: »Warum hast du das getan?« Nadine, achselzuckend: »Öh, öh, weiß nicht.«

7. Grundschultypische Spannungsfelder

Auch für die Grundschule gilt, dass sie keine Insel der Harmonie ist und natürlich auch hier allgemeine Grundsätze menschlichen Handelns und Verhaltens walten, ob sich der einzelne dessen bewusst ist oder nicht. Unter Bezug auf SCHLEIERMACHER verweist FLITNER z.B. darauf, dass Probleme praktischen Handelns und Umgangs mit Menschen

> »nicht einfach nach Prinzipien oder empirisch gewonnenen Regeln gelöst werden können, sondern dass diese Prinzipien oder Hypothesen einander oft antithetisch gegenüberstehen und man sich beide Seiten klarmachen muss, um zu einer Handlungsentscheidung zu kommen.
>
> *Führen und Wachsenlassen, Schützen und Exponieren, Verwöhnen und Abhärten, systematisches Lernen und situative Erfahrung* und ähnliche Prioritäten stehen sich nicht als einander ausschließende Prinzipien gegenüber, sondern müssen zur gegenseitigen Korrektur mit bedacht und als Aufforderungen gegeneinander abgewogen werden« (FLITNER 1990, 40).

Auch Grundschule sollte sich der Spannungen, mit denen sie es zu tun hat, bewusst sein, sie *aushalten* können, aber auch ständig neue *Orientierungen* hieraus gewinnen. Beides kostet Kraft und Geduld. Und das gilt für alle Menschen, die sich mit Grundschule befassen: für Lernende an den Hochschulen wie für Lehrende an den Schulen.

Aus der Vielzahl der Spannungsfelder – auch Antinomien genannt – die es auszuhalten, aber auch produktiv zu nutzen gilt, sollen einige der wichtigsten beschrieben werden. Das Spannungsfeld »Eigenständigkeit der Grundschule versus Vorbereitungsfunktion« klammern wir von vornherein aus, da wir hierauf in den Kapiteln 3 und 6 mehrfach Bezug genommen haben.

Antinomie = widersprüchliches Verhältnis, Spannungsfeld, dessen beide Pole nebeneinander existieren und sich nicht auflösen lassen (im Unterschied zum dialektischen Widerspruch)

Abschnitt II: Zwischen Tradition und Moderne

Kindgemäßheit versus Sach(Wissenschafts-)orientiertheit

Das Problem, ob sich Grundschule mehr an den Gegenständen, die zur Grundlegung von Bildung gehören, oder mehr an den Interessen und Bedürfnissen von Kindern orientieren solle, begleitet die Grundschule seit Anbeginn. Historisch betrachtet schlug das Pendel stärker in Richtung Kindorientierung aus, wobei das jeweilige Verständnis vom Kind aus heutiger Sicht in der Regel ein recht einseitiges war: Es dominierten Auffassungen vom braven Kind mit »kleinen« Bedürfnissen und bescheidener Interessenlage. Konkret hieß das dann, dass das kleine Schulkind auch nur wenig Futter brauche. Lesen, Schreiben, Rechnen und Singen – jeweils auf bescheidenem Niveau – würden genügen.

➔ *vgl. Kapitel 4*

Ein gravierender Einschnitt erfolgte mit dem vom Deutschen Bildungsrat verabschiedeten «Strukturplan für das deutsche Bildungswesen». Dort wurde nicht nur nachdrücklich für Chancengleichheit von Schülerinnen und Schülern plädiert, sondern in hohem Maße auf Wissenschaftsbestimmtheit des Unterrichts gesetzt – auch für die Grundschule. Überarbeitungen, Neubearbeitungen von Rahmenrichtlinien und Lehrplänen folgten zu jener Zeit vor allem diesem Prinzip (NEUHAUS 1991, 162ff.).

Bei allen generellen Unterschieden gab es im Übrigen in der damaligen DDR durchaus eine vergleichbare Entwicklung.

So wichtig die Feststellung kognitiver Leistungen von Kindern ist, so darf die Schule doch nicht zum Leistungs- und Wissens-TÜV gemacht werden

(nach Ludwig Eckinger, Verband Bildung und Erziehung, Potsdam 1999).

Dies hatte sicher manch positive Auswirkungen auf den Unterricht, trug aber andererseits auch zu einer Entfernung des Unterrichts von der kindlichen Interessen- und Bedürfnislage bei. Heute steht zu erwarten, dass mit der weiteren Debatte über die Ergebnisse von TIMSS (BAUMERT/LEHMANN u.a. 1997) sowie der Einführung zentraler Leistungsvergleiche in der Bundesrepublik dieses Problem wieder in verschärfter Form auf die Tagesordnung grundschulpädagogischer Debatten kommen könnte.

Es wäre allerdings sehr bedauerlich, wenn es zu einer (neuerlichen) Hypertrophierung von vorgegebener oder tatsächlicher Orientierung an den Wissenschaften, den zu vermittelnden Sachen (hier in weitestem Sinne verstanden) für die Grundschule käme. Ebenso falsch wäre es, sich einseitig am Kind mit seinen Bedürfnissen und Interessen zu orientieren. Das Spannungsverhältnis lässt sich also weder nach der einen noch nach der anderen Seite hin radikal auflösen. Das von Martin WAGENSCHEIN schon

7. Grundschultypische Spannungsfelder

vor Jahren vertretene Prinzip »*Mit* dem Kinde von *der* Sache aus, die *für* das Kind die Sache *ist*« (WAGENSCHEIN 1990, 11), könnte sich durchaus auch weiterhin als hilfreich erweisen. An anderer Stelle formulierte er sein Anliegen noch prägnanter:

> »*Die Alternative ›von der Sache aus oder vom Kinde aus?‹ ist reif, als solche zu verschwinden. In der gelingenden pädagogischen Situation arbeitet das Kind nie anders als sachlich. Aber die Sache zieht und erzieht es nur, insoweit sie seinen geheimen (ihm unbewussten) Erwartungen und Steigerungs-Wünschen entspricht. Das Verhältnis des Lernenden zu seinem Gegenstand ist der Gravitation verwandt, die man ja auch nur von Erde und Mond zugleich bestimmt denken muss. Die Sache ist für das Kind eine anziehende, und das Kind ist zur Sache ein drängendes. Wo es nicht so aussieht, sind es unsere Institutionen, die der Prüfung bedürfen*« (WAGENSCHEIN 1970, 89).

Bei einem solchen Verständnis der Beziehung zwischen Kind und Sache (bzw. Bildungsgut) wird dem Kind zugestanden,

– auf seine ganz eigene Weise lernen zu können, wobei das Lernen durch Entdecken einen ganz besonderen Rang einnimmt,
– beim Lernen auch Umwege gehen zu dürfen (die sich aber häufig nur aus Erwachsenensicht als solche erweisen),
– Fragen zu haben, die es verfolgen möchte und soll,
– sein eigenes Lerntempo – zumindest häufig – bestimmen oder mitbestimmen zu können,
– nur ihm eigene Interessen und Bedürfnisse zu haben, in seiner ganz eigenen Welt zu leben, die die Schule kennen sollte, um sie – zumindest in vertretbaren Grenzen – respektieren zu können.

Selbstständigkeit von Kindern als Tatsache versus Selbstständigkeit als Zielgröße

Es gehört zu den Aufgaben von Grundschule, die Selbstständigkeit von Kindern zu entwickeln. Dazu muss sie allerdings zunächst lernen, schon vorhandene Selbständigkeit auszuhalten.

➔ *vgl. Kapitel 6*

Auf vielen Gebieten wissen manche Grundschulkinder heute mehr als ihre Lehrerinnen und Lehrer. Zwischen dem Wissen von Lehrkräften und Kindern über den Umgang mit Computern liegen beispielsweise nicht selten Welten. Und sicher nicht nur hier.

Obwohl Konzepte und Praktiken der Öffnung von Unterricht mit mehr wissenden Kindern rechnen, ist es dennoch schwer, diese Tatsache voll zu akzeptieren. Zugleich ergibt sich eine immer größere Schere zu den Kindern, denen aus ganz unterschiedlichen Gründen viele Möglichkeiten des Wissenszugangs verwehrt bleiben. Mit beiden Sachverhalten zu leben, ist höchst schwierig aus der Sicht von Lehrkräften.

Die Grundschule muss sich darauf einstellen, dass die Heterogenität der Kinder zunehmen wird
→ *Vgl. auch Kapitel 10*

Ein völlig anderes Beispiel. Die geschilderte Situation findet zwar außerhalb des Unterrichts statt, vermag aber einen Erkenntnisgewinn gerade für Schule und Unterricht zu erbringen:

Ein Frühsommertag am Orakel zu Delphi. Unsere kleine Reisegruppe, der der zehnjährige Robert angehörte, stand unter Pinien zusammen. Die griechische Reiseleiterin erzählte. Als sie fertig war, fragte Robert in die andachtsvolle Stille hinein: »Wie haben Sie sich denn auf uns vorbereitet?«

Stille kann sich sehr verändern. Sie tat es und wurde noch stiller. Die Reiseleiterin: »Na, wie auf alle Reisegruppen, die ich führe.«

Robert: »Haben Sie sich denn nichts aufgeschrieben?«

Die Reiseleiterin rang sichtbar nach Fassung. Dann sagte sie einigermaßen gefasst, aber deutlich pikiert: »Nein, das brauche ich nicht mehr. Wenn man das so oft macht wie ich, ist so etwas nicht mehr notwendig.«

Robert: »Schade, dass Sie nichts aufgeschrieben haben. Dann hätte ich das vielleicht heute abend im Hotel noch mal nachlesen können. Ich kann mir das gar nicht alles merken, was Sie uns erzählt haben.«

Ein Fazit: Wie sehr sind auf Wissen bedachte, fragende Kinder wirklich gefragt? Auch und gerade in Schule und Unterricht. Sind fragende, neugierige Kinder nicht allzu oft ein Ärgernis, werden zumindest nicht selten mit einem gewissen Misstrauen bedacht? Die Frage ist dann nur, wann sie aufhören werden zu fragen. Wenn dieser Tatbestand eintreten sollte, müsste man sich allerdings keine weiteren Gedanken mehr über Reform von Schule und Unterricht machen.

Das Verhältnis Erwachsener zu den Fragen der Kinder ist durchaus janusköpfig. Oft halten sich der Stolz auf das »kluge« Kind die Waage mit dem Gefühl, nicht durch Fragen gestört oder beunruhigt werden zu wollen.

Selbstständigkeit aushalten und Selbstständigkeit entwickeln sind also ebenfalls zwei Pole eines Spannungsverhältnisses, die sich nicht aufheben lassen. Beides setzt zudem unbedingt die ei-

7. Grundschultypische Spannungsfelder

gene Selbstständigkeit von Lehrerinnen und Lehrern voraus. Auch hier gibt es Spannungen: Zumindest zwischen Rahmenplänen, Verordnungen und eigener freier Entscheidung von Lehrerinnen und Lehrern. Im Sinne von A. FLITNER lässt sich aber sagen, dass Freiheit und eigener Spielraum in der Regel viel größer sind als manchmal angenommen wird (vgl. FLITNER 1994, 9).

→ *vgl. auch Kapitel 13*

Individualität versus Gemeinschaft der Kinder

Es ist ein wichtiges Anliegen von Grundschule, die Individualität von Kindern zu beachten und weiter auszuprägen. Dennoch hat ein Kind kein uneingeschränktes Recht auf Selbstverwirklichung. Die »Begrenzungen« ergeben sich daraus, dass das Kind in einer Gemeinschaft lebt und sich jede Gemeinschaft nach bestimmten Regeln organisiert. Das gilt natürlich auch für die Grundschule. Beide Pole – Individualität und Gemeinschaft – bedürfen des Ausbalancierens im Lernen und Leben jedes Kindes, stellen aber auch Lehrkräfte vor schwierige Aufgaben.

In letzter Zeit wurde mehrfach auf den wachsenden Individualisierungsanspruch von Kindern u.a. als einem Ausdruck der Moderne aufmerksam gemacht (vgl. FÖLLING-ALBERS 1993, 471ff., vgl. auch Kapitel 1). Eine Lehrerin sprach in diesem Kontext davon, dass Kinder heute als kleine Prinzen und Prinzessinnen zur Schule kommen – zumindest ein großer Teil von ihnen. Mit dieser Rolle ist für die Kinder eine Erwartungshaltung verbunden, derzufolge sich in der Schule alles nach ihnen zu richten habe.

→ *vgl. Kapitel 1*

Das Problem der Grenzsetzungen ist eines der Probleme, die in der Pädagogik ständig diskutiert werden. Häufig wird auch die Ambivalenz von Grenzsetzungen nicht recht bedacht: Grenzen schützen, aber sie können auch zum Überwinden auffordern. Beides muss im jeweiligen konkreten Fall ernsthaft erwogen und abgewogen werden.

Dennoch ist das Streben von Kindern, als Individualität wahrgenommen zu werden, durchaus nicht a priori negativ zu werten, zumal ja auch Prinzen und Prinzessinnen im Märchen nicht selten viel Gutes bewirken ... Eine starke Persönlichkeit kann sich nur entwickeln, wenn sie keine Angst vor ihrem Selbst hat, zu sich selbst stehen kann und zugleich lernt, über sich selbst kritisch nachzudenken. Das kann in der Grundschule durchaus auf den Weg gebracht werden. Insofern ist mit dem Drang des Kindes, seine eigene Individualität ins Spiel zu bringen, nichts Beängstigendes verbunden, auch wenn manche Lehrkraft diesen Zustand beklagen mag.

Was aber zur unabdingbaren Aufgabe der Grundschule gehört, ist, Unterricht und Schulleben so zu gestalten, dass deren soziale Seite nicht verkümmert. Dabei kann davon ausgegangen werden, dass bei jedem Kind mindestens ein Quäntchen Sehnsucht nach Geborgenheit in einer Gemeinschaft vorhanden ist.

→ vgl. Kapitel 4,5,6　Dies gilt es zu nutzen. Dafür trägt gerade auch die Grundschule eine besonders hohe Verantwortung.

Gleichschritt im Lernen versus individuelles Lernen

Dieses Spannungsverhältnis hängt eng mit dem eben skizzierten zusammen. Lehrerinnen und Lehrer befinden sich häufig in der Zwangslage, Stoff vermitteln zu müssen in der Annahme, dass alle Kinder ihn sich zu annähernd gleicher Zeit mit zumindest ähnlichen Ergebnissen aneignen. Das impliziert – in welchem Maße auch immer – ein auf ein Mittelfeld zugeschnittenes Gestaltungskonzept mit »Ausbeulungen« für besonders förderungsbedürftige und für besonders begabte Kinder. Im Vordergrund aber steht der Gleichschritt beim Lernen, auch wenn jeder weiß, dass ein solches Konzept nie funktioniert hat und nie funktionieren wird. Die Lernenden sind zu unterschiedlich. Die Voraussetzungen und Lernbiografien der Kinder gehen teils sehr weit auseinander. Rein pragmatisch gedacht ist die Annahme von Gleichschritt beim Lernen und daraus resultierend beim Unterrichten natürlich nicht von der Hand zu weisen. Zumindest kann man sich historisch gestützt und bestätigt finden: Die Einführung der allgemeinen Schulpflicht für alle Kinder und die damit verbundene massenweise Zusammenführung von Kindern in einer Schulklasse war durchaus u.a. mit dem Glauben an eine solche Möglichkeit des gleichzeitigen und gleichschrittigen Lernens verbunden. Ein Ausdruck hiervon war beispielsweise das gemeinsame Nachsprechen von Texten unterschiedlichster Art im Chor in der Hoffnung, dass sich alle Kinder den Text damit unverrückbar einprägen würden.

Eine eindrucksvolle Karikierung dieser Annahme und ihrer praktischen Realisierung wird seit einigen Jahren durch eine Fabel immer wieder in der Literatur gegeben:

»Es gab eine Zeit, da hatten die Tiere Schule. Das Lernen bestand aus Rennen, Klettern, Fliegen und Schwimmen, und alle Tiere wurden in allen Fächern unterrichtet.

Die Ente war gut im Schwimmen; besser sogar als der Lehrer. Im Fliegen war sie durchschnittlich, aber im Rennen war sie ein besonders hoffnungsloser Fall. Da sie in diesem Fach so schlechte Noten hatte, musste sie nachsitzen und den Schwimmunterricht ausfallen lassen, um das Rennen zu üben. Das tat sie so lange, bis sie auch im Schwimmen nur noch

7. Grundschultypische Spannungsfelder

durchschnittlich war. Durchschnittsnoten aber waren akzeptabel, darum machte sich niemand Gedanken darum, außer der Ente.

Der Adler wurde als Problemschüler angesehen und unnachsichtig und streng gemaßregelt, da er, obwohl er in der Kletterklasse alle anderen darin schlug, als erster den Gipfel eines Baumes zu erreichen, darauf bestand, seine eigene Methode anzuwenden. Das Eichhörnchen war Klassenbester im Klettern, aber sein Fluglehrer ließ ihn seine Flugstunden am Boden beginnen, anstatt vom Baumwipfel herunter. Es bekam Muskelkater durch Überanstrengung bei den Startübungen und immer mehr »Dreien« im Klettern und »Fünfen« im Rennen.

Die mit Sinn fürs Praktische begabten Präriehunde gaben ihre Jungen zum Dachs in die Lehre, als die Schulbehörde es ablehnte, Buddeln in den Lehrplan aufzunehmen. Am Ende des Jahres hielt ein Aal, der gut schwimmen, etwas rennen, klettern und fliegen konnte, als Schulbester die Schlussansprache« (Verfasser/in nicht bekannt).

Unterricht muss natürlich gleiche Angebote für alle Kinder bereithalten und auch durch entsprechende Unterrichtsformen (z.B. Frontalunterricht) versuchen, allen Kindern die Möglichkeit zu geben, sie sich in annähernd gleicher Zeit anzueignen. Zugleich wäre es verheerend, allein hierauf zu setzen. In dieser Beziehung ist in den letzten Jahren schon etwas Druck von den Lehrerinnen und Lehrern genommen worden, indem beispielsweise nicht mehr gefordert wird, dass alle Kinder im Verlaufe des 1. Schuljahres bzw. sogar noch bis Weihnachten nach Schulbeginn lesen können sollen.

Bei allem Verständnis für »Gleichschrittigkeit«: Kinder sind sehr verschieden und lernen auch auf sehr unterschiedliche Weise. Die Klassifizierung von Lerntypen, wie sie von Frederic VESTER vorgenommen und zunehmend in der pädagogischen und didaktischen Literatur aufgegriffen wird, kann für das Verständnis dieser Unterschiedlichkeit hilfreich sein. So lernen die so genannten visuellen Typen vor allem durch Sehen und Beobachten, die Gesprächstypen durch sprachliche bzw. dialogische Auseinandersetzung, der auditive Typ durch Zuhören, der verbal-abstrakte Typ durch Lesen, der haptische Typ durch eigenes Tun. Im Unterricht müssen also unterschiedliche Angebote bereitgestellt werden.

Lernlust des Kindes versus Leistungsdruck

In der Regel freuen sich nahezu alle Kinder auf die Schule. Bei einer Rückerinnerung von 140 Studentinnen und Studenten an ihre eigene Schulzeit gaben nur fünf von ihnen an, dass sie sich nicht auf die Schule gefreut hätten. Die meisten Kinder sind heute voller Freude und Erwartung auf die Schule. Sie sind neugierig, wollen etwas lernen.

Die Lernlust von Kindern ist im Grunde das wichtigste »Ferment« für die Entwicklung von Unterricht in den ersten Schuljahren, eines Unterrichts, der auch Lehrkräften Freude macht.
  Diese Lernlust des Kindes kann verloren gehen. Eine der Ursachen liegt häufig im wachsenden Leistungsdruck auf die Kinder. Er kann von anderen Kindern ausgeübt werden, von Lehrkräften und von den Eltern. Leistungsdruck kann aber auch durch die nicht zu bestreitende Auslesefunktion der Grundschule im Hinblick auf weiterführende Schulen ausgeübt werden.

➔ *Vgl. auch Kapitel 6*

In einer Leistungsgesellschaft müssen Kinder lernen, etwas zu leisten, aber Grundschule darf sich nicht an einem verengten Leistungsbegriff orientieren.

Leistungsdruck kann auf sehr verschiedene Weise ausgeübt werden: durch Zensuren und Empfehlungen, aber auch auf subtilere Weise: z.B. über unüberlegte Bemerkungen u.Ä.
  Dass Schule Leistung fordern und bewirken muss, steht außer Zweifel. Ansonsten würde sie ihre gesellschaftliche Berechtigung infrage stellen. Wenn sich allerdings öffentliche Debatten

7. Grundschultypische Spannungsfelder

und Forderungen an einem einengenden Leistungsbegriff orientieren, ist das besonders für die Grundschule eine große Gefahr. Etwas zu leisten hat nicht nur mit Wissen zu tun. Das gehört natürlich zu Leistung auch von Grundschulkindern – ebenso wie das Können von Lesen, Rechnen und Schreiben. Aber dies allein zu sehen, würde eben gerade eine solche Einengung bedeuten: Aller Leistungswille, der oft nicht sofort, sondern erst nach einer geraumen Zeit zu Erfolgen führt, jegliche sozialen Aspekte, die Fähigkeit, mit anderen zu kommunizieren, im Team arbeiten zu können, wären ausgeklammert, die Schule in diesem Verständnis von einem guten Teil ihrer gesellschaftlichen Funktionen abgeschnitten.

Was unter Leistung aus pädagogischer Sicht zu verstehen ist, wird immer wieder mit großer Heftigkeit erörtert. Der häufig ausschließlich an Gesetzen des Wettbewerbs in der Gesellschaft orientierte Leistungsbegriff ist in den letzten Jahren zunehmend in die Kritik geraten. Ilse LICHTENSTEIN-ROTHER gehört dabei zu den konsequentesten Verfechtern einer Leistungsschule, die aber ihr Leistungsverständnis eben nicht aus Wettbewerbsgesetzen bezieht, sondern bei der es um die »von der Sache her bestimmte, selbstständig durchgeführte und eigenverantwortliche Leistung des Schülers« geht (vgl. LICHTENSTEIN-ROTHER 1989, 7), die also »Leistung als sachliche, geistige und körperliche Selbstbeanspruchung in sozialer und sittlicher Verantwortung« (ebenda) begreift.

Insofern muss der Leistungsbegriff der Grundschule ein pädagogischer sein, d.h. er muss sich orientieren (vgl. BARTNITZKY 1994, 175f.)
– am individuellen Lern- und Entwicklungsprozess des Kindes (statt ausschließlich an Lernprodukten),
– an der sozialen Dimension des Lernens (statt an konkurrierendem und rivalisierendem Lernen),
– an den Grundsätzen des Ermutigens und Förderns (statt an Auslese),
– am Auftrag zum grundlegenden Lernen (statt an einer Verkürzung auf die so genannten Kulturtechniken).

Einem solchen Leistungsbegriff würde auch die verbale Einschätzung von Leistungen der Kinder – würden besser noch die Lern- und Entwicklungsberichte – in höherem Maße entsprechen als die Ziffernbenotung. In den meisten Bundesländern werden bereits in den ersten und zweiten Schuljahren verbale Einschätzungen gegeben, ab Klasse 3 nicht mehr. Neuere Untersuchungen (WUERSCHER, VALTIN, SCHMUDE 1999) zeigen allerdings, dass die erhofften Wirkungen auf Kinder und Eltern hinsichtlich der verbalen Einschätzungen nicht immer erreicht werden. Hier halten sich offenbar tradierte Vorstellungen sehr hartnäckig. Weiterer Gesprächs- und Untersuchungsbedarf ist also gegeben.

Es wird Lehrerinnen und Lehrern keineswegs gelingen, das Spannungsverhältnis zwischen Lernlust des Kindes und Leistungsdruck aufzulösen. Aber wenn sie sich zunehmend von einem pädagogischen Leistungsverständnis leiten lassen, können zumindest die Kinder in ihrer Entwicklung beeinträchtigende »Auswüchse« (das heißt unangemessener Leistungsdruck in einer Richtung) gemildert werden.

Geduld versus Ungeduld; Tempo versus Langsamkeit

Mehrfach wurde bereits festgestellt, dass die Grundschule als die reformfreudigste Schule gilt. Als reformbewusst und reformorientiert zu gelten – damit ist auch eine schwere Bürde verbunden: von der Öffentlichkeit wird im Grunde ständig neuer Fortschritt erwartet. Auch die Reformer und Reformerinnen selbst sind ungeduldige Menschen, setzen sich nicht selten selbst unter Druck. Reform aber braucht Zeit, und reformorientierten Menschen müssen auch Irrtümer und Fehler zugestanden werden. Das ist kein Plädoyer für endlose Gemächlichkeit, wohl aber für die notwendige Zeit, die man sich selbst nimmt.

In Sten Nadolnys Buch »Die Entdeckung der Langsamkeit« finden auch Pädagoginnen und Pädagogen Denkanstöße für den Umgang mit dem Problem von Tempo und Langsamkeit.

Nicht grundlos wird gegenwärtig über Zeit und vor allem über Langsamkeit so viel reflektiert. Das reicht von Texten über eine »Didaktik der Langsamkeit« bis hin zu ausführlichen Erörterungen zum Umgang mit Zeit, zur zeitlichen Dehnung von Unterrichtsprozessen u.a.m. in der bereits genannten Denkschrift aus Nordrhein-Westfalen oder im Memorandum der Bundesgrundschulkonferenz 1995 in Berlin.

Will man reformieren, steht man immer im Spannungsfeld zwischen *Utopie* und *Realität*.

Wie schwierig die gesamte Problematik ist, hat BECKER vor einigen Jahren an einem Extrembeispiel verdeutlicht.

Bei einer Chinareise stellte er fest, dass überall – an Schulen, Universitäten, Bildungseinrichtungen – nach der Methode des Vormachens und Nachmachens, des Vorsprechens und der Wie-

7. Grundschultypische Spannungsfelder

derholung unterrichtet wurde. Vorsichtig und höflich fragte er an, ob dies denn heute noch die geeignete Methode sei, um Menschen flexibel und kreativ werden zu lassen.

Mit heiterem Lächeln wurde ihm geantwortet:

»Selbstverständlich wissen wir, dass diese Methode falsch ist. Aber wir unterrichten nach ihr seit 2000 Jahren. Wenn wir sie jetzt den Lehrern wegnähmen oder sie auch nur scharf kritisierten, bräche die ganze Erziehung zusammen. Wenn man nach einer Methode 2000 Jahre lang unterrichtet hat, braucht man 200 Jahre, sie zu ändern.« (BECKER 1992, 85)

BECKER verweist darauf, dass bei jeglicher Veränderung unvermeidbar ein Konflikt um die Zeit entsteht. Er fährt fort:

»Die Dialektik der Zeitvorstellung führt dazu, dass die einen Deutschland für durch Reformen völlig verändert ansehen, während die anderen die Ansicht vertreten, dass die Reformen noch gar nicht stattgefunden haben.
Beide haben recht.
Der Umgang mit der Dialektik der Zeit muss in der Erwachsenenbildung erlernt werden« (ebenda).

Und nicht nur in der Erwachsenenbildung. Dennoch sind immer vernünftige Beschleunigungen möglich.

Zusammenfassung

Die Grundschule ist eine gute, von Kindern und Eltern weitgehend akzeptierte Schule. Aber auch in der Grundschule wirken allgemeine Grundsätze menschlichen Umgangs und Handelns. Das heißt vor allem, dass es höchst selten nur **eine** Möglichkeit des Handelns und Verhaltens gibt. In der Regel sind immer mehrere Möglichkeiten zu bedenken, die gründlich aufeinander bezogen und gegeneinander abgewogen werden müssen. Wir sprechen von grundschultypischen Spannungsfeldern. Die Spannungen müssen ausgehalten werden, zugleich aber sind aus ihnen stets neue oder veränderte oder bestätigende Orientierungen zu gewinnen.

Verwendete Literatur

Bambach, H.: Ermutigungen. Nicht Zensuren. Lengwil am Bodensee 1994

Bartnitzky, H.: Leistung. In: Grundbegriffe zur Erziehung, zum Lernen und Lehren in der Grundschule. Heinsberg 1994

Baumert, J./Lehmann, R. u.a.: TIMSS – Mathematisch-naturwissenschaftlicher Unterricht im internationalen Vergleich. Deskriptive Befunde. Opladen 1997

Becker, H.: Widersprüche aushalten. Aufgaben der Bildung in unserer Zeit. München, Zürich 1992

Bildungskommission NRW: Zukunft der Bildung – Schule der Zukunft. Neuwied; Kriftel; Berlin 1995

Drews, U.: Von der Unterstufe zur Grundschule. Unterrichtsgestaltung in der Grundschule. Deutsches Institut für Fernstudien an der Universität Tübingen. Tübingen 1992

Drews, U.: Widersprüche aushalten. Grundschultypische Spannungsfelder in unserer Zeit. Antrittsvorlesung. Universität Potsdam. Institut für Grundschulpädagogik 1996

Drews, U.: Zum dialektischen Charakter des Unterrichtsprozesses in der allgemein bildenden Schule. Berlin 1983

Faust-Siehl, G. u.a.: Die Zukunft beginnt in der Grundschule. Empfehlungen zur Neugestaltung der Primarstufe. Reinbek bei Hamburg 1996

Flitner, A.: Bildung, Moderne und Schule (Manuskript). Wien, 16. Nov. 1994

Fölling-Albers, M.: Der Individualisierungsanspruch der Kinder – eine neue pädagogische Orientierung »vom Kinde aus«? In: Neue Sammlung, Seelze 33/1993/3

Lichtenstein-Rother, I.: Leistung – pädagogisch gesehen. In: unterrichten/erziehen 1989, Heft 1

Miller, R.: Mit Veränderungen leben lernen. Schule im Wandel – Pädagogische Konsequenzen und Akzentverschiebungen. Stuttgart 1994

Neuhaus, E.: Reform der Grundschule. Bad Heilbrunn/Obb. 1994

Ramseger, J.: Was wird aus der Grundschule? In: Die Grundschulzeitschrift, Seelze 8/1994/71

Ramseger, J.: Widersprüche bearbeiten. Zur kontinuierlichen Reform der bundesdeutschen Grundschule. In: Dialoge. Velber 1/1990/1

Valtin, R.: Mit den Augen der Kinder. Reinbek bei Hamburg 1991

Vester, F.: Denken, Lernen, Verstehen. München 1978

Wagenschein, M.: Kinder auf dem Wege zur Physik. Weinheim und Basel 1990

Wagenschein, M.: Ursprüngliches Verstehen und exaktes Denken. Bd. II. Stuttgart 1970

Wuerscher, J./Valtin, R./Schmude C.: Noten- oder Berichtszeugnisse? Ergebnisse aus dem Forschungsprojekt NOVARA. In: Jahrbuch Grundschulforschung, Bd. 2. Herausgeg. von H. Giest und G. Scheerer-Neumann. Weinheim 1999

Zukunft für Kinder – Grundschule 2000. Bundesgrundschulkonferenz 1995 in Berlin. Bonn; Frankfurt a.M. 1996

Was Sie sonst noch lesen sollten

Bernfeld, S.: Sisyphos oder die Grenzen der Erziehung. Frankfurt/M. 1994[7]
Schleiermacher, F.: Pädagogische Schriften. Bd. 1 und 2. Frankfurt a.M./ Berlin/Wien 1983
Winkel, R.: Antinomische Pädagogik und kommunikative Didaktik. Düsseldorf 1988

Fragen und Aufgaben

☐ Fertigen Sie in der Gruppe eine Mind Map an, mit deren Hilfe Sie grundschultypische Spannungsfelder visualisieren. Erläutern Sie die Mind Map vor der Großgruppe.

☐ Überlegen Sie, welche Spannungsfelder Sie in Ihrer eigenen Grundschulzeit vor allem wahrgenommen haben.

☐ Beschreiben und Begründen Sie den Umgang mit einigen wichtigen Spannungsfeldern in der Grundschule von heute.

8. Aktuelle Reformansätze

Reformen im Grundschulbereich werden häufig sehr kontrovers diskutiert, weil sie die tiefliegenden Vorstellungen, Überzeugungen und auch Ängste der Menschen zur Bildung, Erziehung und Leistung berühren und fast immer an den eigenen (lang zurückliegenden) Schulerfahrungen gemessen werden. Wenn wir beispielsweise an einem Gespräch über aktuelle Reformansätze wie altersgemischtes Lernen oder Integration teilnehmen, gibt es immer wieder Irritationen und Probleme – die Notwendigkeit einer (eigentlich) *permanenten Grundschulreform* angesichts raschen gesellschaftlichen Wandels wird in der Regel nicht als spannende, bereichernde Entwicklungsaufgabe des gemeinsamen Lernens von Menschen gesehen, sondern eher als belastend und verunsichernd erlebt. »Lernt mein Kind bei dieser Reform auch genug?« Oder »Warum sollten unsere Kinder anders lernen als wir?« fragen beispielsweise besorgte Eltern.

> Wie weit können Staatsschulen im Rahmen der von oben verordneten Reformen die traditionelle Didaktik der Belehrung verändern – zu einem ganzheitlichen Lernen durch Erfahrung, in Konfrontation mit Leben, im Sinne der Mathematik?
>
> (H. v. Hentig)

Diese Erscheinungen sind so alt wie die Schule selbst, denn Reformen entwickeln sich dann, wenn das herkömmliche Verständnis von Schule und Unterricht neuen Anforderungen und Erkenntnissen aus Theorie und Praxis nicht mehr standhält. Ein Beispiel aus dem Lernbereich Sprache der Grundschule: Über neue Erkenntnisse aus den Kognitions- und Lerntheorien der letzten zwanzig Jahre entwickelten sich innovative, die Selbstständigkeit betonende Formen der Spracharbeit mit Kindern, die unter dem Begriff des »Spracherfahrungsansatzes« zu vielfältigen Reformen beim Schriftspracherwerb in der Schreibdidaktik (freies Schreiben) führten. Ein bekanntes Reformmodell ist dabei die »Schreibkonferenz« (SPITTA 1992), bei der Kinder in einem wesentlich größeren Entscheidungsraum als bislang gemeinsam und selbstverantwortlich an der Verbesserung ihrer Textentwürfe arbeiten.

So hat von Anfang an bei allen Reformen die Grundschule das Verhältnis von Selbststeuerung und Anpassung, von Belehrung, Instruktion durch die Lehrerin und Selbstständigkeit, Aneignung durch die Kinder eine entscheidende Rolle vor dem Hintergrund der Veränderung gesellschaftlicher Erziehungsziele gespielt (Wertewandel, Mündigkeit).

8. Aktuelle Reformansätze

Im Jahre 1820 (!) schreibt der Lehrer Johann Friedrich WILBERG in seinem Buch »Der Schulmeister Lebrecht« über die Veränderungen an »mancherlei Schulen«:

> «Mein alter Lehrer unterschied vielerlei Schulen. Er sagte: in vielen Schulen wird wenig gelehrt, weil den Lehrern entweder beides, die erforderlichen Kenntnisse und Fertigkeiten zum Lehren, und die nöthige Gewandtheit darin, oder eins von beiden mangelt. In manchen Schulen wird viel gelehrt, aber nicht viel gelernt, weil der Unterricht die Kinder nicht erfaßt. In mehreren neuern Schulen lernen die Kinder Viel und Vielerlei durch gegebene Begriffe dem Namen nach kennen und darüber schwatzen, aber weder den Kindern noch der Welt wird dadurch im geringsten gedient, und die Kinder werden dadurch weder erzogen, noch zum Lernen befähigt. In äußerst wenigen Schulen erwerben sich die Kinder sichere und unvertilgbare, zum Weiterlernen nothwendige Fertigkeiten, und lernen sie das, wovon sich stets ein guter, für echte Bildung und Menschenwohl erfolgreicher Gebrauch machen läßt, und in der Schule dazu schon es anwenden. So weit mein alter Lehrer» (ebenda, 14).

Lassen wir uns einen Augenblick auf den Text ein: Das zentrale Anliegen, eine »echte Bildung« zu ermöglichen, sieht der Autor als abhängig von den Kompetenzen der Lehrer, der Konzeption des Unterrichts, dem äußerlichen Wissen und der Art und Weise des Lernens, nämlich den »zum Weiterlernen nothwendige(n) Fertigkeiten« und der zentralen Erkenntnis »in der Schule dazu schon es anwenden«. Diese Erfahrungen und Strukturierung von 1820 können bei genauerem Blick auf die vielen Reformen in der Grundschule auch heute noch helfen, in einer unübersichtlichen »Grundschullandschaft« eine erste *Orientierung* zu gewinnen:

1. Die *Lerndimension*: Aktuelle Reformansätze enthalten Aussagen und Vorschläge zum Verhältnis von Belehrung (Rezeption) und Eigenerfahrung (eigenaktives Lernen) des Kindes und zur entsprechenden Rolle des Lehrers, z.B. »So viel Belehrung wie nötig, soviel Erfahrung wie möglich!«
2. Die *Zieldimension*: Reformen setzen sich mit der Art der zu erzielenden Schulleistung und ihrer Erarbeitung auseinander, also mit der Funktion von Kenntnissen (Wissen) und dem Sinn von Fertigkeiten, Fähigkeiten, Haltungen, »Schlüsselqualifikationen«, z.B. »Das Lernen lernen!«

3. Die *Unterrichtsdimension*: Reformen beziehen sich auf unterschiedliche Verständnisse von Methoden und Konzeptionen von Unterricht, z.B. »Ohne Binnendifferenzierung werden wir der Vielfalt der Kinder nicht gerecht!«
4. Die *Systemdimension*: Reformen entwickeln veränderte Vorstellung der Schulkultur und veränderte Strukturmodelle und Organisationsformen des Lernens in einer staatlichen Institution, z.B. »Schafft die 45-Minuten-Stunden ab!«

> »Es bleibt dennoch zuweilen das Gefühl, in Zeiten des Aufbruchs so etwas wie kurzatmig gewordener Fahnenträger geworden zu sein. Diejenigen, die am Straßenrand stehen und lästern, stören mich nicht. Eher frage ich mich, wie lange wir es noch ertragen wollen, dass man von der Ehrentribüne höchsten Beifall heischt und ein paar einsame ›Kamelle‹ und ›Strüsschen‹ zu uns hinunterwirft ...«
>
> *Helga Dickmann, Grundschullehrerin*

→ *vgl. Kapitel 3, 4, 5*

> »Die Schule soll natürlich besser werden, der Käfig größer und schöner; aber frei sein und das Futter selbst suchen? Das kann man von seit Jahrhunderten domestizierten Haustieren eben nicht verlangen.«
>
> *Journalist in der ›Zeit‹*

Da die Reformansätze in ihren Erscheinungsformen nicht einer strengen kategorialen Einteilung (s.o.) folgen, sondern aus unterschiedlichen Traditionslinien, gesellschaftlichen Entwicklungen und bildungspolitischen Zwängen und Entscheidungen entstanden sind, müssen wir uns das Gesamtgefüge aktueller Reformansätze im Bild eines Mobile vorstellen: Einzelne, kleinere Elemente stehen miteinander in Verbindung und lassen sich auf konzeptionelle Querverbindungen zurückführen, die in einem beweglichen System miteinander korrespondieren. Am Beispiel: Die Entwicklung des *Integrativen Unterrichts* korrespondiert mit wesentlichen Anliegen und Elementen des *Offenen Unterrichts* wie Individualisierung und Binnendifferenzierung.

Der Grund für die komplizierte Wechselwirksamkeit der verschiedenen Reformansätze ist u.a. die im Bildungsauftrag der Grundschule enthaltene Kindorientierung (vgl. Kapitel 3 und 5). Diese wurde nach den Reformansätzen zu Beginn des Jahrhunderts (vgl. Kapitel 4) als Reform 1970 im Strukturplan des Deutschen Bildungsrates über die Prinzipien des problemlösenden Lernens, der Projektarbeit und des Offenen Unterrichts wieder in das Bewusstsein gehoben und vor allem in den Grundschulen pädagogisch weiterentwickelt. So gilt die Grundschule heute als reformerfahrenste Schulstufe mit einem stark veränderten Schul- und Unterrichtsverständins (vgl. HAARMANN, HORN, 1998, 130ff.). Damit hat die Grundschule auch Vorreiterfunktion für die Sekundarstufe bei den großen, übergreifenden Reformen wie *Integration, Öffnung, Binnendifferenzierung* übernommen.

Die Fülle der Reformen wird heute unterteilt in eine
– von Strukturen, Organisationsmodellen und Rahmenbedingungen abhängige »*Äußere Schulreform*« und in eine
– von pädagogischen Prinzipien, Unterrichtskonzepten und methodischen Innovationen abhängige »*Innere Schulreform*«.

8. Aktuelle Reformansätze

Beide Reformen können allerdings nicht isoliert voneinander verstanden werden. Die Erfahrungen mit aktuellen Reformansätzen in der Grundschule haben in den letzten Jahren gezeigt: Innere und äußere Schulreform stehen in einem dialektischen Spannungsverhältnis. Eine überzeugende Grundschulreform löst den Zusammenhang von innerer und äußerer Reform nicht auf, sondern versteht ihn als sich gegenseitig ergänzende Entwicklung von unten, von innen, von oben, von außen. Die gefährliche Beschränkung auf eine Reform als bloße Methoden- oder Organisationsveränderung erfüllt nicht den Anspruch an die Tiefendimension einer zeitgemäßen Bildung in der Grundschule.

Reform: ›Top down‹ oder ›Bottom up‹?

Zur »*Äußeren Schulreform*« zählen heute:
Integration (als gemeinsames Lernen aller Kinder), jahrgangsübergreifendes Lernen, die sechsjährige Grundschule, die volle Halbtagsgrundschule, die (Teil-)Autonomie von Grundschule mit Schulentwicklung und Schulprogramm, die integrierte Eingangsphase, die kleine Grundschule u.a.

Zur »*Inneren Schulreform*« gehören:
die Öffnung und Individualisierung des Unterrichts (mit Freiarbeit u.Ä.), eine Neuformulierung des Lern- und Leistungsbegriffes, der Umgang mit reformpädagogischen Konzepten (z.B. MONTESSORI, FREINET, PETERSEN), die Veränderung der Lehrerrolle (Beratung, Fördern, Beobachten), die Gestaltung einer anregenden Lernumgebung, interkulturelles Lernen und Fremdsprachen in der Grundschule, eine Reform der Fächer und Lernbereiche (z.B. vom Sachunterricht zur »Weltkunde«), Verbalbeurteilungen statt Ziffernnoten u.a.

Im Mittelpunkt stehen die Lernenden, nicht die Lehrenden

Wesentliche Grundlagen und Erläuterungen der genannten Reformen wurden in den Kapiteln »Grundlegung von Bildung« und »Allgemeine Aufgaben der Grundschule« vorgestellt oder werden in eigenen Kapiteln vertieft, z.B. »Jahrgangsübergreifender Unterricht« (Kapitel 11), »Offener Unterricht« (Kapitel 10) und »Grundschule mit eigenem Programm« (Kapitel 16). Andere Reformansätze werden im folgenden exemplarisch skizziert.

➔ *vgl. Kapitel 4 und 6*

➔ *vgl. Kapitel 10, 11, 16*

Äußere Schulreform

Die *Sechsjährige Grundschule* wird heute als bewusste Reform der frühen Auslesefunktion der Grundschule für die weiterführenden Schulen verstanden. Die Verschiebung des Selektionsmechanismus von vier auf sechs Jahre soll allen Kindern ausreichend Zeit geben, sich zu entwickeln, Vertrauen in das eigene Können zu gewinnen, und damit wirkliche Chancengleichheit und soziale Gerechtigkeit herzustellen (RÖSNER 1994, HEYER/VALTIN 1991). Die Diskussion um diesen umstrittenen Reformansatz (Anspruch der weiterführenden Schulen) wurde 1995 durch die Denkschrift der Bildungskommission NRW »Zukunft der Bildung – Schule der Zukunft« neu entfacht:

> *»Die Grundschule soll stärker als bisher Lern- und Sozialraum sein. Sie soll durch eine flexible und differenzierte Ausgestaltung prinzipiell allen Kindern offen stehen und deren Verbleib in einem gemeinsamen Bildungsgang länger als bisher ermöglichen, damit ein von der Entwicklung der Kinder her gerechtfertigter Übergang in weiterführende Bildungsgänge möglich ist«* (ebenda, 237).

Die Grundschule als gemeinsame Schule für alle 6-10-jährigen Kinder gibt es in Deutschland seit 1920. In fast allen Bundesländern umfasst die Grundschule als Primarstufe des Schulsystems auch heute noch vier Jahrgänge. Nur in Berlin und Brandenburg gibt es die sechsjährige Grundschule, Hamburg erprobt sie vom Schuljahr 1999 in Modellversuchen.

In der europäischen Nachbarschaft hat nur Österreich eine entsprechende vierjährige Eingangsstufe für alle Kinder, dort Volksschule genannt. In allen anderen europäischen Nachbarländern dauert die gemeinsame Eingangsstufe für alle Kinder sechs Jahre und mehr.

> »Der schulische Bildungsweg ist vor allem die Sache der Kinder; sie haben mit den Konsequenzen zu leben. Die Wahl der weiterführenden Schule sollte deshalb erst zu einem Zeitpunkt verlangt werden, zu dem die Kinder selbst an der Entscheidung beteiligt werden können.«
>
> *Peter Heyer, Grundschulpädagoge*

In den deutschen Bundesländern sind die beiden Schuljahre nach der Grundschule, 5. und 6. Schuljahr, als Teil der Sekundarstufe I unterschiedlich organisiert. Neben den schulformunabhängigen Förder- bzw. Orientierungsstufen, z.B. in Hessen und Niedersachsen, haben die meisten Bundesländer eine schulformabhängige zweijährige Erprobungsstufe an den weiterführenden Schulen.

Die *Vorteile* einer sechsjährigen Grundschule werden vor allem in folgenden Bereichen gesehen:

– Verringerung des Notendrucks in der Grundschule, spätere Selektionsentscheidung;
– Weiterentwicklung des Integrationsansatzes;

8. Aktuelle Reformansätze

- Erweiterung des Differenzierungsangebotes und damit kontinuierlichere Lernentwicklung;
- durch längeres Verbleiben im Klassenverband Stärkung der sozialen Fähigkeiten als Grundlage für neue Lernherausforderungen im Jahrgang 5 und 6;
- höhere Prognosesicherheit der Grundschulempfehlung und stärkere Partizipation der Kinder an Schullaufbahnentscheidungen;
- Anpassung an europäische Standards;
- mehr Zeit für die Entwicklung von lebensnotwendigen Schlüsselqualifikationen wie Problemlösungskompetenz, Teamfähigkeit, Kreativität;
- Intensivierung und Ausweitung der inneren Schulreform in der Grundschule für ein eigenes Schulprogramm (Teilautonomie).

Unter der *Autonomie von Grundschule* werden heute unterschiedliche Ansätze und Erkenntnisse aus der Organisationsentwicklung, den Institutionstheorien, der geschichtlichen Entwicklung der Grundschule und der aktuellen Schulentwicklungsbewegung verstanden (u.a. DASCHNER (Hg.) 1995, LIKET 1993, ROLFF 1993, WITTENBRUCH 1995). Die autonome Grundschule im strengen Sinn des Wortes gibt es nicht, denn der Staat hat für das Regelschulsystem die volle Gesamtverantwortung. Aus diesem Grund spricht man heute auch von Teilautonomie oder Gestaltungsautonomie der Grundschule. Man fordert damit für den inneren, pädagogischen und organisatorischen Bereich mehr Entscheidungskompetenzen vor Ort. Konstruktives Handeln, Selbstverantwortung und Partizipation aller an der Grundschule Beteiligten (Lehrerinnen, Eltern, Kinder) können demokratischer umgesetzt werden, wenn die relative Unabhängigkeit von zentralistischen Regelungen, Vorschriften und Steuerungen »von oben« durch die Schuladministration gegeben ist. Die einzelne Grundschule kann so ihr auf die jeweiligen Lebenswelten der Kinder zugeschnittenes Programm entwickeln.

Autonomie kommt aus dem Griechischen, heißt selbstständig, unabhängig und umschreibt das Recht des Gemeinwesens, sich eigene Gesetze zu geben und sich selbst zu verwalten.

→ *vgl. Kapitel 16*

Die strittigen Punkte der Autonomiedebatte um die Grundschule sind vor allem der wirtschaftliche Aspekt (finanzielle Autonomie, die Schule als Firma?), der basisdemokratische (Elternmitbestimmung über die »Schulkonferenz«?) und technische (effektive Verwaltung als Schulmanagement?). Dagegen wird die Autonomie der pädagogischen Gestaltung und Organisation durch die einzelne Grundschule in der Theorie kaum noch bestritten,

»Ich plädiere auch dafür, die Schulen vor zu großem Eifer politischer Bildungsplaner zu schützen, indem sie mehr Autonomie erhalten.«

Roman Herzog

■ *Abschnitt II: Zwischen Tradition und Moderne*

in der Praxis jedoch in den einzelnen Bundesländern als freier Entscheidungsraum sehr unterschiedlich ausgefüllt. Dazu gehören Entscheidungen über die Verwendung von Stundenzuweisungen, Doppelbesetzungen, Teilung von Klassen, Projektwochen, schulinterne Fortbildung (SCHILF), Bildung jahrgangsübergreifender Klassen, Integrationsmaßnahmen, Evaluation, Außenkontakte, Schulprofil, Fächerintegration u.v.m.

Die kleine Grundschule ist als Reformvorhaben vor allem über einen BLK-Modellversuch im Land Brandenburg bekannt geworden. Dabei wird versucht, der Herausforderung zurückgehender Schülerzahlen mit der Gestaltung einer kleinen Grundschule für die Kinder vor Ort gerecht zu werden. Die Erfahrungen bei der Konzeptentwicklung werden bundesweit als Anregung für

→ *vgl. Kapitel 11* die *Qualitätsentwicklung* von Grundschule im Bereich offener Lernformen, differenzierter Lernorganisation und altersgemischten Lernens wahrgenommen.

Als Beispiel für die Vielzahl von innovativen Veränderungen seien hier die Indikatoren für das Qualitätsmerkmal »Didaktisch-methodisch differenzierte Lernorganisation« genannt (vgl. Pädagogisches Landesinstitut Brandenburg 1998, 10):

8. Aktuelle Reformansätze

- Methodenvielfalt (Freie Arbeit, Projekte, Kreisgespräche, Partnerarbeit, Gruppenarbeit, Wochenplan, Werkstattarbeit, Frontal-Einzelarbeit)
- Balance von frontalen und offenen Lernformen (individuelles und gemeinsames Lernen, selbstgesteuertes und gesteuertes Lernen, selbstständiges und angeleitetes Lernen)
- Umgangsformen Lehrerinnen – Kinder, Kinder – Kinder (Regeln, Lob, Ermutigung, Bereitschaft zur Annahme des Kindes, Kameradschaftlichkeit, Hilfe, Helfersystem, gemeinsames Arbeiten gleicher und verschiedener Jahrgänge)
- das Lehrerinnen- und Lehrerhandeln (Akzeptanz der Heterogenität, Beratungsrolle, Raum für Selbstständigkeit und Selbststeuerung, Kinder als Mitgestalter, Lernbeobachtung und -förderung, Zeit für Beziehungsarbeit)

Ansätze Innerer Schulreform

Wenn das zentrale Thema der »Äußeren Schulreform« die Art und Weise der Schulorganisation ist, so wird bei der »Inneren Schulreform« vor allem der Blick auf das Kind und seine Möglichkeiten zum Lernen in der Gemeinschaft gerichtet. So ist das grundlegende Problem, wie Kinder zu ermutigen sind, über Unterricht eigene Fragen an die Welt zu richten und sich entsprechende Kulturen der Aneignung zu erwerben, vor allem auch ein Thema der Reformpädagogik (vgl. Kapitel 4). Die dort gewonnenen Prinzipien und Konzepte finden sich in den meisten aktuellen Reformansätzen wieder, sodass der *Umgang mit traditionellen reformpädagogischen Konzepten* am Beispiel der Anregungen von MONTESSORI, PETERSEN und FREINET hier skizziert werden soll.

Alle wesentlichen reformpädagogischen Schulkonzepte von 1900 bis 1933 versuchten, die Strukturen eines vorwiegend belehrenden, auf Machtökonomie ausgerichteten Schulsystems zu verändern. Neben Fritz KARSEN (Aufbauschule), Paul OESTREICH (Produktions- und Lebensschule), Helen PARKHURST (Daltonplan), Georg KERSCHENSTEINER (Arbeitsschulbewegung) und John DEWEY (Projektmethode) haben vor allem Maria MONTESSORI, Célestin FREINET und Peter PETERSEN Konzepte für ein stärker selbstgesteuertes Lernen, für ein kooperatives Arbeiten und selbstverantwortliches Planen der Lernaktivitäten entwickelt, die bis heute in immer wieder erneuerten Formen und Interpretationen die Grundschularbeit bestimmen.

Kinderaussagen zur Kleinen Grundschule:
- Es ist ein tolles Gefühl, dass man nicht allein ist. Dass man jemanden hat, der einem hilft. So fühlt man sich wohler (Susanne, 3. Jahrgang)
- Ich komme gut zurecht, weil ich es in der Klasse gelernt habe, dass man sich die Zeit gut einteilen kann (Friedrich, 3. Jahrgang)
- Wir helfen uns gegenseitig. Wenn ein Schüler eine Aufgabe weiß, dann erklärt er es dem anderen Schüler auch. Wir sagen uns: »Überlege doch einmal!« oder so (Bärbel, 3. Jahrgang)

→ *vgl. Kapitel 11*

Maria MONTESSORI (1870–1952) hat vor allem für die *Individualisierung*, für die Selbstbestimmung (»hilf mir es selbst zu tun«) für den Offenen Unterricht, für die Freiarbeit und für den Umgang mit begreifbaren Materialien entscheidende Impulse und Konzeptionen entwickelt, die zur Ausbreitung einer internationalen Montessori-Bewegung beigetragen haben (vgl. LUDWIG, 1996, 237ff.). Ihr Ansatz, der hier wie alle anderen Reformvorstellungen, nur angedeutet werden kann, geht von folgender Vorstellung aus; Das lernende Kind bewegt sich in einer gestalteten, »vorbereiteten Umgebung« so, dass es in dieser Landschaft gezielt didaktisch aufbereitete *Materialien* kleinschrittig bearbeiten kann. Es kann durch die entsprechende Konzentration (Polarisation der Aufmerksamkeit) über die Qualität des Materials selbstständig Lernerfolge erreichen (vgl. MONTESSORI 1966, vgl. auch Kapitel 4).

→ *vgl. Kapitel 4*

Zentrale Begriffe der *Montessori-Pädagogik*: sensible Phasen, Polarisierung der Aufmerksamkeit, vorbereitete Umgebung, innerer Bauplan, kosmische Erziehung

Der Umgang mit Material und Konzept ist heute in der Grundschule durch den Wechsel einer z.T. sehr engen Auslegung bis hin zu einer zeitgemäßen, kreativen Weiterentwicklung gekennzeichnet. Gefragt wird z.B., wie weit die Strenge des Konzeptes Freiheitsspielräume für wirkliche Eigenentscheidungen des Kindes enthält (Kreativität? Die Natur entdecken? Reproduktives Lernen durch Material? usw.).

Bei *Peter PETERSEN* (1884–1952) wird der lernpsychologische Akzent MONTESSORIS eher vernachlässigt. Er entwickelt ein umfassendes *Schulkonzept* der »Lebensgemeinschaftsschule« mit der Klasse als »Schulwohnstube«: Gespräch, Feier, Spiel und Arbeit finden als grundlegende Kategorien ihren Ausdruck in zahlreichen Innovationen wie Wochenplanunterricht, Kreisgespräche, freie Arbeit, Gruppenarbeit, Berichtszeugnisse, Elternmitbeteiligung, außerschulische Lernorte und vor allem *jahrgangsübergreifendes Lernen* mit einer Stammgruppenstruktur (vgl. Kapitel 11). PETERSENS zahlreiche Anregungen und nachweisbaren Erfolge der Jenaplan-Schulen (PETERSEN 1927) werden heute als »Steinbruch« für aktuelle Reformen genutzt. So sind seine Vorstellungen einer Gemeinschaftserziehung auch über *differenzierende Gruppenarbeit* höchst aktuell, werden aber historisch-politisch (»Führungslehre«) unterschiedlich eingeschätzt. Der Jenaplan wird heute vielfach im Sinne einer Bildungsperspektive für Europa verstanden und hat z.B. in Holland eine beispielhafte Ausprägung erfahren (vgl. KLUGE 1996, 281ff., WALLRABENSTEIN 1994, 257ff.).

Zentrale Begriffe der *Petersen-Pädagogik*: Bildungsgrundformen: Gespräch, Spiel, Arbeit, Feier; jahrgangsübergreifendes Lernen, Stammgruppe, Wochenarbeitsplan, Schulwohnstube, Kleiner Jenaplan

→ *vgl. Kapitel 11*

8. Aktuelle Reformansätze

Célestin FREINET (1896–1966) hat im Gegensatz zu der Gesamtkonzeption Petersens einen Ansatz aus der *Sicht der Kinder* als pädagogische Konzeption entwickelt. Es geht ihm weniger um Differenzierung und Organisation, sondern mehr um eine »Pädagogik der Befreiung«, um die basalen Prinzipien des Fragens der Kinder, um ihre tastenden Versuche (»experimentelles Tasten«) *forschend-entdeckenden* Lernens als »natürliche Methode«. Das alles findet statt in einer basis-demokratisch organisierten Klasse mit wirklichen Rechten der Kinder mit »Klassenrat« und kollektiv erstellten Arbeitsplänen. Sein »Freier Ausdruck«, seine Arbeitsecken, die »Ateliers«, die Klassendruckerei, die Freien Texte, die Klassenkorrespondenz, die Karteien u.a. gewähren dem Kind ein Höchstmaß an Partizipation, Eigenaktivität und Selbstverantwortung in einer demokratischen Balance zwischen »Ich« und »Wir« (FREINET 1964, BAILLET 1983, SKIERA 1996).

Besonders in der Bundesrepublik hat die Freinet-Bewegung die Grundschullandschaft mitverändert, sodass der *offene Umgang* mit diesen und anderen skizzierten Konzepten in vielen Grundschulen in den letzten zwanzig Jahren zu folgenden Erscheinungen geführt hat:

1. Die traditionelle *Rolle* wird von Lehrkräften durch diese Konzepte und andere Entwicklungen (z.B. Wissenschaftstheorien wie die humanistische Psychologie) grundlegend verändert; überspitzt formuliert: von der zentralen Steuerungs- und Belehrungsinstanz zur Lernmoderations- und Beratungs»instanz«.
2. Den Kindern werden zunehmend größere Frei- und *Entscheidungsräume* bei der Mitgestaltung des Unterrichts ermöglicht.
3. Die Arbeit an sinnstiftenden Zusammenhängen mit *integrierenden Projekten* und handlungsorientiertem Lernen mit Lebensweltbezug setzt sich durch (HÄNSEL 1992).
4. Der entscheidende Wechsel fand im Bereich des *Lernbegriffs* statt: vom nachvollziehenden, rezeptiven Lernen zu aktiven, eigene Sinnstrukturen erzeugenden Lernformen.
5. Das Spannungsverhältnis einer differenzierenden, individualisierenden Unterrichts- und Schulgestaltung mit einer integrierenden, gemeinschaftsbetonenden Gestaltung wird als mühsamer Weg von der *Belehrungsanstalt* zu einem *flexiblen System* mit Werkstattcharakter verstanden.

Zentrale Begriffe der *Freinet-Pädagogik:*
Aus dem Leben – für das Leben – durch die Arbeit, techniques de travail (Arbeitstechniken), Versuchskartei, Arbeitskartei, Schuldruckerei, Klassenrat, Korrespondenz (mit anderen Schulen / Leuten), Wochenarbeitsplan, freier Ausdruck, Wandzeitung

»In der Grundschule Lernen heißt in diesem Sinne: aktive Erzeugung eigener Sinnstrukturen durch das lernende Kind!«

Jörg Ramseger

Dieser allgemeine Paradigmenwechsel hat zu zahlreichen weiteren *neu gewonnenen Ansätzen und Reformideen* geführt. Nehmen wir das Beispiel der *Verbalzeugnisse*: Individuelle Berichtszeugnisse statt vergleichender Ziffernbenotung verstehen sich als logische Konsequenz einer inneren Grundschulreform (BARTNITZKY/CHRISTIANI 1994, JÜRGENS 1997). Andere neu gewonnene Ansätze sind: Die Öffnung des Unterrichts mit neuen Formen der differenzierenden Arbeit mit Werkstattunterricht, Freiarbeit, Stationenlernen, Wochenplanarbeit (vgl. Kapitel 9), die institutionelle Öffnung der Grundschule zur Kommune und als Stätte sozialer Begegnung (HOLTAPPELS 1997), neue Formen der Lernerfolgsrückmeldung als Alltagsevualation (SCHWARZ 1994) u.a. Allerdings muss auch festgestellt werden: Grundlegende Innovationen aus einer anderen Denkperspektive wie z.B. »altersgemischtes Lernen«, »Kooperation statt Konkurrenz«, »Fördern statt Vergleichen«, »Gruppenarbeit statt Frontalunterricht«, eine durchgängige, interkulturelle Erziehung und die Integration von Kindern mit Behinderungen sowie die eigenverantwortliche Mitgestaltung der Schularbeit sind heute für viele Grundschulen z.T. eher eine unzumutbare Herausforderung als eine Chance, Heterogenität als positive Bereicherung menschlichen Zusammenlebens zu nutzen. Ein Überblick über diesen Zusammenhang und die Fülle ungelöster Probleme in Grundschularbeit und Grundschulforschung findet sich beispielsweise im »Jahrbuch Grundschule« (BRÜGELMANN/FÖLLING-ALBERS/RICHTER 1998).

→ *vgl. Kapitel 9*

Erfahrungsberichte verdeutlichen, dass die Grundschule auf die Herausforderungen der Wissens- und Risikogesellschaft dann gut vorbereitet, wenn die Arbeit situativ, anwendungsbezogen, sinnhaft und verständigungsorientiert angelegt wird.

Zusammenfassung

Innere und äußere Grundschulreform gehören zusammen. Die aus den reformpädagogischen Konzepten gewonnenen Anregungen führen zu einem stark veränderten Schul- und Unterrichtsverständnis mit einer deutlichen Wahrung des Anspruchs der Kinder auf individualisierende und differenzierende Lernformen. Ein reflektierter Umgang mit Reformelementen, die bereits seit 1970 gefordert wurden, ist in den letzten 10 Jahren in vielen Grundschulen in eine veränderte Grundschulpraxis mit einer Fülle von neu gewonnenen Ideen und Anregungen verwandelt worden. Gleichzeitig ist das Problembewusstsein für die vielen ungelösten Aufgaben der Grundschule so gewachsen, dass die Grenzen der Reformierbarkeit des Systems erkannt werden.

Verwendete Literatur

Baillet, D.: Freinet – praktisch. Weinheim und Basel 1983
Bastian, J., Gudjons, H., Schnack, J., Spette, M. (Hg.): Theorie des Projektunterrichts. Hamburg 1997
Bartnitzky, H./Christiani, R.: Zeugnisschreiben in der Grundschule. Heinsberg 1994
Bildungskommission NRW: Zukunft der Bildung – Schule der Zukunft. Neuwied; Kriftel; Berlin 1995
Brügelmann, H./Fölling-Albers, M./Richter, S. (Hg.): Jahrbuch Grundschule. Seelze 1998
Daschner, P. u.a. (Hg.): Schulautonomie – Chancen und Grenzen. Weinheim und München 1995
Drews, U.: Unterricht in Deutschland. Schulreports zur Reformpädagogik. Baltmannsweiler 1994
Freinet, C.: Les techniques Freinet de l'Ecole Moderne. Paris 1964. Übersetzt und bearbeitet von Hans Jörg (Hg.): Praxis der Freinet-Pädagogik. Paderborn 1981
Haarmann, D./Horn, H. A.: Innovative Tendenzen in den Lehrplänen der Grundschulen. In: Brügelmann, H. u.a. (Hg.) a. a. O.
Hänsel, D.: Das Projektbuch Grundschule. Neu ausgestattete Sonderausgabe. Weinheim 1995
Heyer, P./Valtin, R. (Hg.): Die sechsjährige Grundschule in Berlin. Frankfurt a.M. 1991
Holtappels, H. G.: Grundschule bis mittags. Weinheim und München 1997
Jürgens, E.: Leistung. In: Jürgens, E. u.a.: Die Grundschule – Zeitströmungen und aktuelle Entwicklungen. Baltmannsweiler 1997
Kinder, Schule, Elternhaus. Eine Untersuchung über das englische Primarschulwesen. Herausgegeben von Belser, H., Roeder, P. M. und Thomas, H. Frankfurt a.M. 1972 (»PLOWDEN-REPORT«)
Kleine Grundschulen machen Schule. Pädagogisches Landesinstitut Brandenburg (Hg.). Werkstatthefte. H. 57. Berlin 1998
Kluge, B.: Peter Petersen und der Jenaplan. In: Seyfarth-Stubenrauch, M./ Skiera, E. (Hg.): Reformpädagogik und Schulreform in Europa, Bd. 2, Baltmannsweiler 1996
Litzel, T. M.: Freiheit und Verantwortung. Das niederländische Modell des Bildungswesens. Gütersloh 1995²
Ludwig, H.: Die Montessori-Schule. In: Seyfarth-Stubenrauch, M./Skiera, E. (Hg.): Reformpädagogik und Schulreform in Europa, Bd. 2, Baltmannsweiler 1996
Montessori, M.: Über die Bildung des Menschen, Freiburg 1966
Neuhaus, E.: Reform der Grundschule. Bad Heilbrunn 1994
Petersen, P.: Der kleine Jenaplan. Langensalza 1927. Weinheim und Basel 1980
Rösner, E. (Hg.): Sechsjährige Grundschule. Qualität und Chancen eines Reformmodells. Essen 1994
Schwarz, H.: Lebens- und Lernort Grundschule. Heinsberg 1994
Skiera, E.: Célestin Freinet und seine Pädagogik der Befreiung. In: Seyfarth-Stubenrauch, M./Skiera, E. (Hg.): Reformpädagogik und Schulreform in Europa, Bd. 2, Baltmannsweiler 1996
Spitta, G.: Schreibkonferenzen in Klasse 3 und 4. Frankfurt a.M. 1992

Wallrabenstein, W.: Offene Schule – Offener Unterricht. Reinbek bei Hamburg 1994

Wilberg, J. F.: Der Schulmeister Lebrecht, Elberfeld 1820

Was Sie sonst noch lesen sollten

Hameyer, U.: Pädagogische Ideenkiste Primarbereich. Kronshagen 1994

Rödler, K.: Vergessene Alternativschulen. Weinheim und München 1987

Fragen und Aufgaben

☐ Versuchen Sie die folgenden »Merksätze« vor dem Hintergrund aktueller Reformansätze zu erläutern: »Lernen ist nicht kopieren, sondern entdecken!« – »Adler steigen keine Treppen!« – »Begabung ist ein Gewächs, das nicht in Monokulturen gedeiht«.

☐ Fertigen Sie eine tabellarische Übersicht zum Vergleich der Konzeptionen von Montessori, Petersen und Freinet an mit den Spalten: Bild des Kindes, Lehrerrolle, Zielsetzung. Unterrichtsorganisation, Material.

☐ Organisieren Sie als Planspiel eine reformpädagogische Plenumsdiskussion: Frau Montessori und die Herren Petersen und Freinet streiten sich. Thema: »Welches ist die beste Lernmethode für das Kind?«

Abschnitt III:
Didaktik und Methodik des Unterrichts

9. Offener Unterricht

Das »Gesicht« offenen Unterrichts

Was bedeutet das Wort «offen» für mich – ein offenes Gesicht, eine offene Tür, eine offene Situation?

Woran erkennt man offenen Unterricht?
Wenn wir Klassen mit geöffneten Unterrichtsformen betreten, in ihnen hospitieren oder arbeiten, fällt uns mit Sicherheit die veränderte Sitzordnung und Raumstruktur auf: keine frontale Ausrichtung in der »Omnibusordnung«, sondern eine von Gruppentischen, Arbeitsecken, Rückzugszonen und vielen Materialien geprägte, vielfältige *Lernlandschaft*. Die Praxis eines anderen Umgangs mit Kindern wird äußerlich sichtbar, es ist »irgendwie anders«. Natürlich kann der erste Eindruck täuschen – wenn wir jedoch einen Tag lang die unterrichtlichen und freien Lern-, Begegnungs- und Verständigungssituationen in ihrer Vielfalt von offenen Phasen, lehrergelenkten Aktivitäten von Morgenkreis, Freiarbeit, Klassenrat bis zum Schlusskreis erleben, geht der Blick unter die Oberfläche: wir spüren, dass sich die Rollen der Lehrenden und der Kinder verändert haben, dass sich ein anderes *Netzwerk* von Lernen, Material, Zeit, Macht und Organisation entwickelt hat, als das, was wir meistens aus eigener Schulerfahrung in Erinnerung haben.

»Meine Oma sagt immer: Na wart mal, bis du in das vierte Schuljahr kommst! Also ich glaub', die wissen das auch nicht richtig, weil früher die Schule, die hat das ja auch ganz anders gemacht als wir jetzt!«

David (4. Klasse) zum offenen Unterricht

Die Vielfalt unterschiedlichster Lernhandlungen in unterschiedlichen sozialen Zusammenhängen (Einzelarbeit, Partner- und Gruppenarbeit, Klassenkreis u.a.) wird uns deutlich, wenn wir die Aktivitäten der Kinder an einem solchen Vormittag beobachten und notieren: Sie lösen einzeln in einer Ecke Denk- und Knobelaufgaben, üben gemeinsam ein Bewegungslied ein, lernen mit der Lehrerin an einer Tafelzeichnung nach einer Beobachtung von Schnecken auf einer Glasplatte den »Kriechfuß« kennen, lesen in der klasseneigenen »Stockzeitung«, entwerfen einen Text und besprechen ihn in der Gruppe in einer »Schreibkonferenz«, säubern den Mäusestall, lassen sich von der Lehrerin beraten, zeigen sich ihre Arbeitsergebnisse für eine selbst angefertigte Schneckenkartei, streiten sich über vereinbarte Regeln, kuscheln in der Leseecke, besprechen einen Pausenstreit im Kreis usw.

9. Offener Unterricht

Beim Ordnen unserer Eindrücke können wir auf analytischer Ebene erkennen:
- das Lernen der Kinder ist von mehr Selbstverantwortung, Selbstkontrolle und Eigenaktivität geprägt;
- die Methoden und Arbeitsformen wechseln häufiger, Themen sind sinnlich erfahrbar;
- die Kinder beziehen sich sehr deutlich aufeinander und nicht nur auf die Lehrenden, Zusammenarbeit wird deutlicher als Konkurrenz;
- es gibt feste Regeln und Rituale und gemeinsame Besinnungs- und Klärungssituationen u.a. m.

Theoretische Fundierung offenen Unterrichts

Damit nehmen wir erste Elemente einer Theorie in den Blick: die *methodische*, *inhaltliche* und *institutionelle* Veränderung des Unterrichts (BENNER 1989) führt dazu, dass die »intentionale« Pädagogik als kleinschrittiges, steuerndes Handeln zurücktritt und die »funktionale« Erziehung in der Vielzahl der *kommunikativen* und *informellen Lernsituationen* Raum gewinnt. Das »Wie« des Lernens wird wichtig, das emotionale Netzwerk der lernzielorientierten *Situationen* schafft eine veränderte soziale Atmosphäre; ein solcher Unterricht macht Prozesse möglich,

»*in denen soziokulturelles Wissen, soziale Interaktion und die Person in einen einheitlichen Zusammenhang gebracht werden. Wissenserwerb und soziale Interaktion sind miteinander verbunden. Themen und Beziehungen werden gleichzeitig kultiviert.*« (LAMBRICH 1995, 151).

Die *Vielfalt unterrichtlicher Lernsituationen* und die sich *entwickelnde Selbstständigkeit der Kinder* verändern das traditionelle Paradigma des schulischen Lernens um die subjektiv-*lebensweltliche* Perspektive. Das heißt bei der *Öffnung* des Unterrichts – wir verstehen offenen Unterricht als langfristigen *Prozess* einer Unterrichts- und Schulveränderung – ganz praktisch:

- Lernen und Leben als ganzheitliche Erfahrung für Schülerinnen und Schüler in der Wechselbeziehung von Schule und Umgebung zu ermöglichen (Einbindung von Unterricht in reale Lebenszusammenhänge);
- Handlungsspielräume für Lehrkräfte und Kinder im Unterricht zu schaffen, die eigenständige Entscheidungen über Arbeitsformen und Arbeitsmöglichkeiten hervorrufen;

»Immer fährt so ein kleiner rothaariger Knabe auf dem Trittroller neben der Straßenbahn her. Plötzlich dreht er und fährt in die andere Richtung und weiß auf einmal genau, was er tun muss, um die Straßenbahn zu überholen, auch wenn er bloß ein kleiner rothaariger Knabe auf dem Trittroller ist.«

Ernst Jandl

»Wer unter Öffnung der Schule nur freie Arbeit, die Aufhebung des Stundenplanes und eine besondere Wertschätzung für die Bedürfnisse von Kindern versteht, vermag im Streit konkurrierender Meinungen niemanden zu überzeugen, dass dies die bessere Art von Unterricht ist.«

Dietrich Benner

- flexible Organisationsformen des Lernens für vielfältige, wechselnde Aktivitäten bereitzustellen und
- den Verlust sinnlich-praktischer Lernumwelten durch Schaffung von Lernsituationen mit Werkstattcharakter wenigstens teilweise aufzuheben.

Kaum ein pädagogisches Thema hat in den letzten 15 Jahren so viel Aufregungen, bildungspolitische Diskurse und kontroversen Gesprächsstoff geliefert wie der offenen Unterricht. Dabei ist die Öffnung des Unterrichts im deutschen Bildungswesen nur eine längst überfällige, nachgeholte pädagogische Reform des Schulsystems – im Vergleich zu anderen europäischen Ländern ein sehr langsamer Abschied vom Mythos der Gleichzeitigkeit und Gleichartigkeit des Lernens. So ist auch die Geschichte des offenen Unterricht untrennbar mit der inneren Grundschulreform seit den 70er-Jahren verbunden (vgl. Kapitel 4). Die Beschreibungen dieser Unterrichtsreform reichen von der Beschwörung eines pädagogischen Mythos (offen ist besser als geschlossen) über die Verteufelung als pädagogisches »Schreckgespenst« bis hin zur Definition einer praktisch gewordenen Erziehungsphilosophie, einer vorübergehenden unterrichtstechnischen Modewelle oder einer pädagogisch-anthropologischen Grundhaltung der Lehrenden (personale Offenheit). In Theorie und Praxis sind inzwischen zahllose *Beschreibungen*, *Definitionen*, *Stufen* und *Dimensionen* von offenem Unterricht unter der Vorstellung »Öffnung für ...« entwickelt und sehr kontrovers diskutiert worden. Auch hier reicht die Bandbreite von bildungstheoretisch begründeten Positionen unter dem Aspekt der Selbstständigkeit über lerntheoretisch und unterrichtsdidaktisch entwickelte Vorstellungen bis hin zu erkenntnistheoretisch abgeleiteten Konzepten, die sich der Sicht des Konstruktivismus (vgl. z.B. DUBS 1995, 890; KÖSEL 1993) nicht verschließen können.

➔ *vgl. Kapitel 4*

»Eine ›Öffnung‹ der Grundschule heißt für mich – unbeirrt von der z.T. überhöhten Erwartungshaltung der Theoretiker einerseits und der Trägheit der Institution Schule andererseits – sich täglich von neuem auf die Wünsche und Sichtweisen der Kinder einzulassen, mit ihnen gemeinsam den Schulalltag zu planen und zu gestalten, sie immer als Person ernst zu nehmen, und doch nicht gleich vor Scham zu vergehen, wenn ab und zu die ganze Klasse unisono von der Tafel einen Text abschreibt ...«

Eva Simon, Grundschullehrerin

Eine anspruchsvolle tiefergehende theoretische Reflexion der Problematik »Öffnung von Unterricht« hat BENNER (vgl. 1989, 46ff.) vorgelegt. Seine »Theoretischen Grundlagen zur Weiterentwicklung der Schulpädagogik« gehen von drei Öffnungsdimensionen aus: der institutionellen, der thematischen und der methodischen Öffnung von Unterricht. Benner hat in kritischer Analyse und konstruktiver Absicht wesentliche Paradigmen von Unterricht und Schule (Einheit von Lehren und Lernen, Handlungssituationen, Professionalität, Lernziele, Differenzierung, Individualisierung u.a.) überprüft. Inzwischen zeichnet sich vor dem

9. Offener Unterricht

Hintergrund einer langjährigen Auseinandersetzung eine weitreichende Übereinstimmung im Bereich der Definitionen ab. Auf der Grundlage verschiedener Vorschläge (RAMSEGER 1987, KASPER 1988, BENNER 1989 u.a.) soll hier offener Unterricht gekennzeichnet werden als:

»*Sammelbegriff für unterschiedliche Reformansätze in vielfältigen Formen inhaltlicher, methodischer und organisatorischer Öffnung mit dem Ziel eines veränderten Umgangs mit dem Kind auf der Grundlage eines veränderten Lernbegriffs*« (vgl. WALLRABENSTEIN 1994, 54).

Die einzelnen Elemente dieser vielschichtigen Definition beinhalten:

1. Sammelbegriff: Es gibt nicht das (festgelegte) Konzept des offenen Unterrichts, sondern dem Begriff »offen« gemäß zahlreicher Elemente und Vorstellungen, die aber über Formen wie »Freie Arbeit«, »Projektorientierung«, »Morgenkreis« u.a. ein deutlich erkennbares Profil des offenen Unterrichts ergeben.
2. Reformansätze: Sie beziehen sich auf bewährte pädagogische Traditionen von DEWEY bis MONTESSORI, von den deutschen Reformpädagogen wie PETERSEN, KERSCHENSTEINER bis zum französischen Reformpädagogen FREINET, von den englischen Ansätzen einer »informal education« bis zum »open classroom« in den USA.
3. Vielfältige Formen: Sie bedeuten in ihrer inhaltlichen *Dimension* eine stärkere Öffnung für Erfahrungen und Inhalte aus der unmittelbaren Lebenswelt der Kinder; in ihrer *methodischen* Dimension eine Öffnung für die Mitgestaltung des Unterrichts durch die Schülerinnen und Schüler und eine stärkere Berücksichtigung von Lernformen wie der Freien Arbeit; in ihrer *organisatorischen* Dimension eine Öffnung für veränderte Unterrichtsabläufe und Organisationsformen wie Wochenplanunterricht und Projektunterricht.
4. Ein veränderter Umgang mit dem Kind: Die Spannung von Erziehen, Anleiten und Freisetzen, Fördern wird verstanden als Arbeit an der eigenen Lehrerrolle und pädagogischen Haltung.
5. Die Grundlagen eines veränderten Lernbegriffs: Die Aufgabe einer stärkeren Individualisierung des Lernens im Rahmen eines gemeinschaftsbezogenen, sozialen Lernens bezieht sich deutlich auf handlungsorientierte Lernvorstellungen (vgl. u.a. PIAGET, LEONTJEW, WYGOTSKI, HOLZKAMP) mit vielfältigen

Öffnung und Veränderung: eine aufregende Reise – keine Kopiervorlage

Offenheit fängt bei uns selber an!

»*Lernen ist wie Atmen*«

Buchtitel von Rolf Robischon zum offenen Unterricht

■ *Abschnitt III: Didaktik und Methodik des Unterrichts*

→ *vgl. Kapitel 8*

Formen entdeckenden, problemlösenden und selbstverantwortlichen Lernens (vgl. Kapitel 8).

In den letzten Jahren entstanden vorwiegend in den Grundschulen unterschiedliche Formen einer strukturierten Offenheit mit positiven Entwicklungen und überzeugenden »Leistungsnachweisen«, aber auch *problematische Praxisformen* (Wochenplantechnologie u.a.).

Offener Unterricht als Möglichkeit einer selbstbestimmten Arbeit an Unterrichtsveränderungen lebt von einer langfristigen Reflexionsbereitschaft und alltäglichen, *kritischen Überprüfung der pädagogischen Haltung* und deren Umsetzung in der Schulpraxis. Lernen voneinander, Kommunikation, Kooperation mit klaren Absprachen und »Verträgen« sind wesentliche Bezugspunkte der Weiterentwicklung des subjektiven Verständnisses von Öffnung. Zu den Kriterien zur Überprüfung des offenen Unterrichts gehören heute Kategorien wie: Methodenvielfalt, Freiräume, Umgangsformen mit Regeln und Ritualen, Selbstständigkeit, Lernberatung, Sprachkultur, Lehrerrolle, Akzeptanz des Unterrichts, Lernumgebung. Eine kritische Auseinandersetzung mit dem offenen Unterricht findet sich u.a. bei JÜRGENS (vgl. ders. 1997, 121ff.), eine Darstellung der Forschungslage bei BRÜGELMANN u.a. (vgl. ders. 1998, 8ff.). Weitere grundlegende Kategorien wie Zeit, Entscheidungen, Strukturierung, Mischung

→ *vgl. Kapitel 10*

von traditionellen und offenen Formen klären wir in Kapitel 10.

Unter den Aspekten »Weiterentwicklung« und »Offenheit« nennen wir drei weit verbreitete Missverständnisse und Problemfelder des offenen Unterrichts:
1. Das Problem von *Offenheit als Haltung*:
   Lehrerinnen und Lehrer haben teilweise erhebliche Mühe, die für Öffnungsprozesse notwendige Balance und Spannung von dialektischen Kategorien wie Nähe *und* Distanz, Wechsel *und* Dauer zu erreichen (RIEMANN 1961), die Unabhängigkeit der Kinder von ihrer Steuerung ertragen zu können. Nach unseren Erkenntnissen ist eine Öffnungsarbeit dann für die Grundlegung von Bildungsprozessen erfolgreich, wenn das Kind die Dialektik von Bedürfniserfüllung *und* Fremdanforderung, von Selbstregulierung *und* Strukturierungsarbeit erfährt (vgl. NEGT 1997, 191ff.).
2. Das Problem der *Neuheit*:
   Wer für Offenheit eintritt, beansprucht nicht, etwas völlig »Neues« zu vertreten. Gerade Grundschulen haben sich seit

9. Offener Unterricht

langem um Offenheit zum Kinde und seiner Welt bemüht. Dennoch ist jeder Mensch auch lebensgeschichtlich Freund seiner Stile, seiner Gewohnheiten. Diese muss jeder auf Modifikationsmöglichkeiten abklopfen, um ein *eigenes* Konzept zwischen Bewährtem und Innovationen zu finden.
3. Zum Verhältnis von systematischem und situativem Lernen. Eine Unterrichtsöffnung stellt nicht die notwendige Pluralität der Lernformen infrage. Wir brauchen zwar innerhalb eines gemischten Lernsystems mehr als bisher eigenaktives, situiertes Lernen, aber auch weiterhin von den Lehrenden angeleitete Lernsituationen, in denen Strukturen, Erkenntnisse, Einführungen, Zusammenhänge systematisiert werden.

1967(!) erschien in England der sog. Plowden-Report mit Beschreibungen der Zielsetzungen von »Open Plan School«: »Kinder müssen sie selbst sein, mit anderen Kindern und mit Erwachsenen zusammenleben, von ihrer Umgebung lernen, die Gegenwart genießen, sich auf die Zukunft einstellen, gestalten und lieben, sich verantwortungsvoll benehmen ...«

Anlässe, Formen und Methoden offenen Unterrichts

Es gibt heute eine kaum zu überschauende Fülle von ermutigenden aber auch kritischen Berichten zur Öffnung des Grundschulunterrichts und zur institutionellen Öffnung der Grundschule, zu den Anlässen, Formen und Methoden (z.B. GARLICHS 1990, DREWS 1992, SCHWARZ 1994, WALLRABENSTEIN 1994). Eine Bilanzierung dieser Erfahrungen zeigt, dass von den heute entscheidenden humanen Bedürfnissen von Kinder vor allem folgende vier bei der Öffnung des Unterrichts erfüllt werden: *Sinnbedürftigkeit, ein Mindestmaß an Einfluss, Erfolgserlebnisse, Handlungen vor Einstellungen.*

Greifen wir zur Veranschaulichung noch einmal auf die unterschiedlichen Lernanlässe im einführenden Beispiel zurück: In dieser Grundschulklasse entstanden aus den Fragen der Kinder zu mitgebrachten Schnecken erste Hypothesen zur Funktion des »Schleims« und des »Kriechfußes«. Die Lehrerin organisiert gemeinsam mit den Kindern, dass alle im Laufe von 14 Tagen in kleinen Forschergruppen selbstständig mit den Schnecken arbeiten und die Ergebnisse dokumentieren. In einer lehrergelenkten Phase werden Dokumente und Berichte verglichen, strukturiert und durch die Produktion eines Schneckenbuches vertieft und gefestigt.

Die Lehrerin sorgt also durch ihr Unterrichtskonzept mit vielen Formen und Methoden für die Klärung, Strukturierung, Vertiefung von vorgängigen, direkten Erfahrungen. Deutlich wird auch: Die Kinder sind von Anfang an Subjekte ihrer eigenen Lernprozesse. Damit wird die Komplexität der Phänomene partiell aufgelöst, Anschaulichkeit und Handlungsorientierung prozessfördernd eingesetzt, die Integration der individuellen Lernerfahrungen jedoch mit unterschiedlichen Methoden (Produktion des Schneckenbuches in der Freiarbeit, Tafelbild, Forschergruppe u.a.) hergestellt. Insgesamt hat der offene Unterricht in der Vergangenheit unter Nutzung vielfältiger Anregungen aus reformpädagogischen Traditionen und Innovationen aus anderen Bereichen eine Vielfalt von Methoden und Formen kindorientierten Lernens entwickelt (vgl. Kapitel 8, 10, 11, 12). Diese sind heute vor allem: Wochenplanarbeit, Freiarbeit, Projektorientierung, Arbeit in Kreisen, Stationenerlernen, fachübergreifendes Lernen, Klassenrat u.v.m. Wir greifen hier vor allem die Freiarbeit heraus.

→ *vgl. Kapitel 8, 10, 11, 12*

Freiarbeit als wichtiges Element offenen Unterrichts

→ *vgl. Kapitel 16*

Freiarbeit oder »freie Arbeit« gilt als gesicherter Bestandteil einer kindorientierten Grundschule, in der ein selbstständiges Lernen und die individuelle Förderung eines jeden Kindes zum pädagogischen Konzept gehören. Erfahrungsvorsprünge mit diesem methodischen Instrumentarium der Selbstständigkeit gibt es in zahlreichen innovativen Grundschulen, in den bekannten Reformschulen, den alternativen und freien Schulen – anzutreffen ist die Freiarbeit mit zunehmender Tendenz jedoch auch in der Sekundarstufe sowie als Forderung und Möglichkeit der Unterrichtsgestaltung auch in zahlreichen Erlassen und Richtlinien. Die unterschiedlichen Vorstellungen und Konzeptionen gehen von der gemeinsamen Überzeugung aus, dass ein Lernender für die individuelle Entfaltung seiner Persönlichkeit gerade in der Grundschule Freiräume braucht.

Freiarbeit als klar definierter Raum für eigene Entscheidungen des Kindes bietet im Spektrum von Innovieren, Differenzierung, Individualisierung und Öffnung des Unterrichts auch als Modell der *Interaktion der Gleichaltrigen* die wohl weitestgehenden Freiheiten für Kinder im vorwiegend von Erwachsenen gestalteten System Schule: In der »Arbeit« erfährt das Individuum sich selbst in einem sozialen Kontext.

In der Freiarbeit als wiederkehrender Phase im Wochenablauf einer Klasse wählt das Kind aus einem Angebot von Lernmöglichkeiten in einer »Lernlandschaft« freie Aktivitäten für sich aus; es folgt seinen Lernbedürfnissen und Arbeitszielen und beginnt im Rahmen seiner Lernbiografie eigene Lernwege in der Orientierung auf ein Arbeitsergebnis zu entwickeln – z.T. mit Beratung, Hilfe und Förderung von Lehrerinnen und Gleich-

9. Offener Unterricht

altrigen (Helfersystem). In einem vereinbarten, inhaltlich differenzierten Arbeitsfeld (Angebot unterschiedlichster Aufgaben

die zukünftige Fussballnation probt

zum Entdecken, Forschen, Üben, Spielen, Wiederholen, Produzieren) entscheidet der Lernende weitgehend selbst, was er tut und wie er es tut. Er bestimmt Inhalte, Materialien, Lerntempo, Sozialformen und Methoden und kann so eine Arbeitshaltung und ein entsprechendes Selbstverständnis zum Lernen entwickeln (z.B. POTTHOFF 1992).

Ein Charakteristikum offenen Unterrichts ist ein anderer Lernbegriff: er wird sichtbar in der Öffnung für eine veränderte Lebensumwelt (z.B. Werkstattcharakter), Lernorganisation (z.B. Wochenpläne), Lernmethoden (z.B. entdeckendes Lernen), Lernatmosphäre (z.B. Ermutigung), Lerntätigkeiten (z.B. Fragen entwickeln), Lernergebnisse (z.B. Wandzeitungen).

Der Begriff Freiarbeit hat eine lange (reform-)pädagogische Tradition und besitzt eine *grundlegende* Erziehungsdimension: zwischen den Polen fremdbestimmter Außensteuerung und der selbstbestimmten Entfaltung des Individuums erfordert Freiarbeit von der Grundschullehrkraft eine Erweiterung ihrer didaktisch-methodischen Kompetenzen, Kooperation, pädagogische Sensibilität im Bereich des Förderns, Beratens, der Ermutigung, des Planens. Die Bereitschaft, selbst (um)zulernen und die Fähigkeit, die Freiarbeit in eine Gesamtkonzeption des Unterrichts mit lehrgangsbezogenen Phasen, Fachunterricht, Projektarbeit, Morgenkreise u.a. zu integrieren, sind entscheidend. Auf diese Weise kann Fehlentwicklungen wie isoliertes Abarbeiten von Arbeitsbogen (»Zettelflut«), Stillbeschäftigung, Reduzierung auf »Pflichtaufgaben« begegnet werden.

➔ vgl. Kapitel 8

Hilfreich für die Freiarbeit sind feste, wiederkehrende Zeiten, anregungsreiche Lernumgebung, Auswertung und Würdigung der Arbeitsergebnisse, Tages- und Wochenpläne, Beteiligung der

Abschnitt III: Didaktik und Methodik des Unterrichts

Schülerinnen und Schüler an der Aufstellung von Arbeitsplänen (DEWEY), Verflechtung mit fachgebundenen Inhalten, Integration in eine pädagogische Konzeption, Anwendung metakognitiver Verfahren (Gespräche über das Lernen), Lernerfolgsrückmeldungen.

Weitere Elemente

Freiarbeit, Wochenplanarbeit und Stationenlernen stehen beim offenen Unterricht in Wechselwirkung.

Wochenpläne sind wichtige Hilfsmittel für die *Organisation*, Planung, Überprüfung und Selbststeuerung der Kinder bei ihrer Arbeit (Verträge über Arbeitsinhalte und Ziele).

Die Funktion der Wochenplanarbeit als Vorstufe für die Freiarbeit oder als zentrales Element wird heute so unterschiedlich eingeschätzt, dass sich in der Praxis sowohl die Vorstellung von einem »Wochenplanunterricht« finden als auch Entscheidungen gegen die Gängelung durch Wochenpläne. Wochenplanunterricht kann also nicht einfach mit differenzierenden Unterrichtskonzeptionen gleichgesetzt werden: Wochenpläne sind keine reformpädagogisch bewährten Allheilmittel gegen die vom Schulkonzept bestimmten Planungsvorstellungen von Unterricht, sie sind lediglich organisatorische und methodische Elemente einer Öffnung des Unterrichts für neuere Lernformen.

Auch in den historischen Vorformen (PETERSEN, FREINET) haben sie nur einen begrenzten didaktischen Stellenwert in einer pädagogischen Konzeption des Unterrichts. Sie sollten also weder isoliert noch überbewertet werden, weil sie spezifische Formen der Organisation von Differenzierung darstellen, um Perspektiven und Transparenz des Lernens zu sichern (CLAUSSEN 1993).

»Man kann sich auch die Aufgaben aussuchen. Man kann sich das dann richtig einteilen, wenn man dann schon eher fertig ist, kann man auch so rumgehen und sich erkundigen. Das macht mehr Spaß, als wenn man das so vorgesetzt kriegt bei irgendwelchen Lehrern. Sich einfach mal zu überlegen, Mensch jetzt hat man Zeit, jetzt könnte man doch etwas dazunehmen ...«

Mathias, 4. Klasse, zum Wochenplan

In der Praxis enthält ein Wochenplan Pflichtaufgaben (verbindlich für alle Lernenden), Hinweise auf frei wählbare Lernaktivitäten, Anregungen, neue Angebote, Materialien und Ideen für Tätigwerden bei Klassenvorhaben und Projekten (individuell oder für alle Kinder auf Bögen oder Plakaten). Die Fähigkeiten, mit der Einteilung und Gestaltung der eigenen Arbeit umzugehen, werden durch Wochenpläne wesentlich erweitert, natürlich wächst auch die Abhängigkeit von den Plänen (Kontrollfunktion). So ist jeweils unter dem Aspekt der Eigenbeteiligung des lernenden Kindes kritisch zu überprüfen,

9. Offener Unterricht

- wie weit Wochenpläne freisetzen, wie also das Verhältnis von Pflichtaufgaben und Freiaufgaben organisiert wird – bis zur Entscheidung, Wochenplanarbeit und Freiarbeit zu trennen,
- wie die Aufgaben in den Wochenplan hineinkommen, wie also die Planungsanteile von Lehrenden und Lernenden sich zueinander verhalten (Mitbeteiligung).

Stationenlernen kann heute als eine Variation der Freiarbeit gekennzeichnet werden: Vorbereitete Aufgaben und Materialien werden an einzelnen Stationen (manchmal auch als Lernzirkel) im Klassenraum so deponiert, dass die Lernenden ein Thema in den unterschiedlichen Teilelementen bearbeiten können. Reihenfolge und Verweildauer werden von den Kindern selbst geregelt, manchmal mithilfe von Laufkarten oder der Hilfe und Beratung durch die Lehrerin (vgl. HEGELE 1997).

Das Lernen an Stationen hebt das lehrergeleitete, schrittweise Unterrichten der Themen vorübergehend auf (vgl. FAUST-SIEHL 1989, 22). Während üblicherweise die einzelnen Teilthemen eines Unterrichtsthemas nach und nach in mehreren Einzelstunden oder in Teilen davon unterrichtet werden, stehen sie hier zur gleichen Zeit dem Zugriff der Schülerinnen und Schüler offen.

Statt in Unterrichtsgesprächen und in davon abgeleiteten Arbeitsphasen werden Lernschritte mithilfe von Lernmaterialien erarbeitet.

An die Stelle von zeitlichen Vorgaben tritt ein vom Kind bestimmtes Arbeiten über mehrere Unterrichtsstunden hinweg.

»Wo kämen wir hin wenn alle sagten wo kämen wir hin und niemand ginge um einmal zu schauen wohin man käme wenn man ginge«

Kurt Marti, Bern

Das Lernen an Stationen weist nach FAUST-SIEHL vier typische Unterrichtsphasen auf:
- Ein Anfangsgespräch. Es eröffnet sozusagen den Horizont des Lernens,
- einen Rundgang entlang der Stationen (er bietet Gelegenheit zu kurzen Erläuterungen),
- die eigentliche Arbeit an den Stationen,
- ein Schlussgespräch (endgültiger oder vorübergehender Abschluss).

An die Stationenarbeit werden im Wesentlichen zwei grundlegende Forderungen gestellt:
- Sache und didaktische Intention erfordern nicht die gleichzeitige Aufmerksamkeit aller und nicht vornehmlich die Verständigung in einem gemeinsamen Gespräch.
- Das didaktische Arrangement muss mehrere oder eine Vielzahl von »Wegen« durch das Gesamtthema ermöglichen.

Andernfalls ist das Stationenlernen unterrichtsorganisatorisch unangebracht (ebenda).

Das Lernen an Stationen ermöglicht, der Vielzahl von Lerntypen der Schüler weitaus besser zu entsprechen, als das bei frontal ausgerichteten Unterrichtsformen der Fall ist.

Zwischen 7–12 Lernstationen sind durchaus möglich. Eines der Hauptprobleme ist die damit verbundene große inhaltliche und didaktische Arbeit für die Lehrkraft (Durchdringen, Aufbereiten, Material bereitstellen, Material zum Teil selbst anfertigen).

Zusammenfassung

10 Qualitätskriterien offenen Unterrichts:
Methodenvielfalt, Freiräume, Umgangsformen, Selbstständigkeit, Lernberatung, Öffnung zur Umwelt, Sprachkultur, Lehrerrolle, Akzeptanz des Unterrichts, Lernumgebung

(vgl. Jürgens 124, Wallrabenstein 170).

Offener Unterricht ist ein Sammelbegriff für unterschiedliche, kindorientierte Ansätze differenzierenden und individualisierenden Lernens in der Grundschule. Er hat sich über eine langjährige Bewegung in reformpädagogischer Tradition (MONTESSORI, PETERSEN, FREINET) einen festen Platz in der inneren Schulreform erobert und versteht sich theoretisch als Öffnung des Unterrichts in der methodischen, inhaltlichen und institutionellen Dimension. Wesentliche Merkmale sind in der Zielperspektive ein veränderter Lernbegriff und eine veränderte Rolle der Lehrenden. Erkennbare Elemente sind die Freiarbeit, der Wochenplan, die Gesprächskreise u.v.m.

Verwendete Literatur

Benner, D.: Auf dem Weg zur Öffnung von Unterricht und Schule. Theoretische Grundlagen zur Weiterentwicklung der Schulpädagogik. In: Die Grundschulzeitschrift. Seelze 3/1989/27

Brügelmann, H.: Öffnung des Unterrichts. Befunde und Probleme empirischer Forschung. In: H. Brügelmann u.a. Jahrbuch Grundschule, Seelze 1998

Claussen, C.: Unterrichten mit Wochenplänen. Weinheim und Basel 1993

Drews, U.: Unterricht in Deutschland. Schulreports zur Reformpädagogik. Baltmannsweiler 1994

Dubs, R.: Konstruktivismus. Einige Überlegungen aus der Sicht der Unterrichtsgestaltung. Zeitschrift für Pädagogik. Weinheim und Basel 41/1995/6

Faust-Siehl, G.: Lernen an Stationen: Kinder und die Einheiten der Zeit. In: Grundschule. Braunschweig 21/1989/3

Gesing, H. (Hg.): Pädagogik und Didaktik der Grundschule. Neuwied 1997

Hegele, I. (Hg.): Lernziel: Stationenarbeit. Eine neue Form des offenen Unterrichts. Weinheim und Basel 1997

9. Offener Unterricht

Heid, H.: Was ist offen im offenen Unterricht. In: Zeitschrift für Pädagogik, Beiheft 34, Weinheim und Basel 1996
Holzkamp, K.: Lernen. Subjektwissenschaftliche Grundlegung. Frankfurt, New York 1993
Jürgens, E. u.a.: Die Grundschule – Zeitströmungen und aktuelle Entwicklungen, Baltmannsweiler 1997
Kasper, H. u.a.: Lasst die Kinder lernen. Offene Lernsituationen. Braunschweig 1989
Kösel, E.: Modellierung von Lernwelten. Elztal-Dallau 1993
Lambrich, H.-J.: Kinder und offener Unterricht: Interaktion, Lernen und Selbstbild. In: Eberwein, H./Mand, J. (Hg.) Forschen für die Schulpraxis. Weinheim 1995
Negt, O.: Kindheit und Schule in einer Welt der Umbrüche. Göttingen 1997
Potthoff, W.: Grundlage und Praxis der Freiarbeit. Freiburg 1992
Ramseger, J.: Offener Unterricht in der Erprobung. Weinheim 1985
Riemann, F.: Grundformen der Angst. München, Basel 1997
Schwarz, H.: Prinzipien und Formen einer offenen Grundschule. Friedrich Forum 2. Velber 1987
Wallrabenstein, W.: Offene Schule – Offener Unterricht, Reinbek bei Hamburg 1994
Wygotski, L. S.: Denken und Sprechen. Frankfurt a.M. 1971

Was Sie sonst noch lesen sollten

Garlichs, A.: Alltag im offenen Unterricht. Frankfurt a.M. 1990
Gribble, D.: Auf der Seite der Kinder. Welche Reform braucht die Schule? Mit einer Einleitung von Hartmut von Hentig. Weinheim und Basel 1991

Fragen und Aufgaben

Sammeln Sie Urteile, Erfahrungen und Vorurteile zum offenen Unterricht nach dem Motto: Pro und Contra. Stellen Sie diese in einer Übersicht zusammen und formulieren Sie abschließend eine kurze, eigene Meinung.
Skizzieren Sie den Grundriss eines Klassenraums mit offenem Unterricht nach den im Text gegebenen Informationen und/oder eigenen Erfahrungen. Fertigen Sie eine zweite Skizze eines traditionellen Klassenraums an und entwickeln Sie zu dieser Gegenüberstellung einen Bericht zu den Kommunikationsmöglichkeiten aus der Sicht der Lernenden.
Versuchen Sie eine Argumentation auf (ängstliche) Elternfragen aufzubauen: »Lernen die Kinder bei offenem Unterricht genug?«
Ist offener Unterricht für Berufsanfänger geeignet?
Besprechen Sie Ihren Standpunkt mit Anderen.

10. Zusammenwirken von offenem und »traditionellem« Unterricht

Traditioneller Unterricht – Wert und Grenzen

In unserer Kapitelüberschrift haben wir bewusst das Wort »traditionell« gewählt und es ebenso bewusst zunächst in Anführungszeichen gesetzt. Von den Anführungszeichen verabschieden wir uns wegen der besseren Lesbarkeit im Fortgang des Kapitels. »Traditionell« kann – analog zu unserer Bestimmung offenen Unterrichts – als eine Art Sammelbegriff gelten und zwar für Unterricht, der eine lange Geschichte hat, sich in der deutschen Schule als Normalität etabliert hat, ständig kritisiert wird, sich aber ebenso ungebrochen behauptet.

Anstelle von »traditionellem« Unterricht finden häufig auch andere Bezeichnungen Verwendung: geschlossener Unterricht, informeller Unterricht, direkter Unterricht; am häufigsten wird von Frontalunterricht gesprochen. Gemeinsam ist all diesen Bezeichnungen ein Verständnis von Unterricht, demzufolge

Nach allgemeinen Schätzungen dominiert das stärker traditionelle Unterrichten gegenwärtig zu ca. 80 % das Unterrichtsgeschehen.

- dieser von einer Person, »von vorne« bestimmt wird,
- sich der Lehrperson gegenüber ein Plenum von Lernenden befindet,
- dieses Plenum qualitativ und quantitativ sehr unterschiedlich in Aktivitäten, die in der Regel von der Lehrperson ausgehen, einbezogen werden kann,
- der »rote Faden« einer unterrichtlichen Einheit (stofflich und methodisch) weitestgehend von der Lehrperson bestimmt wird,
- also ein eindeutiges Kompetenzgefälle zwischen den am Prozess Beteiligten herrscht.

Was spricht für diesen Unterricht?

Hilbert und Meinert A. MEYER haben kürzlich ein (freundlich-kritisches) Lob dieses Unterrichts verfasst, wobei sie sich terminologisch für Frontalunterricht entschieden haben (vgl. MEYER/MEYER 1997, 34f.):

10. Offener und »traditioneller« Unterricht

- Er war und ist die billigste aller Unterrichtsformen.
- Er befriedigt das Sicherheitsbedürfnis von Lehrerinnen und Lehrern; sie haben ihre Klasse »im Griff«.
- Er macht den Lehrern Spaß; sie können sich als Person voll entfalten.
- Er ist lernbeschleunigend; nur hierbei ist der Stoff überhaupt zu schaffen.
- Er sichert die Unterrichtsdisziplin (vgl. ebenda).

Traditioneller (oder frontaler) Unterricht steht also für Ökonomie, Sicherheit und Zufriedenheit (der Lehrkräfte), die Bewältigung der Stofffülle, die Disziplinierung der Schülerinnen und Schüler (ebenda, 35).

Hinzu kommt, dass für den traditionellen Unterricht in seiner langen Geschichte immer wieder Artikulations- bzw. Gliederungsschemata entwickelt wurden, die das Unterrichtsgeschehen ordneten, den Beteiligten Halt gaben und für Außenstehende die Durchschaubarkeit des Unterrichtsgeschehens gewährleisteten. Den Unterricht zu gliedern, schließt auch die Möglichkeit eines durchdachten Umgangs mit der zur Verfügung stehenden Zeit ein. Die Zeit gehört ja nicht nur zu den Freunden von Lehrkräften. Studierende, die Praktika absolvieren, aber auch junge Lehrerinnen und Lehrer leiden häufig unter Zeitangst: Haben sie sich zu viel vorgenommen? Oder: Wird ihnen der »Stoff« im Verlauf der Unterrichtseinheit ausgehen? Beides wird als gleich traumatisch empfunden. Die Möglichkeit der Orientierung an Abschnitten wird deshalb dankbar aufgegriffen.

Bis heute verlaufen zahlreiche unterrichtliche Einheiten etwa nach dem Schema: Einführung und Zielstellung – Vermittlung neuen Lehrstoffes – Festigung und Übung – Kontrolle.

An den traditionellen Unterricht haben sich Generationen von Lehrkräften gewöhnt, an den Universitäten scheint er bis heute nahezu durchgängig gelehrt zu werden, die Ausbilder/innen in der 2. Phase setzen das fort. Auch ganze Schülergenerationen sind mit dieser Normalität vertraut. Es lässt sich sogar beobachten, dass Kinder, die noch gar nicht eingeschult sind, mit ihren Puppen nach dem Muster ganz traditionellen Unterrichts »Schule spielen«.

Dass traditioneller Unterricht dennoch ständig heftig kritisiert wird, hatten wir eingangs festgestellt. Auf ein Paradoxon sei an dieser Stelle allerdings schon hingewiesen: Ebenso heftig werden Ansätze kritisiert, die mit dem offenen Unterricht im Zusammenhang stehen. Kritiker aber beziehen ihre Argumente häufig aus der Güte des traditionellen Unterrichts, also daraus, was ebenfalls vehement kritisiert wird (!).

Traditionelles Unterrichten unterliegt allerdings unseres Erachtens in der Grundschule gegenüber anderen Schulformen einer Reihe von *Besonderheiten*.

In der Literatur zum Unterricht in der Grundschule fehlen leider weitgehend relativ systematische Abhandlungen zu allgemeindidaktischen Fragen des Unterrichts unter Berücksichtigung grundschulspezifischer Besonderheiten. Das hängt sicher mit Traditionen der theoretischen Reflexion und Projektion von Grundschulunterricht zusammen, die sich von vornherein stärker auf Lernbereiche und Fächer erstreckte. Bei Darstellungen zum offenen Unterricht ist das allerdings weniger der Fall. Hier werden allgemeine Aussagen ebenso getroffen wie auf Fächer und Lernbereiche bezogene.

Eine *erste* Besonderheit ist darin zu sehen, dass Grundschulkinder aus rein physiologischen Gründen in der Regel nicht so lange stillsitzen und zuhören können wie ältere Schulkinder. Deshalb sind den umfangreichen vortragsähnlichen Darlegungen von Lehrkräften oder langandauernden Unterrichtsgesprächen, wie sie für den traditionellen Unterricht weitgehend charakteristisch sind, von vornherein Grenzen gesetzt.

> Damit sollte auch den weitverbreiteten Haltungsschäden entgegengewirkt werden, die seit Jahrzehnten an Schulkindern immer wieder registriert wurden und nicht allein auf das Tragen schwerer Schulmappen, sondern auch auf die eingeschränkten Bewegungsmöglichkeiten im Unterricht zurückzuführen waren (und zum Teil heute noch sind).

In manchen älteren Schriften wurde deshalb immer wieder die Auffassung vertreten, der Unterricht müsse besonders in den Anfangsklassen nach jeweils 15 bis 20 Minuten durch entspannende Momente unterbrochen werden wie Aufstehen, Ausschütteln von Armen und Beinen, Fingerübungen der Kinder u.Ä. Dies erfolgte zwar auch unter der Ägide der Lehrkraft – einheitlich und weniger den individuellen Bedürfnissen und Belastungsempfindungen von Kindern angepasst – ging aber über das übliche Verständnis von traditionellem Unterricht bereits hinaus[1] und erfährt im heutigen Grundschulunterricht weitergehende Modifizierungen.

Eine *zweite* Besonderheit ist im raschen Erlahmen der Aufmerksamkeit von Grundschulkindern im Vergleich zu älteren Schulkindern zu sehen. Diese Besonderheit hängt mit der erstgenannten eng zusammen. Insofern war und ist auch bei traditionellem Unterrichten stets für eine abwechslungsreiche Unterrichtsgestaltung Sorge zu tragen.

10. Offener und »traditioneller« Unterricht

Zum *Dritten* müssen Grundschulkinder erst allmählich in ihre Rolle als Schülerinnen und Schüler hineinwachsen. Damit sind Anforderungen verbunden wie: sich zu melden, wenn man etwas sagen will; zu warten bis man aufgefordert wird; die anderen Kinder ausreden zu lassen u.a.m. (vgl. FÖLLING-ALBERS 1993, 467). Das müssen Grundschulkinder erst erlernen. Sie reagieren häufig sehr spontan, machen ihre Bedürfnisse oft unvermittelt geltend und sprengen damit individuell den Rahmen klassischen traditionellen Unterrichts. Historisch wurde diese Unmittelbarkeit und Direktheit durch strenge Reglementierungen und Strafandrohungen unterbunden. Heute wird dieser Tatsache vielfach durch sinnvolle Unterbrechungen im Unterrichtsgang Rechnung getragen, in denen sich die Lehrkräfte Zeit für das einzelne Kind und seine ganz besonderen Interessen und Bedürfnisse nehmen.

Eine *vierte* Besonderheit ist darin zu sehen, dass Grundschulkinder einen hohen Bedarf an Veranschaulichung dargestellter Sachverhalte haben. Natürlich gehört zu einem guten traditionellen Unterricht seit Jahrhunderten und auf jeder Schulstufe ein wohldurchdachtes Maß an Veranschaulichung. In der Grundschule ist dieses Maß jedoch höher anzusetzen und erfordert im Grunde auch mehr als die Realisierung des klassischen didaktischen Prinzips der Anschauung bzw. Veranschaulichung im Unterricht. Vielmehr geht es um ein Lernen mit allen Sinnen, ein Lernen, das mit Sehen, Hören, Anfassen, Anfühlen, Ertasten, praktischem Ausprobieren verbunden ist. Raum und Zeit gerade dafür muss in der Grundschule seit eh und je gefunden werden.

> Neben vielen anderen Pädagogen (Comenius, Ratke, Pestalozzi, Diesterweg u. a.) forderte zum Beispiel bereits der bekannte »Rechenmeister« Adam Ries aus Annaberg (1492–1559), alle Vorschriften durch Beispiele und Anwendungen zu erläutern und zu veranschaulichen.

➔ *vgl. Kapitel 2, S. 25f.*

Schließlich soll noch auf eine *fünfte* Besonderheit verwiesen werden: Grundschule gilt als ein exzellenter Bereich sozialer Erziehung. Das schließt ein, dass hier nicht nur die direkte Linie Lehrer – Kinder zur Wirkung gelangen darf, sondern ebenso die Linie Kinder – Kinder, auch wenn die übliche Sitzordnung dem entgegensteht. Selbst wenn diese zweite Linie von Lehrkräften ignoriert werden sollte, setzen Kinder sie im positiven wie im negativen Sinne allein durch, helfen beispielsweise ihrer Nachbarin/ihrem Nachbarn oder errichten die allseits bekannten Grenzen zu ihr oder zu ihm mit Federtasche, Büchern oder Heften, um ihr eigenes Terrain deutlich zu markieren und Ansprüche abzuwehren.

Zieht man alle genannten Besonderheiten ins Kalkül, so wird deutlich, dass traditioneller Unterricht in der Grundschule vielfachen Modifikationen ausgesetzt war und ist.

Prüfen wir unter der Sicht auf die Grundschule und das Grundschulkind noch einmal die eingangs von Hilbert MEYER und Meinert A. MEYER vorgestellten Argumente und versuchen, auch sie zu modifizieren.

Wir verweisen nochmals darauf, dass die Grundschule als erste Schule der Kinder wohl zweifellos auch die wichtigste ist.

Das *Ökonomieargument* könnte, wenn man von den Aufgaben der Grundschule ausgeht, wie wir sie in Kapitel 6 gekennzeichnet haben, kaum gelten. MEYER und MEYER verweisen im Übrigen für die Schule im Allgemeinen schon darauf: »Wir meinen aber, uns heute mehr als nur den ›billigsten‹ Unterricht leisten zu können« (MEYER/MEYER 1997, 34). Wie viel mehr gilt das für die Grundschule als der *ersten* Schule der Kinder (vgl. SCHORCH 1998, 80ff.). Allerdings lässt sich nicht übersehen, dass sich allgemeine Sparzwänge besonders auf die Grundschule auszuwirken scheinen.

Wie vielfach in der Literatur belegt ist, entwickeln Schülerinnen und Schüler zahlreiche Strategien, um Aufmerksamkeit und Interesse vorzutäuschen.

Das *Sicherheitsargument* könnte ebenfalls nur eingeschränkt gelten, weil Lehrkräfte der Grundschule die Kinder niemals über längere Zeiträume – wie wir festgestellt haben – »im Griff« behalten könnten, ohne sinnvolle Unterbrechungen vorzunehmen. Allerdings verweisen Lehrkräfte auch der Grundschule gerade darauf, dass traditioneller Unterricht es ihnen ermögliche, alle Kinder zu erreichen. Erfolgen solche Aussagen wider besseres Wissen? De facto erleben Lehrerinnen und Lehrer täglich, dass dem nicht so ist oder dass dies zumindest nur zeitweise möglich ist.

Das *Spaß- und Zufriedenheitsargument* könnte schon eher relativ unverändert für die Grundschule gelten – bis dahin, dass sich gerade hier Lehrkräfte wirkungsvoll inszenieren müssen, um Kinder in ihren Bann zu ziehen, deren Fantasie anzuregen u.a.m. Dennoch bleibt das Problem bestehen, ob die Kinder immer auch ähnliche Zufriedenheit beim Zuhören empfinden wie die Lehrkräfte beim Agieren (vgl. MEYER/MEYER 1997, 35).

Das *Lernbeschleunigungsargument* ist für die Grundschule ein sehr gefährliches, obwohl es auch hier häufig Verwendung findet. Studentinnen und Studenten fragen nicht selten nach Unterrichtsbesuchen und Gesprächen an der Schule, ob der Lehrplan oder die Rahmenrichtlinien Lehrerinnen und Lehrern denn in der Tat so große Zwänge auferlegten, dass sie ständig unter Zeitdruck stünden, um »ihren« Stoff zu schaffen. Ohne das Problem zu vereinfachen, sei auf Überlegungen von Andreas FLITNER ver-

10. Offener und »traditioneller« Unterricht

wiesen. Er gibt generell zu bedenken, dass es sich hierbei unter Umständen um eine Art Schutzbehauptung handeln könnte (FLITNER 1995). Zumindest lohnt es sich, darüber nachzudenken (vgl. auch THEMENHEFT PÄDAGOGIK 1996: Lehrpläne...). Natürlich unterliegen auch Grundschullehrerinnen und -lehrer Zwängen vielfältiger Art (vgl. Kapitel 7). Fehlt jedoch die eigene Reflexion über diesen Druck, könnte das für Grundschulkinder bedrohliche Folgen haben: Wie soll Grundlegung von Bildung in Gang gesetzt werden, wenn es an eigener Ruhe und Souveränität der Lehrkraft fehlt, den Kindern so viel an individuellem Raum zuzugestehen, dass sich Grundlegendes verwurzeln kann und Chancen für weiteres Wachstum im Leben des Kindes bestehen?

➔ *vgl. Kapitel 7*

Das fünfte Argument, das der Sicherung von *Unterrichtsdisziplin*, trifft zu, aber auch wiederum nur begrenzt. Durchgängig lassen sich Grundschulkinder heute kaum noch einzig durch Mittel und Methoden des traditionellen Unterrichts disziplinieren. Individuelles Eingehen, abwechslungsreicher Unterricht, Einräumen von eigenen Entscheidungsmöglichkeiten sind in der Grundschule von heute unabdingbar geworden.

Insgesamt sehen wir, dass in der Grundschule viele Ansatzpunkte offenbar bereits gegeben sind, auf den offenen Unterricht weiter »zuzugehen«. Davon soll in unserem nächsten Abschnitt dann die Rede sein. Zunächst aber noch einige weitere Feststellungen, die sich auf den traditionellen Unterricht beziehen.

Was ist mit dem traditionellen Unterricht an Überlegungen zu seiner Organisation und Methodik verbunden? Wir fassen zusammen und verweisen im Übrigen auf die vorliegende Literatur (KLINGBERG U.A. 1965, MEYER 1987, GLÖCKEL 1990, ADL-AMINI/ SCHULZE/TERHART 1993, GESING 1997 u.a.).

Zum traditionellen Unterricht gehört eine *Sitzordnung*, die die Kinder in geordneten Reihen nach vorn – auf die Lehrkraft und die Schultafel – ausrichtet. Mittlerweile gibt es allerdings Ergänzungen und Modifizierungen (Hufeisenform der Anordnung zum Beispiel). Der Unterrichtsablauf selbst unterliegt bestimmten *Artikulations-* oder *Strukturierungsmustern*, die sich teils historisch herausgebildet haben (z.B. die Formalstufen der Herbartianer, vgl. Kapitel 4) oder in neuerer Zeit entwickelt wurden (z.B. durch Heinrich ROTH). Anzumerken ist, dass solche Stufen ursprünglich für die Ordnung der Lernprozesse der Kinder vorgeschlagen wurden. Manche Probleme entstanden bei ihrer oft wenig reflektierten Anwendung auf das gesamte Unterrichtsgeschehen.

→ *vgl. Kapitel 4*

Traditioneller Unterricht ist eng mit unterschiedlichen *Vortragsformen*, die von den Lehrenden realisiert werden, verbunden. Dabei werden besonders herausgestellt der *sachlich-informierende Lehrervortrag* und die *Erzählung*. Diese klassischen Formen finden Ergänzung oder Ablösung im Einsatz von neuen Medien (Videos, CDs). Einen noch höheren Rang nimmt derzeit nach Untersuchungen das *Unterrichtsgespräch* ein, das in vielen Varianten und mit sehr unterschiedlichen Zielstellungen realisiert werden kann. Auch die *selbstständige Schülerarbeit* hat ihren Platz im traditionellen Unterricht, wobei die *Arbeit am Computer*, dort, wo der Einsatz möglich ist, eingeschlossen werden kann.

Im traditionellen Unterricht erhalten die Kinder seit eh und je *Hausaufgaben*.

Hinzu trat zu unterschiedlichen Zeiten jeweils häufig ein System der Bewertung von Verhaltensweisen. Dazu gehörte auch die Beurteilung und Benotung von Fleiss, Sauberkeit und Ordnung der Kinder.

Schließlich gehört zum traditionellen Unterricht ein gewachsenes und teils höchst diffizil gehandhabtes System der *Bewertung und Benotung* von Schülerleistungen. Die kognitive Seite steht dabei im Vordergrund.

Insgesamt ist das Hauptproblem traditionellen Unterrichts in der Grundschule darin zu sehen, dass er – trotz manch Erfolg versprechender Ansatzpunkte – der Individualität von Kindern nicht hinreichend gerecht wird und mehr oder weniger damit rechnet, dass alle Kinder auf die gleiche Weise lernen, auf die gleiche

10. Offener und »traditioneller« Unterricht

Weise ansprechbar sind und zu relativ gleichen Ergebnissen (das heisst im Bereich der Zensurenskala) gelangen können.

Das Zusammenwirken von Elementen offenen und traditionellen Unterrichts in der Grundschule

Zur Ausgangslage

Von welcher Lage ist gegenwärtig auszugehen?
Nach wie vor dominiert an den Schulen der eher traditionelle Unterricht, wenn sich auch die Zufriedenheit damit in Grenzen hält.

Was mit Offenheit oder Öffnung von Unterricht zusammenhängt, hat eine Zeitlang hohe Aufmerksamkeit erfahren – vorrangig in der Grundschule, weniger an weiterführenden Schulen. Vor allem Praktikerinnen und Praktiker haben sich mit Begeisterung der Öffnung von Unterricht verschrieben. Allerdings ist insgesamt die Aufmerksamkeit in der letzten Zeit etwas zurückgegangen. Das trifft aber nicht auf die ständige weitere Verbreitung von Freiarbeit, Stationenlernen und Projektarbeit als Gestaltungselementen zu, die mit dem offenen Unterricht eng verbunden sind.

Es liegen nicht allzu viele empirische Befunde zu Qualität von Unterricht und seinen Ergebnissen vor, wobei Legitimationen vor allem von Konzepten und Herangehensweisen, die mit dem offenen Unterricht korrespondieren, gefordert und erwartet werden. Die Ergebnisse von TIMSS legen allerdings den Schluss nahe, dass ein tieferes Nachdenken über Qualitätsstandards von Unterricht insgesamt einsetzen wird bzw. schon eingesetzt hat (BAUMERT/LEHMANN U.A. 1997).

Hinsichtlich des offenen Unterrichts hat sich die Forschungslage auf empirischem Gebiet seit den 70er-Jahren noch nicht wesentlich verändert. Wir verweisen auf die Aufarbeitung, die EIKO JÜRGENS vorgelegt hat (JÜRGENS 1995) und greifen hier lediglich die von Wolfgang EINSIEDLER bereits 1982 vorgenommene Sichtung empirischer Befunde in Bezug auf die englische und amerikanische Literatur auf (vgl. EINSIEDLER 1982, 13ff.). EINSIEDLER verweist (unter deutlicher Kritik des eingesetzten methodischen Instrumentariums) darauf, dass eine ausschließliche Anwendung offenen Unterrichts nicht empfohlen wird. Er fügt die Meinung weiterer Kritiker hinzu, wonach «die meisten Studien nicht das messen, worauf es den Vertretern des offenen Unterrichts ankommt, nämlich die Erreichung von Zielen wie Persönlichkeitsentwicklung, Selbstständigkeit, Sozialfähigkeit u.a.m.» (ebenda, 15). Ähnliche Überlegungen finden sich auch bei Gerheid SCHEERER-NEUMANN 1989 (vgl. SCHEERER-NEUMANN 1989, 51ff.).

Da es insgesamt noch nicht genügend Befunde gibt, mit welchen Mitteln welche Ziele bei welchen Adressaten im Unterricht erreicht werden können und es wohl auch kaum möglich oder wünschenswert wäre, eine lückenlose empirische Forschung hierzu zu installieren, sind wir auch weiterhin auf Erfahrungen, vorliegendes theoretisches Wissen und praktische empirische Befunde in ihrer *Mischung* angewiesen. Zudem wird weder offener noch traditioneller Unterricht alle Aufgaben, die die Grundschule zu bewältigen hat, in vertretbarer Weise allein lösen können.

In Ergänzung zu obiger Feststellung im Hinblick auf den offenen Unterricht fügt EINSIEDLER unter Bezug auf TRUDEWIND des Weiteren hinzu, dass ein mittleres Ausmaß von Selbstständigkeitsgewährung im Grundschulunterricht zu höheren Schulleistungen beitragen könne und setzt fort: »Eine universelle Didaktik direkten Unterrichtens ist angesichts des breiten Zielspektrums von Erziehung und Unterricht nicht vertretbar« (vgl. EINSIEDLER 1982, 17).

Die weitere Entwicklung in der Grundschule bzw. auch Entwicklungen, auf die die Grundschule sich über das Jahr 2000 hinaus einstellen muss, lassen Folgendes erwarten:
— Die Grundschulkinder werden nicht gleicher, sondern weiterhin immer verschiedener werden.
— Die Erwartungen an die kognitiven Leistungen von Kindern werden wachsen. Der bereits einsetzende Trend zu zentralen Vergleichsarbeiten wird sich nach TIMSS weiter fortsetzen (LEHMANN/PEEK/GÄNSFUSS 1997, PISA STATT TIMSS, blz 1998).
— Die Anforderungen an kommunikative und soziale Fähigkeiten von Grundschulkindern werden gleichermaßen wachsen.
— Das gilt auch für die Anforderungen an Aktivität und Selbstständigkeit der Kinder, an ihre Fähigkeit, Fragen an die Welt zu stellen, etwas selbst zu erkunden und zu entdecken, ihre Entscheidungsfähigkeit zu entwickeln.
— Die Not der Lehrerinnen und Lehrer mit dieser Komplexität von Anforderungen, die aus all dem für sie erwächst, wird zunehmen, solange keine neuen Strategien für Ausbildung und Fortbildung gefunden werden.

> Dies gilt für die Schule insgesamt. Entsprechende Forderungen werden besonders von Vertretern der Wirtschaft erhoben.

Zugleich ist abzusehen, dass Schule und Unterricht weiterhin permanent unter Kritik seitens der Gesellschaft stehen werden.

10. Offener und »traditioneller« Unterricht

Was liegt also näher, als in Kenntnis einiger Stärken und Schwächen offenen und traditionellen Unterrichts über Möglichkeiten des Zusammenwirkens nachzudenken, um positive Seiten besser zur Geltung zu bringen, Negatives zurückzudrängen und damit Ansatzpunkte zu finden, die verlässlich zur Lösung der Probleme beitragen können.

Aspekte des Zusammenwirkens von offenem und traditionellem Unterricht

Überlegungen zu einer sinnvollen Verbindung von offenem und traditionellem Unterricht sind einem gemeinsamen Credo verpflichtet: Grundschulunterricht muss hohen Qualitätsansprüchen genügen. Das ist nur möglich, wenn er sich die Entfaltung des Kindes zu vollem Menschtum als Ziel setzt (vgl. LICHTENSTEIN-ROTHER 1992, 158), der Heterogenität von Lernvoraussetzungen und Lebenswelterfahrungen der Kinder entspricht und für die Lehrkräfte keine fortdauernde und nicht mehr kompensierbare Belastung darstellt.

An äußeren Bedingungen ist unerlässlich, dass der Klassenraum eine lernanregende Umgebung für die Kinder bietet und gleichzeitig eine die Kommunikation fördernde und sie nicht behindernde Sitzordnung geschaffen wird (KASPER 1979, H. J. RÖBE 1992, GÖHLICH 1993). Nur dann machen die Verbindungen zwischen offenem und traditionellem Unterricht überhaupt Sinn. Das heißt nicht, dass hier keine Annäherungsprozesse an eine Art Optimum möglich seien und sowohl vom theoretischen Verständnis wie auch von praktischen Verwirklichungsweisen her alle Bedingungen vorhanden sein müssten, bevor man »richtig« beginnen könne. Ganz im Gegenteil: Nur in Prozessen, die häufig längere Zeiträume beanspruchen, die plötzlichen Entdeckungen, die Erfolge und Niederlagen in sich bergen, die Auseinandersetzungen mit Gleichgesinnten, mit Gegnern, mit sich selbst und die Überwindung oft unzähliger Vorurteile erforderlich machen, ist dauerhaft Gewinn zu erwarten.

In einer Vielzahl von Grundschulen sind die Klassenräume und zum Teil auch die Schulflure in diesem Sinne bereits umgestaltet worden. Auch eine Veränderung der Sitzordnung ist vielfach erfolgt.

Als ersten Aspekt des Zusammenwirkens heben wir den des *Unterrichtstempos* hervor. Darunter soll die Verbindung von beschleunigungs- und verlangsamungsdidaktischen Ansätzen verstanden werden.

Am traditionellen Unterricht wird geschätzt, dass er sehr ökonomisch sei und gewährleiste, den Stoff überhaupt schaffen zu können. Offener Unterricht nimmt für sich in Anspruch, den Kindern Zeit für das Versenken in einen Gegenstand, die aktive und vielseitige Auseinandersetzung mit ihm, einschließlich des Zulassens von Umwegen und Irrtümern zu geben. Vertiefung und Besinnung zu ermöglichen, ist im Übrigen keine »moderne« Erfindung, sondern hat beispielsweise schon Johann Friedrich HERBART (vgl. Kapitel 4) beschäftigt. Insofern sind Vertreter des offenen Unterrichts im Grunde moderne Sachwalter einer alten pädagogischen Idee.

➔ *vgl. Kapitel 4*

Wäre es nicht produktiv, genau zu überlegen: Wo ist konzentriertes und temporeiches Vorgehen am Platze und wo sind solche Phasen angebracht, in denen den Kindern ganz bewusst Zeit für vertieftes, individuelles, auch langsames Arbeiten zur Verfügung gestellt werden müsste? Das ist natürlich in den einzelnen Fächern und Lernbereichen unterschiedlich.

Um diese Strategie sollten die Kinder aber wissen.

Einige Lehrkräfte, aber auch Eltern unterliegen einem »Behütungssyndrom«. Sie haben Angst, ihrer Verantwortung gegenüber den Kindern nicht mehr gerecht zu werden, wenn sie ihnen Entscheidungsspielräume gewähren (➔ vgl. dagegen Kapitel 1: Der Irrtum als Entwicklungsprinzip).

Ein zweiter Aspekt betrifft den der *Entscheidungen* im Unterricht. Er bezieht sich auf die Verbindung von Entscheidungen der Lehrkraft mit der von Kindern.

Aus Philosophie und Merkmalen des traditionellen Unterrichts ergibt sich eine nahezu ausschließliche Entscheidungskompetenz der Lehrkraft. Die Lehrkraft entscheidet über die Planung von Unterrichtsprozessen, den Unterrichtsverlauf, den Einsatz von Mitteln, die Einschätzung der Schülerleistungen u.a.m. Dies ist bis zu einem gewissen Grade auch berechtigt, denn die Verantwortung für den Unterricht und seine Qualität trägt natürlich die Lehrkraft. Der Staat investiert auch nicht Millionen in die Aus- und Fortbildung von Lehrkräften, um ihnen beizubringen, dass sie im Grunde nutzlos seien und auf ihre Professionalität getrost verzichtet werden könne.

Dennoch: die Gesellschaft hat sich gewandelt. Wir haben heute keine autokratischen Strukturen mehr, wie sie etwa vor einhundert, einhundertfünfzig oder zweihundert Jahren bestanden. Ein demokratisches, den Einzelnen forderndes und förderndes Gemeinwesen ist entstanden, in dem die Kinder keineswegs ohne Rechte sind. Lehrkräfte, die sich dieser Erkenntnis – aus welchen Gründen auch immer – widersetzen, erfahren oft leidvoll, welche praktischen Folgen das in Schule und Unterricht haben kann.

Der offene Unterricht steht für die Entwicklung eigener Entscheidungskompetenz von Kindern. Hier wird den Kindern die Möglichkeit eingeräumt, zumindest zeitweise zu bestimmen, welchen Lerngegenständen sie sich zuwenden wollen, wie lange und

10. Offener und »traditioneller« Unterricht

wie oft sie sich mit ihnen beschäftigen wollen, in welcher Reihenfolge, ob allein oder mit anderen Kindern zusammen, auf welche Weise und mit welchen Mitteln sie arbeiten wollen u.a.m. Das ist in Phasen freier Arbeit, beim Stationenlernen, bei der Arbeit an Projekten möglich und wird durch Tagespläne und Wochenpläne in eine für Kinder durchschaubare Form gebracht. Die mögliche Einbeziehung von Kindern in die gesamte Planung von Unterricht ist damit eng verbunden (TRAUTMANN 1990, VIERLINGER 1993).

Nur wenn Kinder auch selbst entscheiden dürfen, lernen sie

Dies ist nicht Ausdruck eines euphorischen Glaubens an die Kraft von Kindern (obwohl dieser Gesichtspunkt natürlich auch nicht von der Hand zu weisen ist). Vielmehr liegt der Ansatzpunkt in der Auffassung vom Kind als Subjekt seiner eigenen Lernprozesse, was wohl heutzutage nicht mehr im Einzelnen begründet werden muss, und der damit verbundenen Auffassung, dass jedes Kind auf seine ganz individuelle Weise lernt, sich bildet und entwickelt.

Von daher unser Vorschlag: Lehrkräfte sollten nicht etwa auf ihre Entscheidungskompetenz verzichten, sondern sie erweitern, indem sie Überlegungen anstellen, in welcher Weise und in welchem Umfang Kindern Entscheidungsspielräume im Unterricht eingeräumt werden sollten. Das setzt ein hohes Maß an Souveränität im Umgang mit dem eigenen Ich, aber auch bezogen auf fachliche und didaktische Qualitäten voraus.

In diesem Kontext gesehen, erhält die Beratungsfunktion von Lehrkräften heute ein großes Gewicht.

Ein dritter Aspekt ist der der *Strukturierung* von Unterrichtsprozessen. Dieser Aspekt schließt die Verbindung einer durchschaubaren Ordnung, Gliederung oder auch Rhythmisierung von Unterrichtsprozessen, was in der Regel lehrergeleitet erfolgt, mit Freiräumen für die Kinder ein. Insofern gibt es einen Zusammenhang mit unserem zweitgenannten Aspekt.

Traditioneller Unterricht beansprucht für sich die Einhaltung gewisser geordneter Phasenabfolgen, die leider auch zum Schematismus führen kann. Offenem Unterricht wird häufig der Makel zugeschrieben, alles ginge durcheinander, es gäbe kaum Fixpunkte, die die einzelnen Abläufe konturieren u.a.m.

Beides sind gleich schwere Vorwürfe: Schematismus wie Durcheinander.

Inwieweit aber sind sie berechtigt? Muss man sie akzeptieren?

Berechtigt sind sie schon, aber man muss damit umgehen.

Nicht nur aus den Besonderheiten der Unterrichtsgegenstände, sondern vor allem aus den Besonderheiten der individuellen kindlichen Lernwege ergeben sich unterschiedliche Strukturierungsmöglichkeiten der unterrichtlichen Abläufe.

Wenn jede Unterrichtseinheit unter ihren Zielen und pädagogischen Absichten genau durchdacht wird, verbietet sich die Einhaltung immer gleicher Phasenfolgen von selbst, Schematismus ist kein Naturgesetz.

Wenn von Vertretern des offenen Unterrichts bedacht wird, dass Chaos im Unterricht nicht unbedingt den Intentionen von Offenheit entspricht und Lernen und Entwicklung von Kindern durchaus nicht förderlich ist, dann werden sie sich durchaus auf gesicherte Erkenntnisse einer guten Pädagogik und Didaktik besinnen. Die Besonderheit gegenüber traditionellem Unterricht besteht allerdings darin, dass Lernprozesse nicht minutiös und für alle Kinder gleich vorgedacht werden, sondern dass dem Individuum hinreichend Raum gewährt wird, sein eigenes Lernen zu inszenieren.

Ein mögliches Zusammenwirken beider Unterrichtsarten beim Zustandekommen geordneter, rhythmisierter Abläufe des Unterrichts (wie des Schullebens überhaupt) zeigt das Modell der Grundschule in Münster Gievenbeek. Der Unterrichtstag ist dort wie folgt gegliedert:

Offene Eingangsphase
Kreisgespräch
Gelenkte Arbeit
Frühstück
Offene Phase
Gelenkte Arbeit
Mittagessen
Offene Phase
Gelenkte Arbeit

Ergänzend ist noch hinzuzufügen, dass diese Grundschule eine Ganztagsschule ist (RAMSEGER/SEELIGER-MÜHL 1987).

Welche Bedeutung insgesamt neuerlich dem Problem von Rhythmisierung bzw. Gliederung von Unterricht und Schulleben beigemessen wird, zeigte die Bundesgrundschulkonferenz 1995 »Zukunft für Kinder – Grundschule 2000« u.a. mit Beiträgen von Maria FÖLLING-ALBERS und Karlheinz BURK zum Thema »In neuen Rhythmen lernen« (vgl. FÖLLING-ALBERS 1996, 178ff.; BURK 1996, 186ff.).

Ein vierter Aspekt der Verbindung von traditionellem und offenem Unterricht ist im Problem des *Umgangs mit der Zeit* zu sehen.

10. Offener und »traditioneller« Unterricht

Traditioneller Unterricht ist durch relativ strenge Zeitvorgaben gekennzeichnet. Dem liegt die Tatsache zugrunde, dass sich Schule und Unterricht in gesellschaftlich vorgegebene Zeiten, in so genannte soziale Zeiten, einzufügen haben. Das Problem besteht darin, dass die Zeitvorgaben häufig (weniger durch Rahmenrichtlinien und Lehrpläne als vielmehr »vor Ort« in begrenzten Unterrichtseinheiten) sehr eng bemessen werden und dem Kind wenig Raum zugestehen, seine Zeit auch selbstbestimmt zu nutzen – eine wachsende Anforderung an den Menschen der Moderne.

Offener Unterricht wird in der Regel mit einem freizügigen Umgang mit Zeit in Verbindung gebracht. Im Grunde aber ist offenem Unterricht daran gelegen, die Kompetenz von Kindern im Umgang mit Zeit zu entwickeln. An niederländischen Schulen konnten wir beispielsweise beobachten, wie Kindern bei selbstständig zu lösenden Aufgaben zunächst Beginn und Ende vorgegeben wurden, die Kinder aber zunehmend eigenständig abschätzten, welche Zeit sie sich für die Bewältigung einer Aufgabe, eines Auftrags zugestehen wollten. Dass eine solche Zeitbegrenzung nicht bei kreativen Problemlösungen vorgenommen werden kann, versteht sich von selbst. Die Arbeit nach Tages- und Wochenplänen ist im Grunde auch ein wesentlicher Aspekt, um Kinder die Organisation ihrer eigenen Zeit zu lehren.

Lernen Kinder nicht frühzeitig, mit ihrer Zeit umzugehen und ihr eigenes Leben zu organisieren, so kann das nicht nur aktuell negative Folgen haben, sondern auch das spätere Leben des Kindes noch beeinträchtigen.

Wie schwierig der Umgang mit Zeit in Schule und Unterricht ist, erörtert FÖLLING-ALBERS noch einmal (vgl. FÖLLING-ALBERS 1996, 181). Es wird stets einen Balanceakt geben müssen zwischen Zwängen und Anforderungen der Gesellschaft, den inhaltlichen Bildungsansprüchen der Schule und den Ansprüchen und Verhaltensweisen des Kindes. Die Lösung wird immer nur in einem Kompromiss liegen können. Der von FÖLLING-ALBERS vorgeschlagene Kompromiss betrifft auch unseren Betrachtungsaspekt, den des Verhältnisses von traditionellem und offenem Unterricht:

»– *Die erforderlichen zeitlichen Vorgaben sollten so weit wie möglich flexibel gestaltet werden.*
– *Die zeitlichen Rhythmen sollten einsichtig gemacht und – wenn möglich – mit den Kindern geplant werden. Zumindest sollten die zeitlichen Abläufe auch für die Kinder durchschaubar sein.*
– *Innerhalb der zeitlichen Vorgaben sollte den* **individuellen** *Lern-, Bewegungs- und Verhaltenstempi so weit wie möglich Raum gegeben werden (z.B. durch Phasen der Frei-*

arbeit); die internen Zeitrhythmen sollten weitgehend von den Kindern festgelegt werden.

— *... Kinder sollten in der Schule angehalten werden, sich die zeitlichen Abläufe zu vergegenwärtigen, die Phasen zwischen dem Beginn und dem Ende einer zeitlichen Einheit bewusst zu rekapitulieren (in einem nachgängigen Verfahren) und sich auch andererseits vorab für bestimmte Aufgaben und Ziele Zeitmarken zu setzen. Nur so können Zeitbewusstsein und vor allem Planungskompetenz entwickelt werden – eine schon jetzt unverzichtbare und eine für die Zukunft immer wichtiger werdende Basiskompetenz oder vielleicht auch eine ›Schlüsselqualifikation‹«* (ebenda, 181f.)

> Vor strengen Soll-Ist-Vergleichen, die sich dann gegebenenfalls noch auf Ziffernnoten erstrecken könnten, ist allerdings zu warnen. Im Mittelpunkt sollte das jeweilige Sachproblem oder das persönliche Problem des Kindes bzw. der Gemeinschaft stehen.

FÖLLING-ALBERS regt darüber hinaus an, in Sitzkreisen, die sich häufig der Freiarbeit anschließen, die Kinder anzuregen, sich zu vergewissern, was sie getan haben (was habe ich mir vorgenommen, was geschafft; was haben andere Kinder getan, was könnte ich auch mal ausprobieren; hat sich das, was und wie ich etwas erledigt habe, für mich gelohnt; will ich an dieser Stelle am nächsten Tag fortsetzen oder mit etwas anderem beginnen – vgl. ebenda, 184).

An niederländischen Schulen hat sich hierfür der Terminus »Evaluation« eingebürgert. Wohlgemerkt: die Kinder evaluieren sich selbst und die Arbeit der anderen Kinder. Das tun nicht die Lehrkräfte.

Als fünften Aspekt führen wir den der Vorgabe von strengen und geordneten Informationen durch die Lehrkraft und eigenständigen Informationsfreiräumen für die Kinder an.

Im traditionellen Unterricht spielen Lehrervorträge eine große Rolle. Die Kunst, *gute* Lehrervorträge zu halten, ist leider etwas in Vergessenheit geraten. Das ändert aber nichts am prinzipiellen Sachverhalt.

> Es empfiehlt sich, Lehrervorträge immer durch Stichwortlisten gründlich vorzubereiten, bedeutsame Passagen wörtlich auszuarbeiten und vorzutragen. Besonders bei Erzählungen ist es angebracht, auch die eigene Mimik und Gestik im Vorfeld zu überlegen und zuweilen sogar vor dem Spiegel zu üben.
> → *vgl. auch den Abschnitt zu Körpersprache, Kapitel 12*

Für Grundschulkinder sind gut vorbereitete und gegliederte, sprachlich anspruchsvolle Lehrervorträge sehr wichtig. Sie führen in gedrängter und überschaubarer Form in ein Wissensgebiet ein, entwickeln ein Problem, das die Kinder vielleicht anschließend allein in Angriff nehmen können, fassen Wertungen zum Sozialverhalten der Klasse anschaulich und an Beispielen zusammen u.a.m. Von besonderer Bedeutung sind Erzählungen für die Kinder, ob es sich um Märchen oder Erzählungen aus dem täglichen Leben handelt. Erzählungen können nicht nur inhaltlich

10. Offener und »traditioneller« Unterricht

bedeutsam, sondern auch von hohem emotionalen Wert für die Kinder sein. Deshalb ist es immer angeraten, dass Lehrerinnen und Lehrer nicht auf Kassetten und Tonbänder ausweichen, sondern sich zuerst selbst als Person mit ihrer eigenen Sprache und ihrer ganz besonderen Individualität zur Geltung bringen.

Eine Verbindung von traditionellem und offenem Unterricht muss unbedingt mit der Möglichkeit des Lehrervortrags in höherem Maße rechnen.

Zugleich bietet sich heute mehr denn je an, das hohe Wissen und die reichen Interessensgebiete vieler Kinder zu bedenken und deren Informationswert für die ganze Klasse zu nutzen. Manche Kinder sind auf manchen Gebieten schon in der Grundschule ihren Lehrerinnen und Lehrern überlegen. Sie sind dankbar, wenn sie auch im Unterricht damit «gefragt» sind. Vieles lernen Kinder überdies voneinander leichter und zuverlässiger als durch die Vermittlung der Lehrkraft. Der Autorität von Lehrerinnen und Lehrern tut das keinen Abbruch. Im Gegenteil.

Noch wesentlicher aber sind in diesem Kontext die im offenen Unterricht genutzten Formen von freier Arbeit, von Stationenlernen und Projektunterricht. Sie bieten folgende Vorteile: Den Kindern steht ein – in der Regel – sorgfältig und themenzentriert ausgewählter Fundus an Informationen zur Verfügung. Das ist besonders auch für Kinder bedeutsam, die aus sozial schwächer gestellten Familien kommen und selten zu Hause eine interessenanregende Umwelt haben. Das Angebot versetzt die Kinder in echte Entscheidungssituationen, trägt also auf lange Sicht zur Herausbildung von Entscheidungskompetenz bei. Es erfordert, dass die Kinder selbstständig arbeiten, und schließlich lernen die Kinder – eigenständig oder angeleitet durch die Lehrkraft – methodisch vorzugehen, ihr eigenes Lernen zu organisieren. Das reicht vom Erarbeiten und Markieren von Begriffen über den Umgang mit Nachschlagewerken und Tabellen bis hin zum Erlernen von Visualisierungstechniken (KLIPPERT 1994).

Anzunehmen, dass die Kinder von sich aus wüssten, wie man unterstreicht, aus einem Text das Wesentliche herausfindet, im Team lernt und arbeitet, ist illusorisch und pädagogisch unverantwortlich. Die Kinder müssen das lernen – ebenso, wie man die gewonnenen Ergebnisse darstellt.

Wer sich dem traditionellen Unterricht verschrieben hat, sollte Informationen mit höchster Perfektion an die Schülerinnen und Schüler weitergeben. Wer sich für offenen Unterricht entschieden hat, sollte die mit offeneren Arbeitsformen verbundenen Anforderungen perfekt realisieren. Dazu gehört vor allem, stets ein anspruchsvolles Lernangebot zu entwickeln und keinen »Billigmarkt« im Klassenraum zu veranstalten. Besonders günstig jedoch ist es, wenn beides miteinander verbunden wird.

Ein vorläufiger Abschluss zum Thema »traditionell« und »offen«

Auch das, was wir heute als *traditionelles* Unterrichten bezeichnen, war einmal modern. Es löste das Zwiegespräch des Lehrers mit einem Schüler ab, bei dem der Rest der Klasse zum Zuhören verurteilt war (vgl. KNÖRZER/GRASS 1998, 16). Der Lehrer sollte nach COMENIUS zu niemandem besonders hingehen, vielmehr vom Katheder aus seine Strahlen über alle gleichzeitig verteilen. Heute befindet sich diese Art von Unterricht aus den genannten Gründen in einer Modernitätskrise.

Offener Unterricht ist keine Modeerscheinung, sondern trägt vielmehr Erfordernissen der Zeit Rechnung. Ersetzt man allerdings Nachdenken durch voreiliges »Anwenden« bestimmter Seiten oder Aspekte, könnte in einzelnen Fällen ein Modetrend daraus werden (vgl. BENNER 1995, 83), der zu schnellem Ableben verurteilt wäre.

Erforderlich ist, dass sich heute *beide* Arten von Unterricht grundlegend legitimieren, zum Teil völlig neu. Beide bergen für sich Gefahren:
- eine falsch verstandene Offenheit kann zu bloßer Anpassung an die Bedürfnisse von Kindern führen. In letzter Konsequenz hieße das, die Schule ganz abzuschaffen;
- ein falsch verstandenes Beharren auf traditionellem Unterricht kann zur Trennung von den lebendigen Entwicklungen im gesamten Umfeld von Schule und Unterricht, vor allem aber zum »Verlust« der Kinder, ihrer Köpfe und Herzen führen. Auch dann wäre Schule letztendlich verzichtbar.

Schlechter offener Unterricht ist ebenso schlecht wie schlechter traditioneller Unterricht und umgekehrt.

Traditioneller wie offener Unterricht – beide sind erforderlich, wobei die größten Potenzen offenbar im Zusammenwirken liegen könnten. Auf einige Möglichkeiten haben wir aufmerksam gemacht. Weitere sind praktisch und forschungsmäßig zu verfolgen. Insgesamt steht jedoch der offene Unterricht unter größerem Legitimationsdruck als der traditionelle. Einer der Gründe ist zweifellos darin zu sehen, dass auch Pädagoginnen und Pädagogen nur Menschen sind und sich zuweilen ungern von vertrauten Denk- und Verhaltensweisen trennen. Meist geschieht das dann, wenn der Leidensdruck groß genug ist. Es wäre nur bedauerlich, wenn von allzu starken »Traditionalisten« das Neue zurückgedrängt würde, ohne dass es eine Chance gehabt hätte, sich zu entfalten.

10. Offener und »traditioneller« Unterricht

Zusammenfassung

Der traditionelle Unterricht ist auch in der Grundschule noch weit verbreitet. Aus den Besonderheiten von Grundschulkindern ergibt sich jedoch eine vielfältige Modifizierung der klassischen Muster traditionellen Unterrichtens, was ihn dichter an den offenen Unterricht heranrücken lässt als das in anderen Schulformen möglich ist. Eine bewusste Besinnung auf die Vorzüge beider Unterrichtsformen könnte helfen, neue Aufgaben besser zu bewältigen.

Anmerkungen

[1] In diesem Kontext sei auf ein interdisziplinäres Experiment verwiesen, das in der damaligen DDR in den Jahren 1983–1986 durchgeführt wurde, auf den Wechsel von Anspannung und Entspannung im ganztägigen pädagogischen Prozess gerichtet war und u.a. solche Momente in abgewandelter Form einbezog. Quelle: Kahl H., Römhild, I., Woltschkow, K.: Das Straußberger Experiment: ein Beitrag der pädagogisch-medizinischen Forschung zur gesundheitsfördernden Gestaltung des ganztägigen pädagogischen Prozesses in der Klassenstufe 1. Studie. Akademie der Pädagogischen Wissenschaften der DDR. Zentralstelle für pädagogische Information und Dokumentation. Berlin 1989

Verwendete Literatur

Adl-Amini, B./Schulze, T./Terhart, E. (Hg.): Unterrichtsmethode in Theorie und Forschung. Weinheim und Basel 1993

Aschersleben, K.: Moderner Frontalunterricht. Neubegründung einer umstrittenen Unterrichtsmethode. Frankfurt a.M. 1987[3]

Baumert, J./Lehmann, R. u.a.: TIMSS – Mathematisch-naturwissenschaftlicher Unterricht im internationalen Vergleich. Opladen 1997

Benner, D.: Auf dem Weg zur Öffnung von Unterricht und Schule. Theoretische Grundlagen zur Weiterentwicklung der Schulpädagogik. In: Die Grundschulzeitschrift. Seelze 3/1989/27

Einsiedler, W.: Didaktik der Grundschule. Einführung in Theorie und Konzeptionen des Grundschulunterrichts. Berichte und Arbeiten aus dem Institut für Grundschulforschung der Universität Erlangen-Nürnberg. Nürnberg 1982

Einsiedler, W.: Empirische Grundschulforschung im deutschsprachigen Raum – Trends und Defizite. In: Unterrichtswissenschaft. München 25/1997/4

Einsiedler, W.: Unterrichtsqualität und Schulleistung in der Grundschule. Berichte und Arbeiten aus dem Institut für Grundschulforschung der Universität Erlangen-Nürnberg. Nürnberg 1996

Flitner, A.: Bildung, Moderne und Schule. Manuskript. Wien 1994. Auszugsweise veröffentlicht in Deutsche Lehrerzeitung. Berlin Nr. 9/1995

Fölling-Albers, M.: Der Individualisierungsanspruch der Kinder – eine neue pädagogische Orientierung »vom Kinde aus«? In: Neue Sammlung, Seelze 33/1993/3

Gesing, H. (Hg.): Pädagogik und Didaktik der Grundschule. Neuwied, Kriftel, Berlin 1997

Glöckel, H.: Vom Unterricht. Lehrbuch der Allgemeinen Didaktik. Bad Heilbrunn/Obb. 1990^5

Göhlich, M.: Die pädagogische Umgebung. Eine Geschichte des Schulraumes seit dem Mittelalter. Weinheim 1993

Jürgens, E.: Offener Unterricht im Spiegel empirischer Forschung. Oldenburger Vordrucke, Heft 265/95. Oldenburg 1995

Kasper, H. (Hg.): Vom Klassenzimmer zur Lernumgebung. Bausteine für eine fördernde Grundschule. Ulm 1979

Kleinschmidt-Bräutigam, M.: Frontalunterricht: Ja oder Nein? Überlegungen zu einer falsch gestellten Frage. In: Grundschulunterricht. Berlin 39/1992/7/8

Klingberg, L./Paul, H. G./Wenge, H./Winke, G.: Abriss der Allgemeinen Didaktik. Berlin 1965

Klippert, H.: Methodentraining. Weinheim und Basel 1994^2

Knörzer, W./Grass, K.: Einführung Grundschule. Geschichte – Auftrag – Innovation. Weinheim und Basel 1998

Köpke, A.: PISA statt TIMSS. Nationale Vergleichsuntersuchungen sollen die Unterrichtsqualität an den bundesdeutschen Schulen erhöhen. In: blz, Berlin, Oktober 1998

Lehmann, R./Peek, R./Gänsfuss, R.: Aspekte der Lernausgangslage von Schülerinnen und Schülern der fünften Klassen an Hamburger Schulen. Hg.: Behörde für Schule, Jugend und Berufsbildung, Amt für Schule. Hamburg 1997

Lehrpläne – Fessel oder Hilfe? Themenheft PÄDAGOGIK, Hamburg 48 / 1996 /5

Lichtenstein-Rother, I.: Zukunftsoffene Grundschule – ein Nachwort. In: Priebe, H./Röbe, E. (Hg.): Blickpunkt Grundschule. Bilder einer zukunftsoffenen Schullandschaft. Donauwörth 1992

Meyer, H.: Unterrichtsmethoden. Theorie- und Praxisband. Frankfurt am Main 1987

Meyer, H./Meyer, M. A.: Lob des Frontalunterrichts. In: Lernmethoden. Lehrmethoden – Wege zur Selbstständigkeit. Friedrich Jahresheft. Seelze 1997

Ramseger, J./Seeliger-Mühl, H.: Individualisierung, Freie Arbeit und Wochenplanunterricht. Videofilm und Begleitmaterial. Westfälische Wilhelms-Universität Münster 1987

Röbe, H. J.: Klassenraum und Schülersein. In: Priebe, H./Röbe, E. (Hg.): Blickpunkt Grundschule. Bilder einer zukunftsoffenen Schullandschaft. Donauwörth 1992

Scheerer-Neumann, G.: Was kommt schon dabei raus? Lernen und Leisten in offenen Lernsituationen. In: Grundschule. Braunschweig 21/1989/1

Schorch, G.: Grundschulpädagogik – eine Einführung. Bad Heilbrunn 1998

Trautmann, T.: Spezifische Aspekte des Verhältnisses von Führung und Selbsttätigkeit im ersten Halbjahr der Klasse 1. Diss. Berlin 1990

10. Offener und »traditioneller« Unterricht

Terhart, E.: Lehr-Lern-Methoden. Eine Einführung in Probleme der methodischen Organisation von Lehren und Lernen. Weinheim und München 1997²

Vierlinger, R.: Die offene Schule und ihre Feinde. Wien 1993

Wallrabenstein, W.: Hilfe – ich habe den Überblick verloren. Zur Passung von offenen und geschlossenen Lernphasen. In: Schule zwischen Routine und Reform. Friedrich Jahresheft. Seelze 1994

Zukunft für Kinder – Grundschule 2000. Bundesgrundschulkonferenz 1995 in Berlin (speziell die Beiträge von Maria Fölling-Albers und Karheinz Burk). Bonn/Frankfurt a.M. 1996

Was Sie sonst noch lesen sollten

Frontalunterricht gut gemacht. Themenheft der Zeitschrift PÄDAGOGIK. Hamburg 50/1998/5

Jürgens, E./Hacker, H./Hanke, P./Lersch, R.: Die Grundschule – Zeitströmungen und aktuelle Entwicklungen. Baltmannsweiler 1997

Ramseger, J.: Offener Unterricht in der Erprobung. Erfahrungen mit einem didaktischem Modell. Weinheim und München 1992³

Speck-Hamdan, A.: Die Reform der Grundschule braucht Forschun. In: Grundschulverband aktuell. III. Quartal, Frankfurt a.M. September 1998, Nr. 63

Fragen und Aufgaben

☐ *Angstkatalog*
Stellen Sie in der Gruppe zusammen, was bei *traditionellem* Unterrichten »schief gehen« könnte. Begründen Sie Ihre Meinung theoretisch und praktisch. Tun Sie gleiches für den *offenen* Unterricht.

☐ *Mutkatalog*
Begründen Sie Notwendigkeit und Möglichkeiten des Zusammenwirkens von traditionellem und offenem Unterricht. Entwickeln Sie unterschiedliche Modelle hierfür und begründen Sie diese.

☐ Entwickeln Sie unterschiedliche *Strukturierungsvorschläge* für Unterricht. – Wie könnte ein solcher Vorschlag bei Orientierung am traditionellen, wie bei Orientierung am offenen Unterricht und wie bei Beachtung des Zusammenwirkens aussehen? Legen Sie Lernbereiche Ihrer Wahl zugrunde.

11. Jahrgangsübergreifender Unterricht

Warum jahrgangsübergreifender Unterricht?

Jahrgangsübergreifender Unterricht beruht auf dem Prinzip der Auflösung des Jahrgangsstufensystems. Jahrgangsklassen wurden im Grunde ursprünglich nach dem Modell der Einziehung von Rekrutenjahrgängen zum Militär gebildet. Das Jahrgangsklassensystem gilt bis heute als wichtigste Möglichkeit rationellen Unterrichtens, birgt allerdings viele ungelöste Probleme (z.B. das Sitzenbleiberproblem) in sich.

Jahrgangsübergreifender Unterricht – wem ist ein solcher Terminus noch ernsthaft vertraut? Studentinnen und Studenten haben Unterricht dieser Art kaum persönlich erlebt. Lehrerinnen und Lehrer wissen in der Regel allenfalls, dass es so etwas einmal gegeben hat und dass die Jahrgangsklassen den jahrgangsübergreifenden Unterricht glücklicherweise abgelöst haben. Im Denken der meisten Menschen, die mit Schule zu tun haben – auch der Eltern – ist die Jahrgangsklasse als Ultima Ratio ziemlich fest verankert. Jahrgangsübergreifender Unterricht hingegen wird mit überholten Schulstrukturen (»Zwergschule«) und mangelnder Leistungsfähigkeit der Schule identifiziert. Wahrscheinlich liegt solchen Überlegungen unausgesprochen die Vorstellung vom unablässigen Progress in der Entwicklung von Schule und Unterricht zugrunde, wonach jede Veränderung, die einen gegebenen Zustand ablöst, ausschließlich Verbesserung bedeuten müsste.

Aber nun dieses: Seit einigen Jahren ist das öffentliche Nachdenken über jahrgangsübergreifenden Unterricht offenbar wieder hoffähig geworden. Die Veröffentlichungen mehren sich. Renommierte Verbände, wie z.B. der Arbeitskreis Grundschule (GRUNDSCHULVERBAND AKTUELL 1996) plädieren nachdrücklich für jahrgangsübergreifenden Unterricht bzw. altersgemischtes Lernen, es gibt BLK-Modellversuche und Landesinitiativen, und es gibt viele unmittelbar praktische Versuche auf Länderebene zur Realisierung jahrgangsübergreifenden Unterrichtens.

Wo liegen die Ursachen?
Die erste Ursache ist demographischer Art. Vor allem in den neuen Bundesländern erfolgte nach der politischen Wende ein dramatischer Geburtenrückgang (In Brandenburg gab es z.B. bis 1989 39000 Geburten jährlich, 1992 waren es noch 13500 Geburten pro Jahr).
Das hatte zur Folge, dass viele Grundschulen nicht mehr in der Lage waren, bei der Einschulung Jahrgangsklassen zu bilden

11. Jahrgangsübergreifender Unterricht

und über die nachfolgenden Schuljahre auch weiterzuführen. Die Konsequenz: Schulen mussten geschlossen werden! Um aber aus politischen und pädagogischen Gründen möglichst wenige Schulen schließen zu müssen, wurde die Möglichkeit der Einrichtung »Kleiner Grundschulen« geschaffen.

Vergleichbare Entwicklungen gibt es in einer Reihe anderer Bundesländer (z.B. in Sachsen-Anhalt, Mecklenburg-Vorpommern. In Hessen, Schleswig-Holstein und Niedersachsen existiert eine Anzahl Kleiner Grundschulen seit längerem).

Kleine Grundschulen entstehen vorrangig in ländlichen Regionen.

In Brandenburg kann z.B. eine Schule als »Kleine Grundschule« eingerichtet und geführt werden, wenn sie eine Mindestgröße von 60 bis 90 Schülerinnen und Schülern aufbringt. Sie erhält dann eine Sockelausstattung von mindestens 4 Lehrkräften, die ihr erhalten bleibt, auch wenn sich die Schülerzahl weiter reduzieren sollte. Der Vollständigkeit halber muß hinzugefügt werden, dass die Anzahl der Geburten im Land wieder im Steigen begriffen ist und dass sich das Bild im »Speckgürtel« um Berlin natürlich anders darstellt als in anderen Regionen des Landes.

Die Bildung Kleiner Grundschulen hatte und hat nahezu automatisch Veränderungen in der Organisation von Unterricht zur Folge. Insbesondere betrifft das die Realisierung jahrgangsübergreifenden Unterrichtens, wobei von Anfang an die Frage auftrat: Ist jahrgangsübergreifender Unterricht nun als Notlösung oder als pädagogische Chance anzusehen?

Eine zweite Ursache ist in der ständig wachsenden Reformorientierung von Grundschule zu sehen, was sich im Übrigen auch sehr bald nach 1989 für die neuen Bundesländer als Besonderheit gegenüber anderen Schulformen herauskristallisierte.

Im Allgemeinen gilt die Grundschule als reformfreudigste Schule. Zur Durchsetzung ihres eigenen Reformanspruchs werden Anleihen bei der historischen Reformpädagogik aufgenommen, wie beispielsweise bei Maria MONTESSORI, Peter PETERSEN oder Berthold OTTO (vgl. LAGING 1995, 48ff.). Sie alle vertraten nicht das Konzept der Jahrgangsklassen, sondern setzten auf die größere Bereicherung der Kinder untereinander, wenn sie in Altersmischung zusammengeführt werden. Durch die aktive Auseinandersetzung mit der historischen Reformpädagogik insgesamt traten zwangsläufig auch diese Ansätze in den Blickwinkel und wurden – zunächst behutsam – in Reformüberlegungen zur heutigen Grundschule einbezogen.

→ *vgl. Kapitel 8*

Nur wenige historische Reformpädagogen bekannten sich zum System der Jahrgangsklassen.

173

Zum anderen wurde die Grundschuldebatte und -entwicklung von ausgewiesenen Reformschulen der Gegenwart beeinflusst, wie der Bielefelder Laborschule oder der Reformschule in Kassel, die mit altersgemischten Gruppen von Kindern arbeiten.

Eine dritte Ursache ist in internationalen Entwicklungen zu suchen. In einer Reihe von europäischen Ländern (u.a. den Niederlanden, der Schweiz oder in einigen skandinavischen Ländern) sind aus unterschiedlichen Gründen Kleine Grundschulen seit langem Bestandteil der Schullandschaft. Die wachsende Annäherung der einzelnen europäischen Länder aneinander führt auch zu einer Prüfung des Für und Wider anderer Schulsysteme und Unterrichtsorganisation. Zum Beispiel hat der »Autobustourismus« deutscher Grundschulkollegien nach den Niederlanden viele neue Überlegungen befördert.

Beim Tutorenmodell übernimmt ein Kind quasi die Lernpatenschaft über ein anderes, das Ämtermodell beruht auf Vereinbarungen zur Übernahme fester Aufgaben (Dienste und Ämter) durch Kinder, das Marktmodell ermöglicht Kindern das, was sie am besten können, anderen unterstützend anzubieten.

Von Bedeutung sind auch Entwicklungen, wie sie sich seit den 60er-Jahren in den USA vollziehen und kürzlich von HAGSTEDT vorgestellt wurden (vgl. HAGSTEDT 1995, 16ff.). Er verweist darauf, dass dort zurzeit Angebotsschulen auf eine altersgemischte Unterrichtsorganisation umgestellt werden. Lernpsychologische Konzepte liegen zugrunde und insbesondere soll einer Anpassung an die natürliche und sehr verschieden verlaufende Entwicklung von Kindern unterschiedlicher Altersmischung mit Lehrfunktionen Rechnung getragen werden (Tutorenmodell, Ämtermodell, Marktmodell – ebenda, 16).

Welchen Modellen folgt jahrgangsübergreifendes Unterrichten?

Auf keinen Fall folgt es dem von Friedrich PAULSEN skizzierten Modell einer Landschule um 1850, welches offenbar – unbewusst – bis heute bei den Gegnern jahrgangsübergreifenden Unterrichts Pate steht. PAULSEN schreibt:

> *»Meine erste Schule ist mir noch ganz gegenwärtig. In einem großen Raum war die ganze Schülerschar beisammen, von kleinen Kindern bis zu halberwachsenen Burschen und Mädchen: es galt bei uns in Schleswig-Holstein die Ordnung, dass Mädchen erst mit fünfzehn, Knaben mit sechzehn Jahren konfirmiert wurden und die Schule verließen. Die Einteilung der Gesamtheit in eine Ober- und eine Unterklasse war durch einen breiten Gang markiert, der den Raum halbierte. In der*

11. Jahrgangsübergreifender Unterricht

Oberklasse saßen wohl etwa 40 bis 50 Knaben und Mädchen, nach Bänken getrennt, in der Unterklasse mochten 60 bis 80 sein, Knaben und Mädchen in den Bänken durcheinander. So im Winter, im Sommer schmolz die Zahl auf die Hälfte und weniger zusammen. Der Unterricht geschah in der Weise, dass der Lehrer sich bald der einen, bald der anderen Klasse widmete, meist natürlich der Oberklasse; währenddessen beschäftigte sich die andere Klasse still für sich, die Oberklasse z.B. mit Rechnen oder Schreiben, die Unterklasse mit Lesenlernen« (PAULSEN, in SCHEIBE 1974, 17).

Natürlich stehen wir heute solchen Tatsachen sehr kritisch gegenüber. Aber, wie bereits in unserem historischen Kapitel angemerkt: Wäre es denn besser gewesen, wenn es gar keine Schulen gegeben hätte?

Nichtsdestotrotz, jahrgangsübergreifendes Unterrichten, wie es heute praktiziert wird oder von einigen Vertretern der historischen Reformpädagogik propagiert und realisiert wurde, hat mit unserem Beispiel wenig oder gar nichts zu tun. Der Terminus »Abteilungsunterricht«, wie er auf das von PAULSEN geschilderte Beispiel zutrifft, ist heute zudem aus unserem Sprachgebrauch verschwunden. Abteilungsunterricht, wobei sich ein Lehrer oder eine Lehrerin abwechselnd einer Schülergruppe zuwendete – auf die im Beispiel benannte *große* Schülerzahl, die im Grunde gar keine andere Wahl zuließ, sei nur noch einmal hingewiesen – wird heute nicht mehr betrieben. Das hängt zusammen mit unseren völlig anders gearteten pädagogisch-didaktischen Konzepten von Unterricht, den hohen Leistungsstandards[1], denen Grundschule zu genügen hat, den anderen räumlichen Bedingungen von Schule heute, den entschieden niedrigeren Schülerzahlen, der anderen Lehrpersonalsituation u.a.m.

Abteilungsunterricht unterlag praktisch einem abgewandelten Jahrgangsklassenprinzip. Die einzelnen Abteilungen wurden getrennt unterrichtet. Ein wechselseitiges Nutzen unterschiedlicher Möglichkeiten – z.B. von älteren und jüngeren Kindern und umgekehrt zur Bereicherung aller – gehörte nicht zum Konzept.

Welche rein formalen Modelle bieten sich heute für jahrgangsübergreifendes Unterrichten an?

In Ländern mit sechsjähriger Grundschule bieten sich Modelle von drei Jahrgängen pro Lerngruppe an (also 1. bis 3. und 4. bis 6. Jahrgang). Aber auch die Kombination von je zwei Jahrgängen ist möglich (MODELLVERSUCH BERLIN 1999, MODELLVERSUCH BRANDENBURG 1995).

In Ländern mit vierjähriger Grundschule sind sowohl Kombinationen der ersten beiden Jahrgänge mit eventuell vorhandenen Vorklassen möglich, aber auch eine Altersmischung der Jahrgänge 1 und 2 und, darauf aufbauend, der Jahrgänge 3 und 4.

Jahrgangsübergreifender Unterricht muss nicht unablässig praktiziert werden. Es ist durchaus möglich, einzelne Jahrgänge in einzelnen Lernbereichen und Fächern zeitweise getrennt zu unterrichten. Welch praktische Folgen damit für den Tages- und Wochenrhythmus der Kinder verbunden sind, müssen die Lehrer/innen-Teams vor Ort gründlich debattieren und auch unter dem Aspekt von Möglichkeiten des Einsatzes der einzelnen Lehrkräfte miteinander aushandeln.

Pluspunkte jahrgangsübergreifenden Unterrichts

Welche Vorteile kann jahrgangsübergreifender Unterricht haben?

> Das *Erlernen des Lernens* gehört heute zu den wichtigsten Aufgaben, vor die Schülerinnen und Schüler zu stellen sind. Leider wird dem nur an wenigen Schulen Bedeutung beigemessen.
>
> (Vgl. hierzu die Arbeiten von KLIPPERT)

– *Kinder lernen Lernen.*
 Bei jahrgangsübergreifendem Unterricht sind Kinder dazu veranlasst, ständig mit ihren Ergebnissen die Gruppe als Ganzes zu bereichern. Das heißt, sie müssen möglichst optimale Strategien beherrschen, um Lernergebnisse zu erzielen, die von der Gruppe in ganz unterschiedlicher Weise genutzt werden können (z.B. eigene Erkundungen, Textanalysen u.Ä.).

– *Kinder lernen voneinander.*
 Es spielt keine Rolle, ob ein älteres Kind von einem jüngeren lernt oder umgekehrt. Beides ist möglich und »Sich-etwas-Abgucken« ist in beiden Richtungen erlaubt und sogar erwünscht (vgl. LAMBRICH/SCHOLZ 1992, 295 und 297f.).

– *Kinder lernen miteinander.*
 Immer ist die Möglichkeit gegeben, gemeinsam an einer Aufgabe zu arbeiten: ein Merkblatt für die Klasse zu einem grammatischen Sachverhalt zu verfassen und diesen Sachverhalt selbst sich vorher wechselseitig zu erschließen; ein Herbarium aus heimischen Pflanzen anzulegen und sich beim Suchen, Sammeln, Gestalten wechselseitig anzuregen; eine fremdsprachliche Szene einzuüben und in unterschiedliche Rollen dabei hineinzuwachsen usw.

– *Kinder lernen beziehungsfähig zu werden.*
 Beim gemeinsamen Lernen unterschiedlicher Jahrgänge spielen natürlich Interaktionsprobleme eine große Rolle. Die äl-

11. Jahrgangsübergreifender Unterricht

teren wie die jüngeren müssen lernen, miteinander auszukommen. Ein älteres Kind muss sich vielleicht manchmal von einer Überlegenheitsposition verabschieden, ein jüngeres muß Selbstbewusstsein erwerben, um sich durchzusetzen, alle müssen lernen, wie man sich gegenseitig hilft, miteinander streitet, Kompromisse aushandelt. Zur Problematik von Interaktionen und Sozialbeziehungen überhaupt sei auf die Untersuchungen von Lothar KRAPPMANN und Hans OSWALD verwiesen (KRAPPMANN, OSWALD 1995).

Es ist nicht gesagt, dass es ähnliche Möglichkeiten nicht beim Unterricht in Jahrgangsklassen gäbe. Beim jahrgangsübergreifenden Unterricht erwachsen sie allerdings direkt und unmittelbar aus dem ganz natürlichen täglichen Unterrichtsgeschehen und können sich in verdichteter und gesteigerter Form realisieren. Einer künstlichen und häufig aufwendigen Herbeiführung entsprechender Situationen bedarf es nicht.

Jahrgangsübergreifender Unterricht an Kleinen Grundschulen also eine Idylle? Mitnichten. Zunächst ist einmal harte Arbeit von Lehrerinnen und Lehrern, die sich auf etwas Neues und Ungewohntes einlassen müssen, damit verbunden. Auch die Eltern sind zu überzeugen, dass ihr Kind hierdurch keineswegs schlech-

Die *Ängste von Eltern* sind ernst zu nehmen, können aber durchaus abgebaut werden.

tere Lernchancen hat. Im Hinblick auf die Schreibkompetenz der Kinder im BLK-Modellversuch »Kleine Grundschule« im Land Brandenburg konnte das z.B. SCHEERER-NEUMANN in der Tendenz nachweisen (SCHEERER-NEUMANN 1998). Hinsichtlich des Erwerbs sozialer Kompetenzen der Kinder liegen aus dem gleichen Modellversuch mündliche Mitteilungen weiterführender Schulen vor, die von deren hohen Ausprägungsgrad überrascht wurden.

Bleibt abschließend noch die Frage, was denn Lehrerinnen und Lehrer können sollten, die jahrgangsübergreifend unterrichten wollen oder müssen. Sollten sie mehr oder anderes können als Lehrkräfte, die in Jahrgangsklassen unterrichten?

Auf jeden Fall sollten sie in der Lage sein, über ihre Fächer, die sie in der Ausbildung erworben haben, hinauszudenken und sich in der Regel auch weitere fachliche Inhalte anzueignen. Von ebensolcher Bedeutung ist ihre Teamfähigkeit. Jahrgangsübergreifendes Unterrichten erfordert in hohem Maße, sich mit anderen Lehrkräften abzustimmen, sich zivil zu streiten, Kompromisse einzugehen, gemeinsam zu planen, den Tages- und Wochenablauf zu managen u.a.m. – alles Qualifikationen, die gegenwärtig nur in ganz geringem Umfang in der Ausbildung erworben werden können, aber für die Zukunft der Grundschule bedeutsam sind. Und wahrscheinlich nicht nur für die Organisation jahrgangsübergreifenden Unterrichts.

> Die mangelnde Teamfähigkeit von Lehrkräften an deutschen Schulen wird immer wieder beklagt. Die Ausbildung zum Einzelkämpfer und die Realisierung von Einzelkämpfertum sind typisch. Mit einem »Umlernen« sind schwierige Prozesse verbunden.

Insgesamt wird es wohl in absehbarer Zeit nicht geschehen, dass jahrgangsübergreifender Unterricht das Gesicht der Grundschule prägen wird. Aber ein Nachdenken darüber, in welcher Weise Unterricht in Jahrgangsklassen und jahrgangsübergreifender Unterricht miteinander korrespondieren könnten und welche Folgen das hätte, ist mit Sicherheit lohnend.

Zusammenfassung

Eine sichtbare Zuwendung zu jahrgangsübergreifendem Unterricht in der Grundschule in den letzten Jahren hängt zum einen mit demographischen Entwicklungen in einer Reihe von Bundesländern zusammen. Zum anderen aber ist der Ursprung in der generellen Reformorientierung von Grundschule zu sehen, die sie auch aus Konzepten der historischen Reformpädagogik wie aus ausgewiesenen Reformschulen der Bundesrepublik bezieht, für die altersgemischtes Lernen charakteristisch war und ist. Ebenso wirkt die Aufarbeitung internationaler Tendenzen.

11. Jahrgangsübergreifender Unterricht

Jahrgangsübergreifender Unterricht hat für Kinder viele Vorteile, stellt jedoch an Lehrerinnen und Lehrer zum Teil neue und ungewohnte Anforderungen.

Anmerkungen

[1] Wir beziehen uns hier auf den im gesamten Buch vertretenen erweiterten Leistungsbegriff.

Verwendete Literatur

Entwicklung und Erprobung der Qualitätssicherung Kleiner Grundschulen in Brandenburg. BLK-Modellversuch. Pädagogisches Landesinstitut Brandenburg. Ludwigsfelde 1995

Fickermann, O./Weishaupt, H./Zedler, P. (Hg.): Kleine Grundschulen in Europa. Berichte aus elf europäischen Ländern. Weinheim 1998

Grundschule mit jahrgangsübergreifenden Lerngruppen. Begründung für die Einrichtung eines Modellversuchs. GEW Berlin, blz 1/1999, extra

Grundschulverband aktuell. Mitteilungsblatt des Arbeitskreises Grundschule – Der Grundschulverband – e. V. III. Quartal, Frankfurt a.M. September 1996, Nr. 55

Hagstedt, H.: Kinder mit Lehrfunktionen. In: Die Grundschulzeitschrift, Seelze 9/1995/84

Klippert, H.: Methoden-Training. Übungsbausteine für den Unterricht. Weinheim und Basel 1994^2

Krappmann, L., Oswald, H.: Alltag der Schulkinder. Weinheim und München 1995

Laging, R.: Jahrgangsübergreifender Unterricht in der Schule. In: Wege entstehen beim Gehen. Kleine Grundschulen entwickeln ein Konzept. Pädagogisches Landesinstitut Brandenburg. Fachserie: Schulstruktur und Schulentwicklung. Ludwigsfelde 1995

Lambrich, J./Scholz, G.: Schau mal. In: Neue Sammlung, Seelze 32/1992/2

Paulsen, F.: Kritik an einer Landschule um 1850. In: Zur Geschichte der Volksschule; Bd. II. Herausgegeben von Prof. Dr. Wolfgang Scheibe. Bad Heilbrunn/Obb. 1974

Scheerer-Neumann, G.: Die Entwicklung der Schreibkompetenz in altersgemischten Klassen an »Kleinen Grundschulen« Brandenburgs. In: Abschlußbericht des BLK-Modellversuchs »Entwicklung und Erprobung der Qualitätssicherung Kleiner Grundschulen in Brandenburg. Pädagogisches Landesinstitut Brandenburg«. Berichterstattung Elvira Waldmann, Brigitte Schulz, Denise Sommer. Ludwigsfelde 1998

Was Sie sonst noch lesen sollten

Ingenkamp, K.: Zur Problematik der Jahrgangsklasse. Weinheim, Berlin, Basel 1969

Kempowski, W.: Meine Erfahrungen mit der Landschule. In: Der Niedersächsische Kultusminister: Die kleine Grundschule. Hannover o. J.

Röhmer, Ch./Skischus, G./Thies, W. (Hg.): Was versuchen Versuchsschulen. Einblicke in die Reformschule Kassel. Baltmannsweiler 1998

Thurn, S./Tillmann, K.-J. (Hg.): Unsere Schule ist ein Haus des Lernens. Das Beispiel Laborschule Bielefeld. Reinbek bei Hamburg 1997

Fragen und Aufgaben

☐ Versetzen Sie sich in die Lage eines Kindes, das zwei Jahre in Jahrgangsklassen gelernt hat und nun in eine Klasse mit jahrgangsübergreifendem Unterricht kommt. Welche Probleme wird es haben? Was muss es völlig neu lernen?

☐ Setzen Sie sich im spielerischen Dialog mit einer Mutter auseinander, die nahezu ausschließlich negative Vorstellungen von jahrgangsübergreifendem Unterricht hat. Spüren Sie den Ursachen ihrer Auffassung nach und versuchen Sie, sie für einige Vorteile jahrgangsübergreifenden Unterrichts aufzuschließen.

12. Wenig beachtete Unterrichtsprobleme

Es gibt eine Reihe von Unterrichtsproblemen, die in Lehrbüchern oder Leitfäden für die Grundschulausbildung wenig Beachtung finden. Von Studentinnen und Studenten, die erstmals Praktika absolvieren, werden sie deutlich benannt. Sie erwecken häufig den Anschein von Belanglosigkeit, können aber bei ungenügender Reflexion und Selbstvergewisserung das Studium in seiner Verbindung von Theorie und Praxis erheblich beeinträchtigen. Es handelt sich dabei um Fragen wie:
- Ich hatte die Stunde sorgfältig vorbereitet, konnte nach meinem Konzept aber überhaupt nicht unterrichten, weil die Klasse die Schneeflocken vor dem Fenster viel interessanter fand als die Einführung gebrochener Zahlen. Ich wusste überhaupt nicht mehr, was ich tun sollte.
- Das war meine dritte Unterrichtsstunde in der 4. Klasse: Und schon wieder hätte sie mir der Klassenclown fast »geschmissen«.
- Immer wieder sind mir meine Hände im Weg, wenn ich vor der Klasse stehe usw.

Der erste Komplex verweist auf Überraschungen im Unterricht, die zwar in manchem theoretischen Konzept nicht vorkommen, aber in jeder Form von Unterricht eine große Rolle spielen. Eng damit hängt der zweite Komplex zusammen: der der offenkundigen Unterrichtsstörungen, die Lehrerinnen und Lehrern den Unterricht oft unerträglich machen. Der dritte Komplex hat mit einem Defizit zu tun, das erst allmählich erkannt zu werden beginnt: dem Phänomen der Körpersprache im Unterricht.

Auf diese Problemkomplexe soll nachfolgend eingegangen werden. Weitere (wünschenswerte) können wir hier leider nicht abhandeln.

»Lass dich überraschen ...«

Kürzlich hat Ulf MÜHLHAUSEN ein Buch vorgelegt mit dem Titel »Überraschungen im Unterricht« (MÜHLHAUSEN 1994). Dort plädiert er für ein Konzept überraschungsoffenen Unterrichts. In anderen Publikationen wird der damit gemeinte Sachverhalt häufig als Reagieren auf nicht voraussehbare Ereignisse bezeichnet (vgl. DREWS/FUHRMANN 1988, 91ff.). Überraschungsoffenheit trifft das Gemeinte wahrscheinlich besser.

Werfen wir den Blick zunächst auf einige Beispiele:

Beispiel 1
Nach der ersten Woche in der Schule packt Friederike plötzlich völlig unvermittelt ihre Mappe während des Unterrichts, sagt knapp: »Ich gehe jetzt« und verlässt den Raum.

Beispiel 2
Max wohnt in der Großstadt. Das erste Mal in seinem Leben haben im Blumenkasten vor seinem Fenster im 6. Stock des Hochhauses Grünfinken genistet. Im Unterricht wird über Brutpflege von Vögeln gesprochen. Grünfinken sind dabei nicht eingeplant. Max versucht, sie dennoch ins Gespräch zu bringen. Ohne Erfolg. Max weint ein bisschen und schaltet dann für den Rest des Unterrichts ab.

Beispiel 3
Mit viel Engagement hat die 4. Klasse ein Aquarium eingerichtet. King, der dickste Fisch, den die Kinder abgöttisch lieben, scheint sich seit einem Tag nicht gut zu fühlen. Heute, in der Mathematikstunde, zappelt er plötzlich noch etwas und dann treibt er nur noch an der Wasseroberfläche dahin. Tot. Julia hat diesen unerhörten Vorfall als erste bemerkt. Die Klasse ist nicht mehr zu halten. Mathematik – das war einmal! Als sich die Aufregung etwas gelegt hat, schlägt Franzi vor, eine Schweigeminute für den toten Fisch einzulegen.

In allen drei Fällen hat niemand mit einem solchen Vorfall gerechnet: Wer hätte schon gedacht, dass Friederike die Schule so rasch »überbekäme« – wie sich im Nachhinein herausstellte – dass sie einfach kommentarlos davongehen würde. Und wer konnte das Grünfinken-Erlebnis einkalkulieren? Und gar noch das Sterben eines Fisches mitten in der Mathematikstunde? Aber auch Vorschläge, für tote Fische Schweigeminuten einzulegen, sind nicht ganz alltäglich.

Festzuhalten ist zunächst, dass mit Sicherheit die jeweilige Lehrkraft überrascht war. Ihre Reaktion haben wir nur im zweiten Beispiel beschrieben, in den anderen beiden Beispielen bewusst

12. Wenig beachtete Unterrichtsprobleme

nicht, um zum Nachdenken anzustiften: Was hätten Sie denn getan?

Man muss allerdings bedenken, dass auch die Schüler überrascht worden sind. Auch für sie war eine neuartige Situation entstanden. Allerdings sind die Ebenen des Überraschtwerdens bei Lehrkräften und Kindern anderer Art. Während die Lehrkräfte in der Regel einen Plan haben und wissen, wo es hingehen soll, ist das bei den Kindern anders. Häufig sind sie im Unterricht leider die »Ausgelieferten«, wissen nicht immer, was sie noch erwartet. Sie sind von daher allerdings von vornherein überraschungsoffener. Sie unterliegen nicht dem Druck von Lehrerinnen und Lehrern, »ihren Stoff schaffen zu müssen« – was immer das bei genauerer Überlegung heißen mag.

> Schon bei Unterrichtseinstiegen kann es manchmal bereits zum »Eklat« kommen und zwar dann, wenn Lehrerinnen und Lehrer sich etwas Überraschendes für die Kinder ausgedacht haben, diese das aber gar nicht so empfinden. Dennoch gilt: Auch aus einem misslungenen Unterrichtseinstieg lässt sich noch etwas machen.

Sind Überraschungen nun dem Unterrichtsverlauf hinderlich? In der Regel nicht. Wenn man davon ausgeht, dass die Grundschule heute stärker mit den Interessen und Bedürfnissen von Kindern rechnet, dann dürfen diese nicht lediglich im Morgenkreis artikuliert werden. Raum dafür muss im gesamten Unterricht gegeben sein. Ansonsten brauchte man beispielsweise nicht von der Notwendigkeit der Öffnung von Unterricht zu sprechen. Eine mögliche Gefahr ist allerdings, dass der Unterricht sich ausschließlich an den kindlichen Interessen und Bedürfnissen orientiert und damit die Aufgaben von Schule, Kinder über ihren Horizont zugleich entscheidend hinauszuführen, sie im weitesten Sinne erwachsen zu machen (H. v. HENTIG), nicht mehr realisiert würden. Hier stoßen wir wieder auf ein wichtiges Spannungsfeld: Lehrkräfte müssen ein Konzept verfolgen, aber sie müssen sich auch ein solches Maß an Offenheit bewahren, dass sie gut mit Überraschungen leben können, darauf eingestellt sind. Alle möglichen Situationen, die im Unterricht entstehen können, können ohnehin niemals von der pädagogischen Theorie vorausbedacht, beschrieben und mit Handlungshinweisen versehen werden. Das wäre auch gar nicht im Sinne von Lehrerinnen und Lehrern. Eine Reduktion pädagogisch-unterrichtlicher Tätigkeit auf das Abarbeiten von Handlungsaufforderungen würde wohl weder eine angehende noch eine gestandene Lehrkraft wollen.

Überraschungen können angenehmer und unangenehmer Art sein. Kinder haben oft wunderbare Ideen und Erlebnisse, die das Unterrichten ungemein bereichern können. Man sollte lernen, sich daran zu erfreuen. Es ist aber auch möglich, ganz pragmatisch zu denken: Kann das nützlich sein für den Fortgang des Unterrichts, die Entwicklung des sozialen Klimas in einer Klasse, die Stärkung des Selbstbewusstseins eines Kindes?

Die unangenehmen Überraschungen sind leider niemals auszuschließen: Am gravierendsten sind solche Unterrichtssituationen, in denen sich herausstellt, dass das erwartete Vorwissen der Kinder gegen Null tendiert. Hier kann man nicht nach einem rasch gegebenen Rezept greifen. Die Lage muss gründlich analysiert werden: von der Art der Unterrichtsgestaltung bis hin zum sozialen Klima in der Klasse. Supervision kann hierbei sehr hilfreich sein.

Sog. Killerphrasen finden im Unterricht noch viel zu häufig Anwendung. Ein Nachdenken über ihre mögliche Wirkung ist angebracht.

Überraschungen sollten niemals mit »Killerphrasen« abgetan werden. Zu den pädagogisch verbreitetsten Killerphrasen gehören Äußerungen wie: »Darüber reden wir erst später«, »Das hatten wir schon«, »Das passt nicht zum Thema« u.a.m. Hierdurch wird mit Sicherheit das Interesse am augenblicklichen Unterricht zerstört und unter Umständen sogar die Individualität manches Kindes beschädigt.

Um den Umgang mit Überraschungen vielleicht ein Stück weit zu professionalisieren, bietet sich eine Art Überraschungstraining an. Hierfür hat MÜHLHAUSEN bedenkenswerte Vorschläge entwickelt, z.B. empfiehlt er, sich ein ganz persönliches Überraschungsarchiv anzulegen oder Simmulationsspiele durchzuführen (vgl. MÜHLHAUSEN 1994, 204ff.) oder einfach in Ruhe über das »erlittene« Überraschungsmoment nachzudenken und die eigene Reaktion zu analysieren.

Der erfolgreiche Umgang mit Überraschungen im Unterricht setzt voraus, Ängste abzubauen, dass im Unterricht etwas anders verlaufen könnte, als man es vorherbedacht hatte. Überraschungen sind etwas völlig Normales, vor allem, wenn man sich der Unterrichtung kleiner Schulkinder verschrieben hat, die sich in der Regel durch einen großen Wahrnehmungsreichtum und ein recht spontanes Reagieren auf alles, was sie beschäftigt, auszeichnen.

Mit Unterrichtsstörungen umgehen

Unterrichtsstörungen zu verhindern oder die Verursacher zu bestrafen – das gehört zu den Jahrhundertproblemen praktischer Durchführung von Unterricht.

Historisch gesehen gab es ein ganzes Arsenal von »Kampfmitteln« der Schule gegen störende und unbotmäßige Kinder.

12. Wenig beachtete Unterrichtsprobleme

Das inhumanste war die *Prügelstrafe*. Die damit verbundenen Demütigungen von Kindern physischer und psychischer Art haben viele Schriftsteller festgehalten.

Auf den ersten Blick weniger drastisch wirkten sich *Schul- und Unterrichtsordnungen* aus. Im Gefolge ihrer Verletzung allerdings wurde häufig auch geprügelt. Die strengen Reglementierungen programmierten Strafen im Grunde bereits vor. Etwa um 1880 wurde beispielsweise festgelegt:

- *Alle Schüler sitzen anständig, gerade, mit dem Rücken angelehnt in Reihen hintereinander.*
- *Jedes Kind legt seine Hände geschlossen auf die Schultafel.*
- *Die Füße werden parallel nebeneinander auf den Boden gestellt.*
- *Sämtliche Kinder schauen dem Lehrer fest ins Auge.*
- *Sprechen, Plaudern, Lachen, Flüstern, Hinundherrücken, heimliches Lesen, neugieriges Umhergaffen dürfen nicht vorkommen.*
- *Das Melden geschieht bescheiden mit dem Finger der rechten Hand. Dabei wird der Ellenbogen des rechten Armes in die linke Hand gestützt.*
- *Beim Antworten hat sich das Kind rasch zu erheben, gerade zu stehen, dem Lehrer fest ins Auge zu schauen und in vollständigen Sätzen rein und laut zu sprechen* (nach KEHR 1880).

Paradoxerweise gab es auch noch zu Zeiten beginnender reformpädagogischer Praxis vielfach Ordnungen, die obiger recht ähnlich waren.[1] Nur: von Prügelstrafe bei Nichtbefolgung hielten überzeugte Reformpädagogen nichts. Sehen wir uns ein Beispiel einer solchen Ordnung einmal an. Ihr Verfasser versteht sich ausdrücklich als Vertreter der Arbeitsschulbewegung:

»*Unsere Klassenordnung*
Vor dem Unterricht:
　　1. Auf dem Platze sein!
　　2. Platz sauber!
　　3. Mund halten!
　　4. Nicht umdrehen!
　　5. Nicht zanken!
　　6. Aufgaben für die Stunde durchlernen!

Im Unterricht:
7. Hände sind auf dem Tisch!
8. Alle mitarbeiten!
9. Laut sprechen!
10. In ganzen Sätzen erzählen!
11. Nicht dazwischen rufen!
12. Nacheinander sprechen!« (SCHULZE 1926, 17).

Neben vielen anderen Disziplinierungsmitteln für Kinder (Karzer, Eselsbank, in der Ecke stehen müssen) spielten auch *Schulbänke* eine bedeutende Rolle. Sie waren festgeschraubt, unbeweglich, pferchten das Kind ein, unterlagen streng dem Prinzip der Rechtwinkligkeit. Das Ludwig-Uhland-Institut in Tübingen hat diese Perversion eines Haltungsideals im Einzelnen untersucht: Die Fußsohle hatte gerade auf dem Boden aufzuliegen, der Unterschenkel sollte senkrecht in die Höhe weisen, die Oberschenkel im rechten Winkel dazu auf der Sitzfläche aufliegen, der Oberkörper wiederum sollte rechtwinklig zum Oberschenkel sein (vgl. CHRISTIAN 1990, 63).

CHRISTIAN verweist darauf, dass die Körperfixierung durch die Schulbank die Erzwingung einer ähnlichen Körperhaltung mittels Rohrstock und Ohrfeigen ersetzte. Die direkte körperliche Gewalt wich einer subtileren Form der Einwirkung auf das Kind. Von manchen Pädagogen wurde dies als ein Beitrag zur Humanisierung von Schule und Unterricht gefeiert (vgl. ebenda, 64). Nebenbei sollte die Fixierung der Körper auf den Bänken »auch einer Gefahr begegnen, die das kollektive Trauma aller wilhelminischen Pädagogen darstellte: der schülerlichen Onanie« (ebenda, 65).

Wo stehen wir heute? Die Prügelstrafe ist abgeschafft, fest verschraubte, das Kind einzwängende Schulbänke gibt es nicht mehr. In vielen Klassen tragen die Kinder Tische und Stühle dorthin, wo am besten gearbeitet werden kann. Manche Kinder sitzen sogar auf Sitzbällen.

Unterrichtsstörungen aber gibt es noch zur Genüge.
Schauen wir uns zunächst ein modernes Beispiel an:

»Montagmorgen, sechste Stunde, Sportunterricht in einem kribbeligen 3. Schuljahr, 25 Kinder im Turnzeug auf dem asphaltierten Schulhof. Ich stehe mit erhobenen Händen am Mittelkreis eines aufgemalten Spielfeldes und gebe damit das mit den Kindern vereinbarte Zeichen, sich im Kreis zu ver-

12. Wenig beachtete Unterrichtsprobleme

sammeln. Für mein inneres Empfinden dauert es ziemlich lange, bis die meisten Kinder sich an der Kreislinie hingesetzt haben. Einige toben weiterhin herum, müssen extra angesprochen und mehrfach aufgefordert werden. Als endlich allmählich Ruhe einkehrt, damit ein neues Ballspiel vorgestellt werden kann, hüpft K. wie ein Häschen im Kreis umher und lenkt damit die Aufmerksamkeit aller auf sich. Wieder bricht die eben erst mühsam hergestellte Konzentration zusammen: Alle Kinder lachen und versuchen, K. mit Händen und Füßen umzustoßen. – STÖRUNG!« (LANGOS-LUCA 1992, 11).

Die Störung hier ist noch eine von der harmlosen Art. Die weit verbreitete Kennzeichnung einer Störung von WINKEL – Unterricht wird inhuman; ein weiterer Fortgang des Unterrichts ist nur schwer möglich (WINKEL 1996) – träfe hier wohl nur mit Einschränkungen zu. Dennoch werden zwei Tatsachen deutlich: Für den Lehrer ist die Störung durchaus nicht ganz so harmlos. Aus seiner Darstellung geht hervor, dass er schon ziemlich ungeduldig und wohl auch etwas ärgerlich ist. Den Kindern hingegen ist die Störung wohl eher eine angenehme Abwechslung. Sie lassen sich sofort darauf ein, sind willige Mitspieler.

> Obwohl Unterrichtsstörungen weit verbreitet und offenbar auch im Zunehmen begriffen sind, wird das Schreiben oder Reden darüber vielfach noch weitgehend tabuisiert.

Störungen sind also durchaus nicht immer Störungen, die sowohl von Lehrkräften als auch von Kindern als solche empfunden werden. Die Lage verändert sich, wenn sich Schülerinnen und Schüler beispielsweise in Phasen freier Arbeit durch Unruhe und lautes Sprechen einiger Kinder deutlich in ihren Arbeitsabläufen behindert fühlen und das auch artikulieren. Dabei ist aber immer noch in Rechnung zu stellen, dass Kinder eine wesentlich höhere Lärmtoleranzschwelle haben als die meisten Lehrerinnen und Lehrer. Das ist auch bei Studentinnen und Studenten häufig festzustellen, wenn sie sich nach Unterrichtsbesuchen erstaunt über Reaktionen von Lehrkräften über Lärm und Unruhe in der Klasse äußern und deutlich machen, dass *sie* das überhaupt noch nicht gestört hätte.

Es ist immer nützlich, wenn sich Klassen und Lehrkräfte auf ein Maß an Störungen einigen, das beide Seiten noch tolerieren können und darüber, was von beiden nicht mehr toleriert werden kann. Regeln, gemeinsam mit den Kindern aufgestellt (und nicht, wie bei unserem historischen Beispiel, den Kindern übergestülpt), können hierbei helfen. Auch der Klassenrat kann bei der Regelung von Verhaltensweisen eine wichtige Funktion erfüllen.

Wichtig aber ist die angstlose Auseinandersetzung mit Störungen, die jede Lehrkraft zunächst einmal mit sich allein führen sollte. Besonders WINKEL hat immer wieder darauf verwiesen, dass Unterrichtsstörungen in der Regel eine Botschaft enthalten (ebenda 1996). Sie können ein Hilfeschrei sein – ein Kind fühlt sich missachtet, ungenügend zur Kenntnis genommen, wird mit komplizierten familiären Problemen u.Ä. nicht fertig. Es bittet auf seine Weise um Zuwendung und Aufmerksamkeit oder fordert sie aggressiv ein.

Unterrichtsstörungen können aber auch von verwöhnten Kindern ausgehen, von Kindern, die das »Bestimmen« über andere in der Klasse gewohnt sind, die schwer ertragen können, nicht ständig im Mittelpunkt zu stehen. Auch sie senden über Störungen Botschaften aus, um auf sich aufmerksam zu machen.

Ein Entschlüsseln ist in jedem Fall erforderlich – auch wenn es sich zuweilen recht mühsam gestaltet und eine lange Zeit dauern kann.

Im Verständnis von Unterrichtsstörungen wird häufig noch eine recht zählebige Auffassung von Unterricht deutlich: Manche Lehrkräfte meinen, Störungen gingen nur von Kindern aus, niemals aber von ihnen selbst. Dass Unterricht ein zweiseitiger Prozess ist, wird dabei häufig vergessen.

In Erinnerungen an ihre Schulzeit können auch Erwachsene noch sehr genau benennen, was sie an «ihren» Lehrkräften gestört hat.

Grundschulkinder stört es z.B. wenn Lehrerinnen und Lehrer schreien (das hat u.a. eine Befragung von 800 Grundschulkindern im Land Brandenburg ergeben). Sie bekommen dann einfach Angst.

Grundschulkinder leiden auch unter einfallslosem und langweiligem Unterricht. Selbst wenn Ruhe in einer Klasse herrscht, ist das nicht unbedingt ein Zeichen von Aufmerksamkeit. Die Kinder haben dann vielleicht einfach abgeschaltet.

Auch das häufige Hinwenden zu »Lieblingsschülern« empfinden Kinder als störend und reagieren entsprechend – teils mit massiven weiteren Störungen von ihrer Seite aus.

Vergleicht man, was Kinder und Lehrkräfte gleichermaßen stört, so stößt man auf den interessanten Sachverhalt, dass es Lärm, Schreien, Schwatzen, Unruhe sind. Das heißt aber leider nicht, dass die beiderseits als unangenehm empfundene Störung auch beiderseits zügig behoben würde. Die Ursachen sind zu vielfältig als dass es nur wenige schlichte Bewältigungsmuster geben könnte.

Die auf den weiterführenden Schulen gefürchteten geplanten Störaktionen ganzer Klassen gegen Lehrerinnen und Lehrer tre-

12. Wenig beachtete Unterrichtsprobleme

ten in der Grundschule glücklicherweise kaum auf. Dennoch ist der Umgang mit Unterrichtsstörungen auf jeder Schulstufe schwierig: Einerseits ist es erforderlich, Unterrichtsstörungen bis zu einem gewissen Grade auszuhalten, also nicht »auf alles einzusteigen«. Beispielsweise würde sich das auf die Erhöhung der Toleranzschwelle bei allgemeiner Unruhe der Kinder im Unterricht beziehen. Zum anderen aber wird die eigene Person und letzten Endes die Institution Schule unglaubwürdig, wenn jegliche Maßstäbe für vernünftiges Arbeiten aufgegeben würden. Die in Kapitel 7 gekennzeichnete Problematik der Spannungsfelder trifft also voll und ganz auch auf das Problem der Unterrichtsstörungen zu. Thomas ZIEHE (vgl. ZIEHE 1987, 13) empfiehlt Lehrkräften dreierlei (wir ergänzen jeweils):

Gerade für junge Lehrerinnen und Lehrer ist es oft schwierig, das rechte Maß zwischen Aushalten und »Eingreifen« zu finden.

→ *vgl. Kapitel 7*

– Glaubwürdigkeit:
  Grundschulkinder müssen genau wissen, woran sie bei ihren Lehrerinnen und Lehrern sind.
– Willensfestigkeit und Konsequenz:
  In einer Untersuchung an der Universität Potsdam konnte beispielsweise festgestellt werden, dass sich Lehrerinnen und Lehrer ziemlich selten an die von ihnen selbst verkündeten Regeln und Prinzipien halten (DREWS/FELGER-PÄRSCH/HEUSINGER 1999).
– Faszination des Unterrichts:
  Darauf sind wir bereits eingegangen. Je interessanter der Unterricht für sie ist, desto weniger werden Kinder stören.

Abschließend noch eine Feststellung: Überraschungen und Störungen liegen im Unterricht oft dicht beieinander. Das hängt vor allem damit zusammen, dass der Anspruch an den Verlauf pädagogischer Prozesse und die Wahrnehmung von Behinderungen dieser Prozesse höchst unterschiedlich sein kann. Darauf wurde bereits verwiesen. Schließen wir mit einem weiteren (historischen) Beispiel dafür ab. Ein Vertreter einer anderen Gruppe, die Unterricht wahrnimmt und über seine Qualität befindet, ist hier einbezogen, ein Schulrat. Das Beispiel wurde im Friedrich Jahresheft zu Unterrichtsstörungen aufgegriffen und gibt eine Erinnerung an Schule von Paul Georg MÜNCH, einem bekannten Schulreformer, wieder. MÜNCH schildert:

Die Wahrnehmung und Benennung von Unterrichtsstörungen unterliegt nicht nur einem historischen Wandel, sondern auch einem Funktionsträgern verpflichteten Wandel.

> «Der Schulrat wohnte dem Unterricht bei, und plötzlich hörte er das Miau einer jungen Katze.
>   Er stellte eine hochnotpeinliche Untersuchung an und entdeckte eine leibhaftige Katze in Käthes Schulmappe.

Er hielt Käthe eine Standpauke: so etwas unerhörtes wäre ihm noch nie vorgekommen, und es wäre eine nette Auffassung vom Ernst des Unterrichts!

Nun aber geschah das noch unerhörtere: im Laufe der Stunde meldete sich eine zweite Katze, drei, vier, fünf wurden unter den Bänken hervorgeholt. Käthes Vater hatte die jungen Katzen ersäufen wollen, sie aber war eine große Tierfreundin und hatte ohne mein Wissen die Katzen an die Klassenschwestern verschenkt.

Der Schulrat war fuchsteufelswild: in einer Klasse, wo heiliges Pflichtgefühl obwalte, könne so etwas nicht vorkommen, und statt Bücher über Schulreform zu schreiben, soll ich doch erstmal dafür sorgen, dass die Schulstube nicht zum zoologischen Garten werde.« (MÜNCH 1933, 149f.)

Die Verfasser des Aufsatzes verweisen darauf, dass die eigentliche Unterrichtsstörung durch die Intervention des Schulrates zu Stande gekommen sei. Weder Klasse noch Lehrer hätten sich wahrscheinlich durch die jungen Katzen gestört gefühlt (vgl. CONRAD/LUDWIG 1987, 19). Eher könnte man aus ihrer Sicht wohl von einer (vielleicht sogar angenehmen?) Überraschung sprechen. Die Dramatik der Situation, die in massiven verbalen Angriffen auf den schreibenden Lehrer gipfelte, entwickelte sich in der Tat erst durch das Eingreifen des Schulrates. Für ihn waren Ernsthaftigkeit von Schule und Pflichterfüllung eindeutig verletzt worden.

Körpersprache im Unterricht

Dem Problem von Körpersprache oder auch von nonverbaler Kommunikation wird heute in vielen gesellschaftlichen Bereichen hohe Aufmerksamkeit zuteil. Das reicht von der Managerausbildung bis zum beruflichen Bewerbungstraining.

Es ist erstaunlich, dass in solch einem Bereich wie dem der Schule relativ wenig zu Körpersprache veröffentlicht, geschweige denn geforscht wird. Dabei gilt als erwiesen, dass Botschaften, die von einem Menschen ausgesandt werden, immer auch an körperliche Signale gebunden sind. Schule halten, Unterrichten bieten geradezu exzellente Beispiele für die Wirkung von Körpersprache auf andere Menschen. Die praktische und theoretische Vernachlässigung des Körpersprachphänomens hängt wahrscheinlich mit der generellen Vernachlässigung des menschlichen Körpers in der Pädagogik und mit der Verkopfung des

---

Indem eine Person spricht, sehen wir zugleich ihre Blicke, ihre Gesichtszüge, ihre Hände, ja oft den ganzen Körper mitsprechen, und der mimische Teil der Unterhaltung wird nicht selten für den beredtesten erachtet.

Friedrich Schiller.
In: Über Anmut und Würde 1793

12. Wenig beachtete Unterrichtsprobleme

Unterrichts zusammen (RUMPF 1988). Hilbert MEYER hat darauf verwiesen (vgl. MEYER 1987, 371ff.). Befragt man hingegen Studentinnen und Studenten nach Erinnerungen an ihre Schulzeit, so werden immer auch Situationen beschrieben, die etwas mit körpersprachlichen Wahrnehmungen – leider häufig unangenehmer Art – zu tun haben:

> »Wenn wir Arbeiten geschrieben haben, hat sich Herr X so lange hinter mich gestellt, bis ich nicht mehr schreiben konnte. Wenn mich dieser Blick getroffen hat, bin ich immer zusammengezuckt. Frau Y ist immer durch die Klasse gerast, sodass ich mich gar nicht konzentrieren konnte.«

Aber auch für Lehrerinnen und Lehrer kann es im Umgang mit Kindern viel Frustrierendes und teils sogar Beängstigendes in der nonverbalen Kommunikation geben: das demonstrative Gähnen eines Schülers kann genauso beeinträchtigend sein wie das minutenlange Starren einer ganzen Klasse auf einen Punkt an der Wand oder am Körper der Lehrkraft.

Auf der anderen Seite haben Lehrerinnen und Lehrer große Möglichkeiten, Unterricht mit körpersprachlichen Mitteln zu steuern. Wahrscheinlich wäre effektives und beziehungsadäquates Unterrichten ohne deren Einsatz gar nicht möglich. Leider ist das aber den meisten Lehrkräften nicht bekannt und vor allem nicht bewusst. So kann die Lehrperson zu gleicher Zeit über Blickkontakt 20 bis 30 Kinder wahrnehmen und ihnen durch Blicke übermitteln, dass sie still sein oder zur Lehrkraft schauen möchten o.Ä.

Was gehört zur Sprache des Körpers? Neben dem schon erwähnten Blickkontakt gehören das Blickverhalten, die Mimik und Gestik, die Körperhaltung, das proxemische Verhalten eines Menschen dazu.

Seine Körpersprache ist dem Menschen zu einem guten Teil angeboren, noch mehr aber spielen erworbene Möglichkeiten eine Rolle. Und hierbei sind schichtspezifische Unterschiede, gruppen- und gesellschaftsspezifische Unterschiede von Bedeutung. Auch der jeweilige Beruf spielt eine Rolle: Eine Kellnerin in einem Restaurant hat eine andere Körpersprache als eine Bankkauffrau oder ein Versicherungsagent. Und schließlich hat jeder Mensch eine nur ihm eigene, ganz individuelle Körpersprache.

Jeder Mensch kann an seiner Körpersprache arbeiten und lernen, sich Bedingungen und Situationen nach Möglichkeit »anzupassen«.

Als Problem kann sich zuweilen herausstellen, dass bestimmte körperliche Signale (Beine übereinanderschlagen, Hände in die Hüfte stemmen) gesellschaftlich mit bestimmten Bedeutungen belegt sind, die einem ahnungslosen Menschen oft in wichtigen Situationen (z.B. bei Bewerbungsgesprächen) zum Verhängnis werden können.

Wenn man mit Friedemann SCHULZ VON THUN und anderen Psychologen bei der Übermittlung von Nachrichten oder Botschaften an andere Menschen einen Inhalts- oder Sachaspekt, einen Selbstoffenbarungs-, Appell- und Beziehungsaspekt unterscheidet (v. THUN 1994), so lässt sich festhalten, dass vorrangig der Beziehungsaspekt an das Aussenden und Empfangen von körpersprachlichen Signalen gebunden ist. An Mimik, Gestik, Haltung des Körpers erkennen schon Grundschüler, wie Lehrerinnen und Lehrer zu ihnen stehen und orientieren sich in der Regel viel intensiver hieran als an verbalen Äußerungen und deuten sie auf ihre Weise (ROSENBUSCH 1995):

»Die mag mich nicht, die guckt immer so komisch; wie die immer schon reinkommt; Frau X hat immer ein fröhliches Gesicht, da werde ich auch ein bisschen fröhlich, aber heute

12. Wenig beachtete Unterrichtsprobleme

hat sie so böse geguckt, ich wusste gar nicht was los ist; wenn Herr Z schon die Augenbrauen so zusammenzieht ...«.

ROSENBUSCH hat das Verhalten von Schülern noch genauer untersucht und gleichsam festgestellt, dass Kinder Weltmeister im Deuten körpersprachlicher Signale sind:

»Dass Schüler sich am nonverbalen Verhalten der Lehrkraft orientieren können, beweisen empirische Studien – vgl. DIEGRITZ/ROSENBUSCH u.a. 1983. So konnten bereits Grundschüler feststellen, wie der vorhergehende Schülerbeitrag war, auf den die mimische Reaktion ihrer Lehrkräfte erfolgte, nämlich: falsch, weder richtig noch falsch, ziemlich richtig oder genau richtig« (ebenda, 183).

Unter Bezug auf amerikanische Untersuchungen verweist ROSENBUSCH weiterhin darauf, dass bei divergierenden verbalen und nonverbalen Mitteilungen stets die nonverbalen als die zuverlässigeren angesehen werden.

Zuweilen kann das aber auch dazu führen, dass es zu überzogenen Reaktionen kommt. In der Alltagssprache heißt es deshalb oft, der oder die »höre Beziehungsflöhe husten«.

»Bei Kindern zeigte es sich, dass die Widersprüche meist so aufgelöst werden, dass das Schlimmste vermutet wird. Lehrerinnen, die lächelnd an einem Kind aus der Grundschule Kritik üben, mildern dadurch die Wirkung des verbalen Kontextes nicht ab – was bei Erwachsenen gelänge« (ebenda, 182).

Auf nonverbalem Wege können Lehrerinnen und Lehrer herausfinden, ob die Kinder ein Problem verstanden haben (Nicken, Gesichtsausdruck verändert sich), ob sie am Unterricht interessiert sind, ob sie sich langweilen oder opponieren. ROSENBUSCH legt Folgendes nahe:

→ *vgl. Kapitel 14*

»Ein humanisierender Effekt des Einsatzes nonverbaler Kommunikation wäre darin zu sehen, dass der Lehrer tatsächlich auch im Vollzug unterrichtlicher Kommunikation schülerorientiert handeln könnte, indem er durch rechtzeitige Erfassung bestimmter nonverbaler Äußerungen einzelner Schüler Hinweise auf deren momentane Interessen und Bedürfnisse empfängt. Er würde z.B. nicht einen Schüler, der nonverbal Angst zeigt, schroff aufrufen oder ein schüchternes Kind, das sich ausnahmsweise meldet, übersehen. Inwieweit fertig ausgebildete Lehrer fähig sind, nonverbale Signale der Schüler richtig zu deuten, ist noch nicht im Einzelnen empirisch un-

tersucht. Wir wissen aber aus amerikanischen Untersuchungen – Hall u.a. 1978 –, dass Lehrer im Vergleich zu anderen Berufsgruppen nicht herausragen« (ebenda, 185f.).

Im Übrigen zeigte sich bei diesem Vergleichstest zwischen nonverbalen Fähigkeiten und Berufsqualifikation, dass sich Frauen in 80 % der Fälle besser als Männer erweisen. Weitere Hoffnung für die Grundschule?

Auch hinsichtlich des Problems der Körpersprache muss auf ständig notwendige Balanceakte im Unterricht verwiesen werden:

– Kinder suchen Nähe, aber zuweilen ist auch Distanz angebracht.
Die körperliche Zuwendung von Lehrkräften, die viele Kinder wünschen (z.B. über den Kopf streichen, bei Kummer in den Arm nehmen), stößt bei anderen auf eisige Ablehnung. Aber auch ein und dasselbe Kind kann sehr wechselvolle Bedürfnisse im Laufe der Schulzeit entwickeln. Das richtige proxemische Verhalten von Lehrkräften ist also schwierig.
– Kinder reagieren sehr aufmerksam auf Mimik und Gestik von Lehrkräften.
Hat man beides aber nicht unter Kontrolle (z.B. zu viele Gesten, fahrige Gesten) erreicht man das Gegenteil von dem, was Grundschule möchte: Die Konzentrationsfähigkeit der Kinder wird beeinträchtigt, die Unruhe der Kinder nimmt zu.
– Schweigen im Unterricht ist etwas sehr Wichtiges; Schweigen-können etwas Kostbares.
Manche Lehrkräfte vermögen gar nicht mehr zu schweigen, reden die Kinder »tot«. Studentinnen und Studenten haben zudem noch Angst, in Probelektionen vor einer »Mauer des Schweigens« zu stehen und lassen zwanghaft eine Frage der anderen folgen.
Das ist alles bis zu einem gewissen Grade verständlich und wohl auch den Erfordernissen der Zeit (Hast und Eile) im Allgemeinen geschuldet. Dennoch lohnt es sich, darüber nachzudenken, ob in Schule und Unterricht gelegentlich etwas mehr Langsamkeit am Platze wäre. Das würde auch dazu führen, manch produktive Möglichkeit des Schweigens wieder zu entdecken.

12. Wenig beachtete Unterrichtsprobleme

Zusammenfassung

Theoretisch und praktisch gibt es viele Probleme des Unterrichtens, die sich nicht ohne Schwierigkeiten in Systeme einordnen lassen. Die von uns vorgestellten Probleme gehören dazu. Werden sie nicht rechtzeitig erkannt, können sie den Verlauf des Unterrichts erheblich beeinträchtigen. Lernt man, sie theoretisch zu analysieren und praktisch mit ihnen umzugehen, kann ihre Bewältigung die eigene Professionalität bereichern.

Anmerkungen

1 Das Beispiel hilft vielleicht auch mancher Illusion entgegenzutreten, wonach die gesamte Grundschulpraxis seit den Zwanzigerjahren ausschließlich reformorientiert gewesen sei. Es handelt sich – je nach Region – um einzelne, höchst aktive Lehrerinnen und Lehrer. Daneben waren tradierte Unterrichtsweisen ebenso vertreten wie »Mischformen«, auf die unser Beispiel verweist.

Verwendete Literatur

Christian, M.: Vom aufrechten Sitzen zum eingepferchten Kind. In: Der aufrechte Gang. Zur Symbolik einer Körperhaltung. Ludwig-Uhland-Institut für empirische Kulturwissenschaft der Universität Tübingen. Tübingen 1990

Conrad, C./Ludwig, O.: Gestörter Unterricht früher. Eine Collage. In: Friedrich Jahresheft V. Seelze 1987

Drews, U./Felger-Pärsch, A./Heusinger, R.: Abbau von Lehrerzentriertheit bei Öffnung des Unterrichts in der Grundschule – Untersuchungsmethodik und erste Ergebnisse. In: Jahrbuch Grundschulforschung, Bd. III: Lehrerprofessionalität. Weinheim 1999 (im Druck)

Drews, U./Fuhrmann, E.: Fragen und Antworten zur Gestaltung einer guten Unterrichtsstunde. In: Drews/Fuhrmann/Reich/Weck: Ratschläge für Lehrer. Praktische Hilfen für den Unterricht. Köln 1986

Kehr, C.: Die Praxis der Volksschule. Gotha 1880. Zitiert nach: Grundschule gestern, heute, morgen. In: Die Grundschulzeitschrift, Seelze, 3/1989/21, Beilage

Langos-Luca, M.: Mit Störungen leben lernen. In: Hamburg macht Schule 4/1992/6

Meyer, H.: Unterrichtsmethoden. II: Praxisband. Frankfurt a.M. 1987

Mühlhausen, U.: Überraschungen im Unterricht. Situative Unterrichtsplanung. Weinheim und Basel 1994

Münch, P. G.: Wie ich sie wiedersah. Begegnungen mit meinen ehemaligen Schülern. Berlin 1993

Rosenbusch, H. S.: Nonverbale Kommunikation im Unterricht – Die stille Sprache im Klassenzimmer. In: Rosenbusch, H. S./Schober, O. (Hg.): Körpersprache in der schulischen Erziehung. Baltmannsweiler 1995^2

Rumpf, H.: Die übergangene Sinnlichkeit. Weinheim und München 1988^2

Schulze, H.: Bodenständiger Sach- und Sprachunterricht nach den neuen Richtlinien für die Grundschule. Langensalza 1926

Schulz von Thun, F.: Miteinander reden. Störungen und Klärungen. Reinbek bei Hamburg 1994

Wenn Schüler auffallen oder: Was können wir aus Unterrichtsstörungen lernen? Thomas Ziehe im Gespräch mit Rainer Winkel. In: Friedrich Jahresheft V. Seelze 1987

Winkel, R.: Der gestörte Unterricht. Bochum 1996[6]

Was Sie sonst noch lesen sollten

Zum überraschungsoffenen Unterricht:

Carle, U.: Mein Lehrplan sind die Kinder. Weinheim 1995

Fichten, W.: Unterricht aus Schülersicht. Frankfurt a.M. 1993

Zu Unterrichtsstörungen:

Benikowski, B.: Unterrichtsstörungen und kommunikative Didaktik. Baltmannsweiler 1995

Dreikurs, R./Grunwald, B. B./Pepper, F. C.: Lehrer und Schüler lösen Disziplinprobleme. Herausgegeben von Hans Josef Tymister. Weinheim und Basel 1992[6]

Pädagogische Professionalität. Untersuchungen zum Typus pädagogischen Handelns. Herausgegeben von Arno Combe und Werner Helsper: Frankfurt a.M. 1996

Zur Körpersprache im Unterricht:

Heidemann, R.: Körpersprache im Unterricht. Wiesbaden 1996[5]

Lyle, J.: Körpersprache. Bindlach 1994

Scherer, K. R./Wallbott, H. G. (Hg.): Nonverbale Kommunikation: Forschungsberichte zum Interaktionsverhalten. Weinheim und Basel 1979

Fragen und Aufgaben

☐ Beginnen Sie mit der Anlage eines Überraschungsarchivs. Bieten Sie an, in Seminaren über das Problem von Überraschungen und die konkrete Analyse von überraschenden Situationen im Unterricht zu sprechen.

☐ Grenzen Sie Überraschungen und Unterrichtsstörungen voneinander ab. Versuchen Sie zugleich, eine gemeinsame Schnittmenge beider zu bestimmen und erörtern Sie die damit verbundene Problematik.

☐ Beschäftigen Sie sich nach der einschlägigen Literatur gründlich mit dem Problem von Körpersprache im Unterricht. Gestalten Sie spielerisch – gemeinsam mit Seminarteilnehmerinnen und -teilnehmern – Unterrichtssituationen nach, in denen die Bedeutsamkeit des Gebens und Empfangens körpersprachlicher Signale aus der Sicht von Lehrkräften und nach Möglichkeit auch aus der Sicht von Kindern deutlich wird.

13. Planung von Unterricht

Die Erkenntnis ist einfach: Wir haben das Laufen gelernt ohne ein Fach »Laufen«, ohne strenge Stundeneinteilung, ohne Lehrpläne und *ohne eine festgelegte Planung* unserer Bemühungen. »Konstruktivistisch« gedacht ist die inhaltliche und strukturelle Einteilung der Schule in Fächer und Zeiteinheiten eine Erfindung, die mit lebensweltlichen Lernprozessen kaum etwas zu tun hat. Wenn also ein Kind zur Schule kommt, lernt es sehr schnell, dass die Welt von den Erwachsenen in Fächer aufgeteilt und entsprechend abgehandelt wird. Diese Künstlichkeit der Schule ist so alt wie sie selbst und produziert entsprechende Probleme.

➔ *vgl. Kapitel 3, 7*

Mit einem tieferen Nachdenken über unsere eigenen Lernprozesse (z.B. beim Autofahren) könnten wir allerdings auf eine erweiterte Erkenntnis stoßen: Es gibt *angeleitete Lernprozesse* (z.B. durch unseren Fahrlehrer), die ohne Struktur, Vermittlung, Belehrung, Übung, Methoden und Planung nicht auskommen und gerade deshalb den Aufbau von Fertigkeiten, Kulturtechniken, von Können, Wissen und Haltungen bis hin zu einer umfassenden Bildung durch Unterricht und Schule erforderlich machen (vgl. Kapitel 5).

➔ *vgl. Kapitel 5*

Lernbereiche, Lernfelder, Fächer

Zu allen Zeiten sind die in der Alltagswelt miteinander verknüpften lebensnotwendigen Qualifikationen für schulische Zwecke in *Bereiche* eingeteilt worden: von den *»septem artes liberales«* (den sieben Künsten des freien Mannes) – von der römischen Kaiserzeit bis in das Mittelalter hineinreichend – bis zu den modernen »Strukturgittern« der komplexen Curricula der 80er-Jahre, die Erkenntnisse aus modernen Wissenschaftsdisziplinen widerspiegeln. Allerdings hat dabei der Filterprozess der Weitergabe von Fähigkeiten und Wissensbeständen von einer Generation zur nächsten über die allgemeinbildenden Schulen immer wieder zu künstlichen Reduktionen, zur Isolierung von Phänomenen, ja zu Lebensferne geführt: Der historische Fächerkanon hat seine Eigendynamik entwickelt. An dieser Stelle kommt das Kind als lernendes Subjekt ins Spiel. Wir wissen heute sehr ge-

Zu den *»septem artes liberales«* gehörten Grammatik, Rhetorik, Dialektik, Arithmetik, Geometrie, Astronomie, Musik. Sie waren nacheinander zu absolvieren und galten als Voraussetzung für das Studium der Rechte, der Medizin, der Theologie.

nau, dass die aus den Wissenschaften abgeleiteten Schulfächer an sich für das Kind noch nicht bildend sind. Sinn und Wert erfahren sie im Rahmen einer *grundlegenden Bildung* mit didaktischen Konsequenzen, wie wir sie in Kapitel 5 entfaltet haben – eben einer Bildung, die als Aneignung und Auseinandersetzung des Kindes mit kulturell bedeutsamen Fragestellungen sich nicht an die Grenzen und Inhalte der Fachdisziplinen hält und den Blick auf die Zusammenhänge richtet.

→ vgl. Kapitel 5

»Also, schafft die Fächer ab!« ist eine häufig erhobene Forderung im Rahmen von Schulkritik. Denken wir einen Augenblick mit einem Zitat von John DEWEY aus seinem berühmten Aufsatz »The child and the Curriculum« darüber nach:

> *»Es geht natürlich um das Kind. Es sind seine momentanen Fähigkeiten, die geübt werden sollen, es sind seine momentanen Einstellungen, die entwickelt werden sollen. Aber wenn der Lehrer die Erkenntnisse der Menschheit, die in den Inhalten der Fächer verkörpert sind, nicht wohlweislich und gründlich lernt, kann er die momentanen Kräfte, Fähigkeiten und Einstellungen von Kindern und ihre Entwicklungsmöglichkeiten nicht einschätzen. Noch weniger weiß er, wie sie zu stärken, zu üben und zu fördern sind.«* (1976, 272ff.).

→ vgl. Kapitel 7

Der Text verdeutlicht sehr klar die beiden Extreme von *Kindorientierung* und *Wissenschaftsorientierung* und die daraus erwachsende Aufgabe der Synthese in der Grundschularbeit. Das klingt überzeugend, ist aber nicht leicht zu realisieren, denn Grundschullehrerinnen und -lehrer sollen den kindlichen Lebensweltbezug mit dem Anspruch der Sache, der Funktion der Wissenschaft, der Stoffe als realitätserschließendes Instrumentarium so verbinden, dass ein Erkennen und Denken in Systemen für die Lernenden möglich wird. So würde die einseitige Ausrichtung an den Lernbedürfnissen der Kinder eher nicht zu einem systematischen Lernaufbau und der Einführung in die Ordnungs- und Symbolsysteme der Gesellschaft und Kultur führen. Andererseits würde die einseitige Ausrichtung an den fachlichen Strukturen die Kinder mit ihren spezifischen Lern- und Denkweisen nicht erreichen (z.B. die Aneignung der Umwelt mit *allen* Sinnen).

Um diesen *Vermittlungsprozess* zwischen kindlichem Lernbedürfnis und kultureller, wissenschaftsbezogener Weltsicht angesichts neuer Erkenntnisse zum Lernen zu unterstützen, hat der DEUTSCHE BILDUNGSRAT 1970 vorgeschlagen, den in den alten Bun-

13. Planung von Unterricht

desländern bis dahin weit verbreiteten *Gesamtunterricht* in Lehrbereiche und in »*Lernbereiche*« als gegliederte Sachgebiete aufzuteilen (vgl. 139). So wurden neue Lernbereiche und Curricula entwickelt, die über die Lehrpläne die Lernziele vorgaben. Heute finden wir in der Grundschule im Gegensatz zu anderen Schulstufen und -formen ein verändertes «Fachverständnis» vor: Die umfassende und vernetzende Interpretation kindlichen Lernens spiegelt sich wieder in fachgebundenen *und* fachübergreifenden Arbeitsweisen, in lehrgangs- *und* fachbezogenen Arbeitsformen *und* in projektorientierten, integrativen Lern- und Arbeitsformen mit *Lernbereichen, Lernfeldern, Themenprojekten, fachlichen Einführungen, Lektionen* u.a.m. So wird in der Regel auch nicht mehr von »Fächern« wie »Deutsch« gesprochen, sondern vom »Lernbereich Sprache«, z.B. mit den Teilbereichen (Lernfeldern) Umgang mit Texten, Schreiben, Reflexion über Sprache, mündliche Kommunikation, Rechtschreiben. Zu den Lernbereichen (Fächern) gehören *traditionell* Mathematik (Rechnen), Sachunterricht (Heimatkunde), Kunst (Zeichnen), Musik, Sport, Werken und Religion.

> Mit dem Gesamtunterricht verbindet sich – historisch gesehen – vor allem der Name *Berthold Ottos* (1859–1933). Das Kernstück dieses Unterrichts war das freie Unterrichtsgespräch, das faktisch von Thema zu Thema führte und sich nicht an irgendwelche strengen fachlichen Begrenzungen hielt.

Einen Schritt weiter gehen die Autorinnen und Autoren der bereits mehrfach zitierten Schrift »Die Zukunft beginnt in der Grundschule« (FAUST-SIEHL u.a. 1996). Um bei den Kindern die Verschränkung fach-, (lernbereichs-) und fächerübergreifender Kompetenzen (Sach-, Methoden-, Sozialkompetenz) von vornherein stärker zu fördern, schlagen sie sechs Lernbereiche vor: Welterkundung (vormals Sachunterricht), Sprache (einschließlich der Fremdsprachen), Mathematik, Musisch-ästhetische Erziehung, Körper- und Bewegungs-Spiel und Sport, Religion, Ethik und Philosophie (vgl. ebenda, 60f.).

Hinzu sollen noch Aufgabenfelder übergreifender Art treten – wie z.B. Medienpädagogik und Umweltbildung. Wir haben bereits in Kapitel 5 darauf verwiesen.

➔ *vgl. Kapitel 5*

Die Vorschläge für eine Umbenennung der Lernbereiche signalisieren deutlich ein verändertes Verständnis der Grundschularbeit: Es geht beispielsweise beim »Sachunterricht« nicht primär darum, sich Wissen über »Sachen« anzueignen, sondern innerhalb von Lebensweltorientierung um Erschließung, Aneignung und Teilhabe an *menschlicher Kultur*, beim »Deutschunterricht« nicht nur um den Erwerb und die Festigung der Standardsprache »Deutsch«, sondern auch um die Auseinandersetzung mit mehreren *Sprachen* in einer multilingualen Gesellschaft. Das heißt, es geht auch um Verständnis, um Grundkenntnisse und Denkmuster anderer Sprachen bis zur Begegnung mit »Fremd-Sprachen« (vgl. zur inhaltlichen Entwicklung der Lernbereiche vor allem HAARMANN 1997).

Die neue Gewichtung der Inhalte und Aufgaben der Grundschule über integrierende Lernbereiche darf jedoch nicht so missverstanden werden, dass fachliches Lernen und fachlich angemessene Zugangsweisen nun vielleicht zu Gunsten der Alltagsfragen und Alltagserfahrungen der Kinder überhaupt keine Rolle mehr spielten. Fachliches Wissen und Können sind weiterhin grundlegende Bestandteile beim Aufbau von Lernprozessen.

Deutlich hervorgehoben wird demgemäß in allen neueren Konzeptionen die Vernetzung fachlichen Lernens mit *überfachlichen Zusammenhängen*, um die bruchstückhaften Kenntnisse und Angebote aus unterschiedlichsten Beziehungsfeldern in den Köpfen der Kinder zu *sinnhaften* Vorstellungen und Erfahrungen zu verdichten und erweitern. Das sich daraus ergebende *fachübergreifende Lernen* gewinnt für die Grundschule zunehmend an Bedeutung (DUNCKER/POPP 1998) und hat zudem über den »Vorhaben«- und »Ganzheits«-Unterricht eine lange (auch reformpädagogische) Tradition: Der Zusammenhang von kindlichen Erfahrungen in der Lebenswelt und fachorientierten Perspektiven führt bei fachübergreifendem Unterricht dazu, in einem »Leitfach« oder Lernbereich ein zentrales Thema zu inszenieren (z.B. in Sachkunde »Wasser« mit dem Aspekt »Wassersparen zu Hause«) und den (additiven) Beitrag der anderen Lernbereiche (z.B. in »Sprache« die vielfältigen sprachlichen Ausdrücke für Qualität, Aussehen, Zustand des Wassers) in Form eines Knüpfens von »Didaktischen Netzen« (KAHLERT 1998, 17) zu berücksichtigen.

Eine solche Entwicklung und Vernetzung unterschiedlichster Gehalte, festgeschriebener Inhalte über die Lehrpläne, anwendungsbezogener Bedürfnisse lernender Kinder verstehen wir als ein mehrdimensionales Gefüge, das bedacht, vorbereitet und für den Unterricht geplant werden muss.

Der Umgang mit dem Lehrplan

Ein guter Unterricht setzt Planung voraus. Lehrpläne[1] spielen dabei eine wichtige Rolle. Haben Lehrende überhaupt Freiheiten gegenüber Lehrplänen? Rupert VIERLINGER stellt hierzu fest:

13. Planung von Unterricht

»Lehrpläne treten mit Imponiergehabe auf. Hinter ihnen wird der Sachverstand von Experten vermutet, die ihrerseits vom Sachverstand anderer Experten in die entsprechenden Gremien berufen worden sind ... Das Ergebnis schlägt sich in staatlich sanktionierten Druckwerken nieder, in denen schwarz auf weiß geschrieben steht, was Bildung ist. Lehrbücher, deren Autoren häufig mit den Plänemachern identisch sind, setzen das offizielle Planungskonstrukt in Lehrquanten um, wohl bemessen, um die Jahresarbeit zeitlich präzise portionieren zu können. – Dieser geballten und mit hoheitlichen Akzenten versehenen Planungskompetenz gegenüber soll nun der Lehrer Standfestigkeit genug haben, um die Gewichte nach eigenem pädagogischen Ermessen und den Interessenschwerpunkten seiner Schüler zu verteilen?« (VIERLINGER 1996, 10 – unter Bezug auf HENNING/HAFT 1986 UND KUNERT 1983).

In allen Bundesländern werden Lehrpläne o.Ä. Planungsmaterialien von Kommissionen erarbeitet. Für die Entwicklung der Grundschule spielten u.a. die 1985 in Nordrhein-Westfalen in Kraft getretenen »Richtlinien und Lehrpläne für die Grundschule« eine wichtige Rolle.

Die berechtigt skeptische Frage ergreift die Partei der Lehrenden und verweist zumindest auf drei Probleme:

Es wird das »Imponiergehabe« von Lehrplänen kritisch vermerkt, nicht aber die Nützlichkeit und Bedeutsamkeit von Lehrplänen überhaupt in Zweifel gezogen.

Zum zweiten wird mit Recht festgestellt, dass man eigentlich nicht zuallererst von Lehrkräften »Standhaftigkeit« erwarten dürfte, sondern bereits von den Autorinnen und Autoren der Lehrpläne.

In diesem Kontext gibt es im Übrigen seit Jahren stets Kritik an zu umfangreichen und zu detaillierten planerischen Angaben in Lehrplänen, durch die – nimmt man sie ernst – der Handlungsspielraum von Lehrkräften sehr eingeengt werden kann. In einer ganzen Reihe europäischer Länder sind zum Beispiel Lehrpläne oder Richtlinien sehr knapp gehalten und legen damit von vornherein die Erwartung nach freiem und offenem Umgang mit ihnen nahe.

Allerdings gibt es in einigen dieser Länder ein ausgeprägtes System landesweiter Vergleichs-, Abschluss- und Aufnahmetests.

Und schließlich: Die Kritik an der Möglichkeit, Gewichte nach eigenem pädagogischen Ermessen zu verteilen, betrifft eine der Kernfragen heutigen Unterrichtens: Wie halte ich es mit den Schülerinnen und Schülern im Unterricht? Dies impliziert immer mehr auch die Problematik, ob und wie denn die Lernenden schon in die Planung von Unterricht einzubeziehen sind. Und: Ist das schon in der Grundschule möglich?

> In einem viel beachteten, aber auch umstrittenen Buch erläutert z.B. *Ursula Carle* ihre Auffassung: »Mein Lehrplan sind die Kinder«.

Das Verhältnis Lehrerinnen, Lehrer und Lehrplan ist ein sehr schwieriges, und es wird immer einen Großteil von Lehrerinnen und Lehrern geben, der sich von Lehrplänen unter Druck gesetzt und gegängelt fühlt, es wird »Lehrplanhörige« geben, andere, die Lehrpläne für »überflüssig wie einen Kropf« halten (vgl. HÖHMANN/VOLLSTÄDT 1996, 9ff.), aber auch viele, die in den Lehrplänen Halt und Sicherheit suchen und finden und dennoch frei mit ihnen umgehen können.

Versuchen wir ein vorläufiges Fazit: Lehrpläne sind notwendig, weil in ihnen die schulischen Lernanforderungen der Gesellschaft an die nachfolgende Generation festgeschrieben sind. Insofern haben sie für jede Lehrkraft eine *Orientierungsfunktion*.

> *»Der Lehrplan formuliert ein Grundverständnis des jeweiligen Faches, setzt einen Rahmen für die zu behandelnden Inhalte und soll darüber hinaus Anregungen für die Planung und Durchführung von gutem Unterricht geben«* (TILLMANN 1996, 7 – unter Bezug auf DINGELDEY).

Wie gut ein Lehrplan aber selbst sein muss und was einen guten Lehrplan derzeit ausmacht, darüber gibt es nach wie vor heftige Debatten.

Für jede angehende oder noch unerfahrene Lehrkraft haben sie darüber hinaus eine wichtige *Stütz- und Vergewisserungsfunktion*. Aber ebenso unabdingbar ist gerade für diese die Fähigkeit, die Schülerinteressen zu kennen und zu berücksichtigen, was oft für junge und unerfahrene Lehrkräfte, die noch dazu nicht regelmäßig in einer Klasse sind, höchst schwierig ist. An den Kindern vorbeizuplanen, brächte aber keinen Gewinn. VIERLINGER hat für den letztgenannten Sachverhalt einen – nicht sehr schönen, aber einleuchtenden – Text aus der Werbepsychologie aufgegriffen: »Der Köder muss dem Fisch schmecken und nicht dem Angler« (VIERLINGER 1996, 11).

> ➔ *vgl. Kapitel 5*

Zum offiziellen Lehrplan tritt noch der so genannte *heimliche Lehrplan* hinzu (vgl. Kapitel 5). Um seine Existenz muss zumindest gewusst werden. Aus Gesprächen mit Studentinnen und Studenten geht im Übrigen hervor, dass sie zuweilen besser damit zurechtkommen als gestandene Lehrerinnen und Lehrer. Das mag daran liegen, dass ihre Schulzeit noch nicht so lange zurückliegt und ihnen all das, was Kinder über das offizielle Pensum hinaus in der Schule noch alles lernen, noch vertrauter ist.

13. Planung von Unterricht

Vom Lehrplan zur konkreten Planung des Unterrichts

Seit Jahrzehnten bestimmt ein Reihe von Modellvorstellungen die didaktische Debatte zur Planung von Unterricht. Wir umreißen lediglich zwei der prominentesten Modelle, fragen nach ihrem Wert für die Grundschule und wenden uns dann einigen weiteren grundschulspezifischen Fragen zu.

Das erste Modell

Trotz aller Kritik, die in unterschiedlichen Kontexten an der *bildungstheoretischen Didaktik* im Rahmen kritisch-konstruktiver Erziehungswissenschaft und speziell an der didaktischen Analyse Wolfgang KLAFKIS geübt wird (z.B. WINTGENS 1994, 242 ff.), sind u.E. die von ihm entwickelten Fragen für die Planung von Unterricht nach wie vor von hohem Wert. Sie ermöglichen, theoriegeleitet und handlungsorientiert zu planen – vorausgesetzt sie werden nicht sklavisch abgearbeitet. Gerade die Grundschule, die sich gegenwärtig durch ein Höchstmaß an reformerischen Aktivitäten auszeichnet und zwar auf sehr unterschiedlichen

> Einen umfassenden Einblick in diese Problematik geben *Blankertz* mit seinem in vielen Auflagen erschienenem Band »Theorien und Modelle der Didaktik«, *Jank* und *Meyer* in »Didaktische Modelle« (1994) sowie *Gudjons, Winkel, Teske* (Hg.) mit dem Band »Didaktische Theorien« (1997).

Ebenen, darf die theoretische Reflexion, das Nachdenken und Abwägen nicht verdrängt werden. Und zwar ebenfalls auf allen Ebenen. Gerade hierfür bietet KLAFKI entscheidende Ansatzpunkte, wenn er zu fragen empfiehlt nach

– der Gegenwartsbedeutung dessen, was ein Kind lernen soll oder sollte.

Ist diese Frage nicht höchst relevant, wenn gerade heute immer wieder die Diskrepanz zwischen unterrichtlichen Pensen und Interessen der Kinder beklagt und gefordert wird, hier etwas zu verändern?

Aber sie ist noch in einem viel weitgehenderem Sinne wichtig: Alle reformerisch orientierten Pädagoginnen und Pädagogen – unter ihnen Maria MONTESSORI – warnten davor, ausschließlich an die Zukunft des Kindes zu denken (Das musst du lernen, weil du später einmal ...), sondern das Kind und seine gegenwärtigen Lebensbezüge zu sehen, zu akzeptieren und zu achten;

> Kinder haben die Fähigkeit, dem jeweiligen Augenblick zu leben. Zugleich haben die meisten von ihnen deutliche Vorstellungen davon, was sie beispielsweise einmal werden wollen. Diese Zukunftsträume sind für die Entwicklung eines Kindes ebenfalls sehr wichtig.

– der vermuteten Zukunftsbedeutung dessen, was ein Kind lernen soll oder sollte.

Ist das nicht ein Widerspruch zur ersten Frage?

Nur auf den ersten Blick. Schule, auch Grundschule, hat immer einen Zukunftsaspekt, sonst wäre sie überflüssig. Das Problem besteht allerdings gerade in der Grundschule darin, dass die Gegenwart der Zukunft geopfert werden könnte. Beide Aspekte, die Gegenwarts- und die Zukunftsbedeutung sind deshalb immer gemeinsam in den Blick zu nehmen, das Spannungsfeld muss akzeptiert werden (vgl. auch Kapitel 5 und 7), die jeweiligen, an Unterrichtsthemen gebundenen konkreten Lösungen müssen aber sehr genau bedacht werden;

→ *vgl. Kapitel 5, 7*

– nach der exemplarischen Bedeutung eines thematischen Zusammenhangs für allgemeine Zusammenhänge, Beziehungen, Gesetzmässigkeiten u.a. m.

KLAFKI formuliert dafür die genauere Frage: »Welches sind die allgemeineren und die spezielleren Lernziele, die anhand eines als mögliches Unterrichtsthema zu durchdenkenden Inhalts angestrebt werden können bzw. sollen?« (KLAFKI 1997, 21). Im Grunde geht es hier um den Bezug von unterschiedlichen Zielen auf unterschiedlichen Ebenen zu weiterreichenden Zielen und deren Vermittlungen. Aber auch hier sind vor allem Überlegungen gemeint, ist Nachdenken gefordert. Schematische Festsetzungen sind nicht gefragt. Dazu Klafki

13. Planung von Unterricht

selbst: Es »kann nicht erwartet werden, dass z.B. bei der Einführung der Zehnerüberschreitung im ersten Schuljahr argumentativ und explizit ausgeführt werden müsse, inwiefern dieses Thema mit der Selbstbestimmungsfähigkeit der Schüler zusammenhängt« (ebenda, 25).

Die weiteren Fragen KLAFKIS zählen wir nur noch auf. Sie bedürfen auch wohl keiner weiteren Erklärung. KLAFKI regt an, bei der Planung weiterhin zu fragen nach der

- thematischen Strukturierung dessen, was behandelt werden soll;
- Erweisbarkeit und Überprüfbarkeit dessen, was gelernt werden sollte (also der Leistung im weitesten Sinne);
- Zugänglichkeit bzw. Darstellbarkeit der jeweiligen Thematik;
- methodischen Strukturierung bzw. der Strukturierung des Lehr-, Lernprozesses (vgl. ebenda, 13ff.).

Das zweite Modell

HEIMANN, OTTO, SCHULZ haben quasi ein Gegenmodell zu Klafki entwickelt (HEIMANN/OTTO/SCHULZ 1965). Ihr Modell bezog sich von Anfang an stärker auf das tägliche »Schwarzbrot« von Lehrerinnen und Lehrern, das heißt auf die im Alltag zu bewältigenden Entscheidungen zu den Lehr- und Lernprozessen. Etwa seit den 80er-Jahren haben sich die Verfasser beider Modellvorstellungen einander angenähert.

Das Heimann-Otto-Schulz-Modell bestimmt zwei Bedingungsfelder (anthropogene Voraussetzungen, sozial-kulturelle Voraussetzungen) und vier Entscheidungsfelder (intentionale, thematische und methodische Ebene sowie die Ebene der Medien und anderer Unterrichtsmittel) für das planerische Handeln von Lehrerinnen und Lehrern.

Darüber hinaus wurden zu einem späteren Zeitpunkt von Schulz unterschiedliche Planungsebenen benannt und zwar
- die Perspektivplanung (z.B. für ein Jahr, eine bestimmte Fächergruppe usw.);
- die Umrissplanung (der einzelnen Unterrichtseinheiten);
- die Prozessplanung (Ordnung der Planungsentscheidungen in einer bestimmten Zeit);

In den Debatten, die um die unterschiedlichen Modelle und ihre Brauchbarkeit für die praktische Planungsarbeit von Lehrerinnen und Lehrern geführt wurden, wurde anfangs häufig von bildungsphilosophischem Stratosphärendenken oder von Feiertagsdidaktiken im Hinblick auf die bildungstheoretisch orientierte Didaktik gesprochen.

Die Ebene der *Medien* gewinnt zunehmend im Unterricht auch der Grundschule an Bedeutung. In den nächsten Jahren wird mit Sicherheit der Einsatz von Computern im Unterricht weiter zunehmen.

— die Planungskorrektur (während des konkreten Prozessverlaufs, wenn erforderlich) (vgl. SCHULZ 1997, 36ff.).

Ebenso des weiteren Bedenkens wert wie die Fragen Klafkis sind u.E. die Ansatzpunkte von HEIMANN, OTTO und SCHULZ und insbesondere die von SCHULZ vorgenommene Differenzierung des Planungsgeschehens in unterschiedliche Planungsebenen. Gerade dieser Aspekt hat in den letzten Jahren in der Grundschule eine große Beachtung erfahren. Die Grundschulentwicklungen könnten – bei entsprechender Aufbereitung – sehr bereichernd für diesen Modellansatz sein. Zugleich könnten diese Entwicklungen eine stärkere Legitimation aus dem Modell beziehen. Einige Beispiele wechselseitiger Bereicherung seien umrissen:

Ein erstes Beispiel

An vielen Grundschulen hat sich seit Jahren eine Tendenz zur gemeinsamen Erstellung von Unterrichtsplänen für ein ganzes *Jahr* oder zumindest für größere Zeiträume entwickelt. Diese Art von Planung ermöglicht ein wechselseitiges Aufeinanderzugehen der Lehrkräfte, vor allem aber eine genauere Verortung von Problemen, die die Interessen der Kinder betreffen, als das einer einzelnen Lehrerin oder einem einzelnen Lehrer möglich wäre.

Eine Möglichkeit der Planung unter dieser Sicht beschreibt z.B. HAMEYER. Wir greifen den ersten seiner Ansatzpunkte, den der *inhaltlichen* Betrachtung und Differenzierung auf, wofür HAMEYER die Anlage eines sog. Themensterns empfiehlt (HAMEYER 1994, 20). HAMEYER erläutert und begründet sein Vorgehen wie folgt:

> Bei dieser Art von Planung zeichnen sich deutlich neue Aspekte der Entwicklung von Teamfähigkeit unter den Lehrkräften ab – einem in der deutschen Unterrichtswirklichkeit vernachlässigten Erfordernis (➔ *vgl. hierzu auch Kapitel 11*).

»Das Leitthema kann in einem Themenstern abgebildet werden – ein erster inhaltlicher Differenzierungsschritt. Nehmen wir das Beispiel 'Licht erforschen' mit all seinen Assoziationen. Licht erforschen – das hat etwas mit Schatten zu tun, mit Kerzenlicht und dem Aufbau der Kerzenflamme, mit Schattentheater und Schattenrissen, mit Sonne, Mond und Sternen, mit Leuchttürmen und Leuchtzeichen. Dann denke ich an scheinbar entgegengesetzte Aspekte wie Advent und Fotografie, Regenbogen erklären können und Laternen bauen, biblische Geschichten und Prismaexperimente, an Lichtgeschwindigkeit und und Scherenschnitte, an Regenbogengeschichten und die schwedische Lichtkönigin, an Taschenlampen und Blitze, an Lichteffekte auf dem Jahrmarkt und Licht als

13. Planung von Unterricht

›Pflanzennahrung‹, an Lichtspiel und Laser. Der Themenstern ... zeigt Teilaspekte davon.

Themensterne können Sie leicht mit Kindern zusammenstellen, zum Beispiel im Gesprächskreis oder durch 'Zettelwahl'. Kinder tragen ihre Einfälle bereitwillig zusammen. Ihre Ideen und Vorschläge können Sie in einem zweiten Schritt dahingehend beratend durchgehen, wer aus der Klasse sich mit welchem Aspekt aus diesem Themenkanon genauer beschäftigen möchte. Eine Auswahl und Koordination bestimmter Teilthemen für projektorientierte oder epochalunterrichtliche Arbeitsformen ist meistens angesagt« (ebenda, 21).

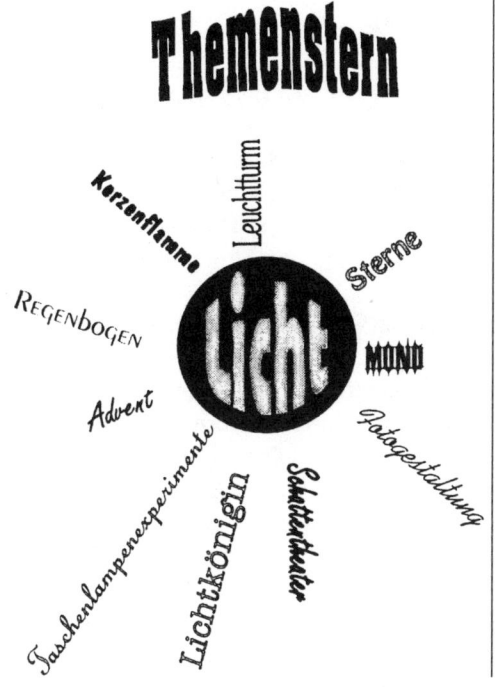

Themenstern »Licht« (nach Hameyer)

Ein zweites Beispiel

Lenkt man den Blick bewusst auf die unterschiedlichen Planungsebenen, so könnte sich ein deutlicher Vorteil für die Planung von *Unterrichtsprojekten* im Vergleich zu singular erfolgenden Entscheidungen ergeben. *Projekttage* oder *Projektwochen* werden an allen Schulen durchgeführt. Das Problem besteht jedoch darin, dass häufig ein Zusammenhang mit dem gesamten Unter-

> Bereits mittels Lehrplänen bzw. Richtlinien wird aufgefordert, an den Schulen Projekte durchzuführen. Der Umgang damit ist recht unterschiedlich. Gute Beispiele und Traditionen beschreibt *Dagmar Hänsel* in ihrem Projektbuch für die Grundschule (dies. 1996).

richt und Schulleben nicht mehr gegeben ist, bei manchen Projekten immer wieder neu angesetzt wird oder einfach keine Steigerung für die Kinder erkennbar ist. (Wir verweisen in diesem Kontext nochmals auf die eben geschilderten Möglichkeiten der Arbeit mit einem Themenstern.) Es gibt hinreichend Beispiele, wie einfallsreich Kinder sind, um aus der Projektarbeit auszusteigen, weil sie weder Freude noch Befriedigung für sich finden können. Wenn zudem Projekttage regelmäßig ans Ende des Schuljahres gelegt werden, erkennen Kinder überdies sehr bald, welche »Wertschätzung« man Projekten an ihrer Schule tatsächlich beimißt.

Ein drittes Beispiel

> → *vgl. Kapitel 9*
>
> *Wochenpläne* enthalten in der Regel Pflichtaufgaben und Wahlpflichtaufgaben für die Kinder. Darüber hinaus können sie zu freier Arbeit anregen. Wochenpläne ermöglichen den Kindern, ihr Lernen eigenständig entlang der Aufgaben zu planen. Sie können sich auf ein Fach beziehen, aber auch fächerübergreifend angelegt sein.

Die Arbeit mit *Wochenplänen* (vgl. Kapitel 9) hat sich gerade an den Grundschulen mit Vehemenz vollzogen. Sie ist sehr begrüßenswert, kann doch hierdurch zum einen die unterschiedliche Lernausgangslage von Kindern besser berücksichtigt werden, zum anderen aber können Entscheidungsprozesse trainiert und das Verhältnis von Wollen und Sollen im Unterricht besser ausbalanciert werden.

Ebenso begrüßenswert ist die wachsende Verbreitung der Arbeit mit *Tagesplänen*. Hierfür gelten im Grunde die gleichen Vorzüge wie für die Arbeit mit Wochenplänen. Allerdings sind die Ansprüche an das »Durchstehvermögen« von Lehrenden und Kindern niedriger anzusetzen. Insofern eignet sich die Arbeit nach einem Tagesplan zunächst einmal gut, um in eine neue Art von Planung des Unterrichts unter Berücksichtigung der eigenen planerischen und entscheidenden Tätigkeit von Kindern einzusteigen.

> Das konkrete Planungshandeln von Lehrerinnen und Lehrern wird leider vielfach von Schulbüchern, Lehrerbeiheften zu Lehr- und Rahmenplänen, zunehmend aber auch von Beispielsliteratur, Kopiervorlagen u.Ä. bestimmt. Gerade in der Grundschule scheint sich aber ein Durchbrechen gängiger Handlungsmuster seit längerem anzubahnen, das sich u.a. in zahlreichen Überlegungen zur Passung von offenen und traditionellen Unterrichtsformen ausdrückt.

Gerade im Hinblick auf die Arbeit mit Tages- und Wochenplänen wird immer kritischer angemerkt, dass hiermit zwar auf die zunehmende Heterogenität der Lernvoraussetzungen, Interessen und Fähigkeiten der Kinder durch Individualisierung und Differenzierung reagiert wird, dass sich einige dieser Elemente jedoch häufig verselbstständigen (vgl. WALLRABENSTEIN 1996, 29) und nicht hinreichend in größere Planungszusammenhänge eingeordnet werden.

Eine intensive Auseinandersetzung mit den von Wolfgang SCHULZ vorgeschlagenen Planungsebenen im Sinne des von uns gewollten Prinzips wechselseitiger Bereicherung könnte für eine bessere Bewältigung der Problemlage sehr nützlich sein.

13. Planung von Unterricht

Offenen und traditionellen Unterricht in Einheit planen

Wir hatten in Kapitel 11 verdeutlicht, dass das Zusammenwirken von offenem und traditionellem Unterricht besonders wünschenswert ist. Was heißt das für die Planung?

An dieser Stelle muss wiederum die *Langfristigkeit* der Planung hervorgehoben werden (siehe die beiden vorhergehenden Abschnitte):

Das historisch gewachsene Planungsmonopol von Lehrerinnen und Lehrern sollte kritisch hinterfragt werden.

Nur mit »weitem Visier« ist zu entscheiden, wo die geistigen, motivationalen, sozialen, aber auch körperlichen Freiräume sehr groß sein dürfen und auch sein sollten und wo es sinnvollerweise zu einer engeren und strafferen Führung durch die Lehrkraft kommen muss.

Beispiele hierfür lassen sich in allen Lernbereichen und Fächern finden (vgl. DIETRICH/KUPISCH 1995, 13). Vor allem aber ermöglicht eine langfristige Planung, Linienführungen oder Punkte zu finden, die sich sowohl an Inhalten (vor allem fächerübergreifender Art) und damit verbundenen Interessenlagen der Kinder orientieren, wie auch solche, die sich stärker an Möglichkeiten des Forschens und Entdeckens, des Zusammenlebens von Kindern u.Ä. orientieren.

Solche Linien und Herangehensweisen sind aber nur sehr grob zu planen. Jede vorzeitige Einengung führt zu unnötiger eigener Reglementierung und natürlich der Reglementierung von Kindern.

Großräumigkeit ermöglicht auch, die klassischen traditionellen Unterrichtsphasen besser einzuordnen (vgl. WALLRABENSTEIN 1994, 32ff.; ders. 1996 27ff.), sie gegebenenfalls zu reduzieren, vorwiegend aber, sie in ihrer Qualität zu verbessern (z.B. langfristige Überlegungen zu guten, informationsreichen und gegebenenfalls von wirksamen Medieneinsatz begleiteten Lehrervorträgen anzustellen).

Grundlage dieser langfristigen Überlegungen ist zum einen der *Lehrplan*. Im Übrigen führt diese Art des Herangehens auch dazu, sich nicht durch Planvorgaben von Unterrichtseinheit zu Unterrichtseinheit unter Druck setzen zu lassen.

Zum anderen sind die *Fragen und die Interessengebiete von Kindern* dafür maßgebend. Eine großräumige Planung ermöglicht zum Beispiel, Kinderfragen lange, gründlich und dauerhaft nachzugehen (vgl. FAUST-SIEHL u.a. 1996, 66ff.). Das erscheint

Fragen der Kinder sind keine zu unterbindenden Unterrichtsstörungen, sondern ein Indiz für Neugier, Wissensdurst, Aufgeschlossenheit und Interesse von Kindern. Jede Lehrkraft sollte überlegen, ob sie etwas falsch gemacht hat, wenn ihr einmal an einem Unterrichtstag keine einzige Frage gestellt wird ...

uns ein bedeutender Fortschritt gegenüber den oft kurzschrittigen Beantwortungsmechanismen von Fragen zu sein. Es ist mit Sicherheit auch ein Ausdruck des Ernstnehmens von Kindern, wenn sie erfahren, dass viele ihrer Fragen »große« Fragen sind, deren Beantwortung gar nicht so einfach ist und häufig längerer (gemeinsamer) Anstrengungen bedarf.

Zur langfristigen Planung im Zusammenwirken von offenen und eher traditionellen Unterrichtsphasen gehören weiterhin

– eine den kindlichen Kräften und Möglichkeiten angepasste Einbeziehung der Kinder in die Planung, d. h. Kinder übernehmen selbstständig nicht nur die Ausführung von Aufträgen, sondern entwickeln Ideen und Ausführungsregularien für die Planung unterrichtlicher Einheiten (z.B. können sie Stationen vorschlagen für unterschiedliche Themen und diese mit ihren Mitteln materiell ausstatten);
– ein souveräner Umgang mit der Zeit, der zugleich das Wissen um die zeitliche Begrenzung jeglicher unterrichtlicher Abläufe einschließt;
– eine überraschungsoffene Haltung, um keinerlei möglichen Schemata zu erliegen;
– eine »interne« Bereitstellung von Spielen (Spielekatalog), um sie zur geeigneten Zeit einsetzen zu können u.a.m.

Das zusammenhängende Planen von offenen und eher traditionellen Phasen des Unterrichts bedingt eine Art Dokumentation der abgelaufenen Prozesse, ihre Evaluation und die ständige Aktualisierung der Planung (vgl. BECK 1995, 6ff.).

Zusammenfassung

Die Planung von Unterricht setzt zunächst einmal den Umgang mit Lehrplänen (Orientierungsfunktion) voraus, ebenso jedoch die pädagogische Gewichtung von Schülerinteressen. Beim Übergang zur konkreten Planung können didaktische Modelle sehr hilfreich sein. Die Planung des Zusammenwirkens von offenen und eher traditionell ausgerichteten Phasen des Unterrichts ist ohne Langfristigkeit im Planen nicht möglich.

Anmerkungen

[1] Wir sprechen aus pragmatischen Gründen von Lehrplänen, beziehen aber Rahmenpläne oder Rahmenrichtlinien oder auch Curricula mit ein. Da wir uns auf einer Ebene relativ allgemeiner Betrachtung bewegen, lässt sich dieses Vorgehen rechtfertigen.

[2] In der ehemaligen DDR wurde als Planungsmodell die so genannte Ziel-Inhalt-Methode-Relation entwickelt, derzufolge vor allem der Primat des Ziels von Unterrichtsprozessen vor inhaltlichen und methodischen Entscheidungen postuliert wurde (NEUNER/DREFENSTEDT 1969, 24ff.; KLINGBERG 1972, 100ff.) Wir weisen zumindest darauf hin.

Verwendete Literatur

Beck, G.: Langfristige Arbeitsplanung. In: Die Grundschulzeitschrift, Seelze 9/1995/83

Blankertz, H.: Theorien und Modelle der Didaktik. München 1986[12]

Carle, U. Mein Lehrplan sind die Kinder. Weinheim 1995

Deutscher Bildungsrat: Strukturplan für das Bildungswesen. Stuttgart 1970

Dewey, J.: The Middle Works 1899–1924, Vol. 2, Carbondale 1976, Übersetzung: Ernst Christian Wittmann

Dietrich, W./Kupisch, B.: Planung mit Geländer. Längerfristige Planung im handlungsorientierten Deutschunterricht. In: Die Grundschulzeitschrift, Seelze 9/1995/83

Drefenstedt, E./Neuner, G. (Leiter des Autorenkollektivs): Lehrplanwerk und Unterrichtsgestaltung. Berlin 1969

Duncker, L./Popp, W. (Hg.): Über Fachgrenzen hinaus. Chancen und Schwierigkeiten des fächerübergreifenden Lehrens und Lernens. Bd. I und II. Heinsberg 1997 und 1998

Faust-Siehl, G. u.a.: Die Zukunft beginnt in der Grundschule. Empfehlungen zur Neugestaltung der Primastufe. Reinbek bei Hamburg 1996

Gudjons, H./Winkel, R./Teske, R. (Hg.): Didaktische Theorien. Hamburg 1997[9]

Hänsel, D.: Das Projektbuch Grundschule. Weinheim und Basel 1996 (Neu bearbeitete Auflage)

Hameyer, U.: Pädagogische Ideenkiste Primarbereich. Kronshagen 1994

Heimann, P./Otto, G./Schulz, W.: Unterricht – Analyse und Planung. Hannover 1965

Höhmann, K./Vollstädt, W.: So überflüssig wie ein Kropf? Die Bedeutung von Lehrplänen aus der Sicht von Lehrerinnen und Lehrern. In: PÄDAGOGIK; Hamburg 48/1996/5

Jank, W./Meyer, H.: Didaktische Modelle. Frankfurt/M. 1994[3]

Kahlert, J.: Didaktische Netze knüpfen. Ideen für die thematische Strukturierung fachübergreifenden Unterrichts. In: Duncker, Popp a.a.O. Bd. II

Klafki, W.: Die bildungstheoretische Didaktik im Rahmen kritisch-konstruktiver Erziehungswissenschaft. In: Gudjons, H./Winkel, R./Teske, R. (Hg.): Didaktische Theorien. Hamburg 1997[9]

Klafki, W.: Neue Studien zur Bildungstheorie und Didaktik. Weinheim und Basel 1993[3]

Klingberg, L.: Einführung in die Allgemeine Didaktik. Vorlesungen. Berlin 1972

Methode Glasgow – ein Weg, Unterricht zu öffnen. Die Grundschulzeitschrift Themenheft, Seelze 8/1994/80

Montessori, M.: Das Kind in der Familie. Stuttgart 1954

Schulz, W.: Die lerntheoretische Didaktik. In: Gudjons, H. u.a. A.a.O

Otto, G.: Lehren und Lernen zwischen Didaktik und Ästhetik. Bd.1-3. Seelze 1998

Tillmann, K.-J.: Lehrpläne – (k)ein Thema für den Schulalltag? In: PÄDAGOGIK, Hamburg 48/1996/5

Vierlinger, R.: Verplanter Unterricht. Ein Dilemma für Schüler und Lehrer. In: PÄDAGOGIK. Hamburg 48/1996/4

Wallrabenstein, W.: Hilfe – ich habe den Überblick verloren. Zur Passung von offenen und geschlossenen Lernphasen. In: Schule zwischen Routine und Reform. Friedrich Jahresheft. Seelze 1994

Wallrabenstein, W.: Wie planbar ist offener Unterricht? In: PÄDAGOGIK. Hamburg 48/1996/4

Wintgens, H.-H.: Didaktische Analyse – ihr Anspruch und ihre Leistung. Eine kritische Reflexion zur offensichtlichen Unsterblichkeit von Wolfgang Klafkis »Didaktischer Analyse«. In: Pädagogik und Schulalltag. Berlin 49/1994/2

Was Sie sonst noch lesen sollten

Haarmann, D. (Hg.): Wörterbuch Neue Schule. Die wichtigsten Begriffe zur Reformdiskussion. Weinheim und Basel 1998

Huschke, P.: Grundlagen des Wochenplanunterrichts. Weinheim und Basel 1996

Meyer, H.: Leitfaden zur Unterrichtsvorbereitung. Frankfurt a.M. 1993[12]

Fragen und Aufgaben

☐ Sammeln Sie Argumente für die Notwendigkeit, den Unterricht langfristig zu planen.

☐ Entwickeln Sie in einer Kleingruppe Vorschläge für mögliche Jahresplanungen zu Themen, die Sie selbst wählen.
Arbeiten Sie dazu Visualisierungsvorschläge aus und stellen Sie diese der gesamten Gruppe vor.

☐ Überzeugen Sie eine Gruppe von Lehrplangegnern vom Nutzen (guter) Lehrpläne.

Abschnitt IV:
Lehrer, Eltern, Schulentwicklung

14. Lehrerinnen und Lehrer

Zum Lachen?
»Der ideale Lehrer soll durch die doppelte Fähigkeit gekennzeichnet sein, Disziplin zu halten und zu unterrichten. Die geistig-seelische (›nervliche‹) Beanspruchung ist hauptsächlich damit charakterisiert, dass auf engem Raum mit vielen Schülern (meist Kindern oder Jugendlichen) eine volle geistige Präsenz mit hoher Reaktionserfordernis bei großer Verantwortung (›Dompteursituation‹) gefordert wird. Soweit der Stressbegriff im Berufsleben überhaupt anwendbar ist, so ist er hier zu zitieren.«

(Zeitschrift »Arbeitsmedizin. Sozialmedizin. Präventivmedizin«. 7/79 Sonderbeilage. – Zitiert in: Michael Klaus: SchulSpott. Hannover 1983, 178))

→ *vgl. Kapitel 15*

In den westlichen Industriegesellschaften gehen alle zur Schule. Alle hatten Lehrerinnen und Lehrer. Und so scheinen sich die meisten Erwachsenen kompetent zu fühlen, bei Fragen mitzureden, die Lehrkräfte und Schule betreffen. Kein Berufsstand wird so leicht und locker öffentlich kritisiert wie der der Lehrerinnen und Lehrer – eine der größten und charakteristischsten Berufsgruppen unserer Gesellschaft.

Lehrerschelte kennt man allerdings schon seit der Antike, als es noch keine Schulpflicht gab. Die Ursachen für unsere heutigen Varianten kann man vermuten: In der modernen Leistungsgesellschaft entscheidet die Schule über die Startchancen der Einzelnen. Daher ist jeder auf die Schule, d.h. auf Lehrerinnen und Lehrer angewiesen. Im Bereich der Grundschule können sich die wenigsten ihre Schulen und Lehrerinnen und Lehrer aussuchen, viele fühlen sich ihnen »ausgeliefert«. Konflikte sind vorprogrammiert: Lehrkräfte sind einerseits *Funktionäre der Institution Schule* und tragen dazu bei, der nachwachsenden Generation die bestehende Gesellschaftsordnung zu vermitteln. Andererseits sind sie auch *Anwälte und Fürsprecher der jungen Menschen*. Damit sind sie Widerpart jener gesellschaftlichen Kräfte, von denen sie als Funktionsträger eingesetzt sind. Schließlich stehen sie häufig auch im Konflikt mit einzelnen Eltern, die von Lehrern erwarten, dass sie gerade ihre Kinder so und nicht anders fördern (vgl. Kapitel 15). In Verbindung mit den eigenen Erlebnissen aus der Schulzeit scheint es schwer zu sein, ein sachliches Urteil über diesen Berufsstand zu fällen.

Eine Einführung in die Grundschulpädagogik kommt an einer Klärung des Verständnisses vom Lehren nicht vorbei. Denn jede Lehrkraft bestimmt durch ihre Tätigkeit den Funktionsraum der Schule und wird gleichzeitig von ihm bestimmt. Jede Aussage über die Grundschullehrkraft ist folglich auch eine Aussage über die Grundschule. Studierende, die sich auf diese berufliche Tätigkeit vorbereiten, müssen sich nicht nur mit einem Berufsbild identifizieren, sondern mit der ganzen Einrichtung.

Die Aufgaben von Lehrenden sind im Allgemeinen bekannt und festgelegt: *Unterrichten, Erziehen, Kontrollieren, Beurtei-*

14. Lehrerinnen und Lehrer

len und Prüfen; Helfen und Beraten; Innovieren (vgl. DEUTSCHER BILDUNGSRAT 1970). Auch wir haben selbstverständlich diese Aufgaben im Blick, möchten jedoch zu einem »Abklopfen« ihres Hintergrundes einladen.

Was heißt »lehren«?

Beginnen wir wieder mit einem ganz allgemeinen Nachdenken über Lehrende bzw. über das Lehren. – Lehren kann jeder Mensch. Immer dann, wenn wir einem anderen etwas beibringen, was er noch nicht kann, üben wir eine lehrende Funktion aus. So waren unsere ersten Lehrerinnen und Lehrer unsere Mütter und Väter. Sie haben uns beigebracht, wie die Dinge und Menschen heißen und beschaffen sind und wie man mit ihnen umgehen muss. Lehrende sind aber auch Bauern, Handwerker, Händler usw. also Berufsgruppen, die andere anlernen, Lehrlinge haben. – Lehrerinnen und Lehrer sind alle, die als Kundige und Erfahrene Unkundige oder Nichterfahrene unterweisen, d.h. zum Lernen bringen. *Lehren ist so eine Funktion des gelebten Lebens.*

Hier müssen wir einhalten und Fragen zulassen. – Zunächst ist festzuhalten, dass es beim Lehren immer um eine *zu vermittelnde Sache* und um einen *konkreten Adressaten* geht, auf den sich die Lehrenden einstellen müssen. Bei der vermittelnden Lehrperson erwartet man im Allgemeinen, dass sie den Inhalt beherrscht oder gleichsam als Inhalt der »Lehrtätigkeit« eine Fragehaltung entwickeln kann, die bei ihrem Gegenüber eine Lerntätigkeit auslösen kann. Wir denken dabei an das Lehrervorbild par excellence, an SOKRATES, der mit Augenzwinkern sagen konnte, er beherrsche den Inhalt nicht – »Ich weiß, dass ich nichts weiß« –, durch seine Fragekunst aber bei seinen Adressaten die Bereitschaft zum Lernen zu Stande brachte. Die Lektüre der Dialoge zeigt uns freilich auch, dass SOKRATES nicht nur seine *Fragemethode*, die »Hebammenkunst« beherrschte, sondern mit ihr auch die *Inhalte*. Er brachte seine Gesprächspartner mit Fragen in Verlegenheit, die keine methodischen Tricks, sondern seine eigenen echten Fragen waren. Er stand in unversöhnlichem Gegensatz zu den Sophisten, welche Lehrmethoden ohne Inhalt überbewerteten. Diese Haltung ist freilich mit den Sophisten nicht verschwunden, sondern hat zu allen Zeiten Konjunktur. Lehrersein nach dem Vorbild des SOKRATES bedeutet für uns wie für alle Generationen vorher, den Inhalt ernst zu nehmen und ihn

> »Was ist es also eigentlich, das Sokrates entdeckt hat? ... Es ist das Prinzip der Innerlichkeit gegenüber den äußeren sichtbaren Formen. Es ist das Prinzip des Gewissens gegenüber dem Wissen um bloß Fachliches und Technisches... Pädagogisch gewandt bedeutet dies: Zurückführung des Werdenden in sein Inneres, Hinzielen auf die Weckung seines Gewissens, Aufruf, einen letzten Glauben in sich zu erzeugen. Denn dies ist im Grunde das Neue: Nicht Autorität und Tradition, nicht Lehrer und Erzieher machen dem Menschen eine Gewissheit. Sondern er muss sie selbst aufbringen.«
>
> *Eduard Spranger. Sokrates (1931). In: Erzieher zur Humanität. Studien zur Vergegenwärtigung pädagogischer Gestalten und Ideen.*

durch die eigenen Fragen beim Adressaten fragwürdig zu machen, damit selbsttätiges Lernen möglich wird. – Schließlich bedarf es beim Lehren einer auslösenden Situation, einer *Initiative*. Sie kann vom Lehrenden oder vom Lernenden ausgehen. Eltern belehren z.B. ihre Kinder, wenn sie einer Gefahr vorbeugen wollen. Umgekehrt machen Kinder die Erwachsenen in ihrer Umgebung manchmal zu Lehrern durch ihre Fragen und Versuche, durch ihr Verhalten. Menschen und Sachen lösen bei Kindern Neugierde und Fragen aus, die sie manchmal von den Erwachsenen gelöst haben wollen. Meist finden sie ihre eigenen Antworten, die nicht weniger gültig sind.

»Das Erziehungsverhältnis entsteht daher im *geistigen Verkehr zwischen den lebendigen Trägern der Tradition und denen, die in denselben Traditionen zwar mitleben, aber dem Sinngehalt ihrer Ordnungen und Werke nicht voll aufgeschlossen sind*. (...) Die Erziehung hat deshalb die Funktion, *die kulturelle Überlieferung* nicht nur mechanisch-vital fortzusetzen, sondern sie *geistig zu verlebendigen*.«

Wilhelm Flitner.
Allgemeine Pädagogik (1950, 46)

Lehren und Lernen sind durch die Fragen, die wir an die Sachen, an die Welt um uns haben, untrennbar verbunden. Jedes einzelne Kind begegnet den Grundfragen zur Welt, ohne jedes Mal das Rad neu erfinden zu müssen. Es kann aus dem tradierten Wissen lernen. Wird der Wissensschatz der *Tradition* aber durch die Lehrenden eingetrichtert, stirbt das spontane Fragen und Lernen der Kinder. Die das Lehren und Lernen auslösende Initiative sollte also *die Sache selbst* sein. Das mag für die Kinder unserer Zeit immer schwieriger werden, weil sie den direkten Zugang zu ihrer Umwelt immer mehr zu verlieren scheinen und ihre Begegnung mit der Welt in großem Maße nur noch über die Medien erleben. Die Initiative zum selbsttätigen Lernen müsste in einer solchen Situation jetzt mehr von den Lehrerinnen und Lehrern ausgehen, um am Ende die Sachen selbst sprechen zu lassen. Das auf SOKRATES zurückgehende *»dialogische Prinzip«* beim Lehren und Lernen könnte hier Orientierung bieten: Es hilft vermeiden, dass wir unsere Meinungen, Ideen und Theorien den Sachen aufsetzen und sie besetzen. Das »dialogische Prinzip« lässt die Welt zu Wort kommen nicht zuletzt dadurch, dass wir wieder »hinhören« lernen und die Dinge selbst »sprechen« lassen (SCHNEIDER 1992). Damit sind wir wieder bei den philosophischen Fragen zu den Bedingungen und Möglichkeiten des Lehrens angelangt, denen wir schon im 2. Kapitel »Lernen und Spielen« begegnet sind.

Wie müssen wir lehren, damit die Adressaten unserer Lehre richtig und selbsttätig lernen? Wenn es beim Lernen um die Selbsttätigkeit geht, kann dann unser Lehren etwas anderes sein als »Hebammenkunst«? Welche Rolle hat dann das Wissen? Und wie muss das tradierte Wissen vermittelt werden, damit die Spontaneität des Fragens und Lernens der Kinder nicht blockiert wird?

14. Lehrerinnen und Lehrer

Wir haben schon in Kapitel 2 angedeutet, dass das Suchen oft wichtiger ist als das Finden und die direkte Begegnung mit der Welt besser als die unkritische Rezeption und Anhäufung von Wissen. Weltbewältigung und Orientierung müssen Ziel des Lehrens und Lernens sein. Damit nehmen wir Position für ein Menschenbild, welches die Freiheit und Würde des Menschen als zentrale Aussage hat. Nur in Freiheit können wir uns für humane Werte entscheiden und nur durch Freiheit können diese Entscheidungen respektiert und toleriert werden. Alle unsere pädagogischen Bemühungen münden auf dieses Ziel. Unterricht hat daher immer einen Erziehungsanspruch (vgl. v. HENTIG 1993, 213ff.). Das wurde von der Pädagogik seit HERBARTS »erziehendem Unterricht« nie in Abrede gestellt und immer wieder aktualisiert (RAMSEGER 1991). Von diesen bildungstheoretischen Grundlagen her begründet sich die Wichtigkeit der Allgemeinbildung in der Grundschule und deren Erziehungs- und Bildungsauftrag (KLAFKI 1992). Lehrende sind immer auch Erziehende – nicht nur in der Grundschule. *Erziehung und Bildung* sind zwei Aspekte einer Lebenswirklichkeit, die sich nicht voneinander trennen lassen. Immer ist damit der ganze Mensch angesprochen mit allen seinen Kräften, mit Kopf, Herz und Hand (v. HENTIG 1993, 220f.).

→ *vgl. Kapitel 2*

Die »Erhebung zur selbstbewussten Persönlichkeit soll ohne Zweifel im Gemüt des Zöglings selbst vorgehn und durch dessen eigene Tätigkeit vollzogen werden; es wäre Unsinn, wenn der Erzieher das eigentliche Wesen der Kraft dazu erschaffen und in die Seele eines anderen hineinflößen wollte. Aber die schon vorhandene und ihrer Natur notwendig getreue Kraft in eine solche Lage zu setzen, dass sie jene Erhebung unfehlbar und zuverlässig gewiss vollziehn müsse: das ist es, was sich der Erzieher als möglich denken, was er zu erreichen, zu treffen, zu ergründen, herbeizuführen, fortzuleiten als die größte Aufgabe seiner Versuche ansehn muss.«

Johann Friedrich Herbart (1804), in: Ramseger 1991, 24.

»*Der Mensch ist das einzige Geschöpf, das erzogen werden muss. Unter der Erziehung nämlich verstehen wir die Wartung (Verpflegung, Unterhaltung), Disziplin (Zucht) und Unterweisung nebst der Bildung*« (KANT 1923, 441).

Mit diesen Worten beginnt die Pädagogikvorlesung KANTS. Mit diesem für unsere moderne Sprache nicht ganz selbstverständlichen Satz soll unser allgemeiner Zugang zum Begriff »lehren« abgeschlossen werden. Er beinhaltet an erster Stelle einen Aspekt, der ganz besonders im Vordergrund steht, wenn es um Kinder geht. KANT nimmt die Leiblichkeit und die physischen Bedürfnisse der Kinder ganz ernst. Alle Tätigkeiten von Lehrerinnen und Lehrern, die das leibliche Wohl der Kinder betreffen, sind für den Gesamtprozess des erziehenden Unterrichts gleichrangig mit den anderen, z.B. mit den »wissenschaftsorientierten«. Lehrerinnen und Lehrer, die Schulanfängern z.B. die Nase putzen oder die Hose wechseln müssen, verrichten dann nicht notgedrungen eine Tätigkeit, die der Würde einer Lehrerin gar nicht entspricht. Sie tun vielmehr etwas, was zum Erziehen und damit auch zum Lehren gehört.

Nachdenkliches zum Begriff der Grundschullehrerin / des Grundschullehrers

Nach diesen allgemeineren Überlegungen zum Lehren und zu Lehrenden müssen wir uns spezieller jener Gruppe zuwenden, der diese Einführung gilt, den Grundschullehrerinnnen und -lehrern.

In der historischen Entwicklung zur Grundschule zeichnen sich verschiedene Leitbilder des Lehrberufs ab. Wir müssen sie kurz andeuten, weil ihre Funktionen immer wieder in verschiedenen Varianten ins Gespräch kommen: Da gab es den Typus des *Elementarschullehrers*, der sich in der ungegliederten Dorfschule abzeichnete. Er musste große Schülergruppen in den elementaren Kulturtechniken unterrichten und konnte diesen Massenunterricht nur durch gewisse Differenzierungen (z.B. durch Abteilungsunterricht, vgl. Kapitel 4 und 11) bewältigen. Daraus entwickelte sich der *Klassenlehrer*, der seine Klasse in nahezu allen Fächern unterrichtete. Voraussetzung dafür war eine hohe Kompetenz dieser Lehrerinnen und Lehrer nicht nur in den einzelnen Fächern, sondern auch im Hinblick auf Unterrichtsmethoden und Differenzierung. Als sich aus der Volksschule die Grund- und Hauptschule entwickelte, wurde dieser Typus von Lehrer von der *kooperierenden Lehrergruppe* abgelöst, in der Lehrerinnen und Lehrern mit verschiedenen fachlichen Schwerpunkten kooperierten. Daraus entstand unter dem Einfluss der sog. Wissenschaftsorientierung mit unterschiedlicher Gewichtung in den einzelnen Bundesländern nach dem Vorbild der Realschule und des Gymnasiums der Typus des *Fachlehrers*. In den letzten Jahren schließlich verlagerte sich in vielen Bundesländern der Schwerpunkt wieder auf den Typus Klassenlehrer mit weniger Fächern, aber mit dem pädagogischen Selbstverständnis des erziehenden Unterrichts. Diese Leitbilder gilt es in allen Varianten immer wieder auf die allgemeinen Bedingungen und Möglichkeiten des Lehrens zu beziehen, insbesondere aber darauf, dass Unterricht in der Grundschule immer auch Erziehung ist.

Spätestens seit der Reformpädagogik gibt es keine Zweifel darüber, dass in der Grundschule die Lehrfunktion im engeren Sinne ihren Ort in einer umfassenderen Erziehungsfunktion hat. Lehrerinnen und Lehrer der höheren Schulen haben ein anderes Selbstverständnis und können Erziehungsfunktionen, die über die Lehrfunktionen hinausgehen, in der Regel nicht akzeptieren (vgl. WEHLE 1970, 7). Sie verstehen sich häufig als Fachwissenschaftler

→ *vgl. Kapitel 4 und 11*

14. Lehrerinnen und Lehrer

und weniger als Didaktiker oder gar als Erzieher. Grundschullehrerinnen und -lehrer könnten sich mit Recht in ihrer Schulstufe wohl fühlen, die den Anspruch hat, eine kindorientierte Schule zu realisieren.

Die Kindorientierung ist es aber auch, die für die *Persönlichkeit* der Lehrenden eine für diese Schulstufe größere *Ambivalenz* mit sich bringt: Grundschullehrerinnen und -lehrer sind Erwachsene in der Welt der Kinder und müssen in deren Lebenswelt beheimatet sein. Gleichzeitig sollen sie die Welt der Erwachsenen den Kindern gegenüber repräsentieren. Betrachtet man allerdings den Arbeitstag einer Grundschullehrerin, eines Grundschullehrers, dann wird deutlich, wie gering der Anteil am Leben der Erwachsenen nur sein kann. Und nimmt man dazu die gängigen Motive und »Lebensinhalte« der Erwachsenenwelt in den Blick, wie z.B. berufliche Karriere, Gelderwerb, Macht usw., dann hebt sich dieser Berufsstand merklich ab. Ist das als Chance für die Entwicklung unserer Gesellschaft zu sehen oder darf man das nur als »déformation professionelle« abtun? – Die Professionalisierung des Lehrberufs, wie sie im Verlauf der industriellen Entwicklung sich vollzog, konnte weder diese Ambivalenz und Rollenproblematik auflösen, noch die berufliche *Belastung*.

Mit der zunehmenden *Professionalisierung* des Lehrberufs verbreitete sich insbesondere mit dem Aufschwung der Sozialwissenschaften nach dem Zweiten Weltkrieg die optimistische

Persönlichkeit: Im Gegensatz zu »Person«, die als das Zentrum und die Einheit der auf andere Personen gerichteten Akte bezeichnet wird, versteht man unter Persönlichkeit das unverwechselbare, unvergleichbare und einmalige Eigensein des Individuums, wie es sich erlebt und reflektiert. Die Selbstverwirklichung der Persönlichkeit ist eine sittliche Tugend: Der Einzelne ist für seine Selbstverwirklichung als Persönlichkeit verantwortlich.

»Belastung wird dann zur Chance, wenn es mir gelingt, nicht nur die die Belastung verursachenden Faktoren zu identifizieren, sondern wenn ich einen Schritt weiter gehe und herauszufinden suche, wie eine für mich günstige Arbeitsplatzsituation konstruiert sein müsste.«
Olaf-Axel Burow. Belastung als Chance in PÄDAGOGIK 12/98/21

Meinung, dass man jede oder jeden mit der richtigen Ausbildungsmethode zur Grundschullehrerin/zum Grundschullehrer machen könne. Der Beruf der Grundschullehrkraft wurde von vielen als Beruf wie jeder andere, als »Job« betrachtet, bei dem mit einer staatlich geregelten Ausbildung eine geregelte Arbeitszeit und eine entsprechende Bezahlung erreichbar ist. Nach den langen Jahren einer Tradition der »Idealisten« und »Charismatiker« in der Primarerziehung war diese Entwicklung sicher notwendig, weil es in Wohlstandszeiten wie bei vielen Sozialberufen nicht nur immer weniger Interessenten gibt, sondern weil auch gerade die »Idealisten« den Schutz eines geregelten Berufsbilds brauchen. Aber mit dieser Entwicklung wurden auch Nachteile sichtbar. Man stellte fest, dass so manche Kandidatin und so mancher Kandidat für diese Arbeit nicht geeignet war, weil sie oder er nicht mit den Kindern umgehen konnte. Der Optimismus hat nachgelassen, der rigorose Engpass bei der Einstellung von Grundschullehrerinnen und -lehrern in den letzten Jahren hat sicher auch eine Selektion bewirkt. Dennoch kommt auf die jungen Menschen, die sich auf diesen Beruf vorbereiten, eine besondere persönliche Entscheidung zu. Grundschullehrerin oder -lehrer zu sein ist kein Zufall, sondern immer eine ganz persönliche Entscheidung, eine Art »Berufung« oder »Aufgabe«. Das klingt ein wenig pathetisch und wird von den Einzelnen vielleicht nicht immer so wahrgenommen. Das kritische Nachdenken darüber sollte aber nicht fehlen, wenn es darum geht, den Begriff einer Grundschullehrerin/eines Grundschullehrers zu umreißen.

Spätestens hier müssen wir die abstrakte Ebene verlassen und uns der konkreten einzelnen Lehrkraft nähern. Es gibt nämlich auch in der Grundschulpraxis nur *Individuen*, d.h. einmalige und unverwechselbare Lehrerinnen und Lehrer, sowie es nur einmalige und unverwechselbare Schülerinnen und Schüler gibt. Technologisches Denken, das immer das Planbare, Wiederholbare und Berechenbare im Vordergrund sieht, kommt mit der Annahme von Individuen an seine Grenzen. Wir müssen uns nur an den »Erfolg« unserer eigenen Lehrerinnen und Lehrer erinnern, um festzustellen, dass nicht immer jene gut abschnitten, die rein formal mit Lehrmethoden gut umgehen konnten.

So notwendig (allgemeine) Typologien und »Schubladen« für unser Denken und insbesondere für die Diskussion von Lehrerbildern sind, so wenig entsprechen sie meist der Wirklichkeit. Das fängt schon damit an, dass es die abstrakten, geschlechtslosen Lehrenden nicht gibt, sondern überall nur Frauen und Män-

14. Lehrerinnen und Lehrer

ner mit einer Fülle von Persönlichkeitsmerkmalen, die diesen Beruf geschlechtsspezifisch ausüben. Wechsel der Lehrpersonen können daher radikale Folgen für das Lernen einzelner Schüler haben. Gehen wir auch bei einer optimal ausgebildeten professionellen Lehrkraft davon aus, dass die *Persönlichkeit* der/des Lehrenden einen nicht zu unterschätzenden Einfluss auf das Lernen der Kinder hat, entstehen daraus entscheidende Konsequenzen.

So sollte es zunächst im Hinblick auf die Schulorganisation nicht dem Zufall überlassen bleiben, wer in welcher Klasse unterrichten solle: Geschlecht, Alter, individuelle Schwerpunkte und Motivationen der Lehrperson haben Auswirkungen auf die jeweiligen Schüler. – Viel wichtiger sind allerdings die Konsequenzen dieser Annahme für die lebenslange *Persönlichkeitsbildung* der einzelnen Lehrkraft: Jeder Lehrer und jede Lehrerin müssen sich immer besser selber kennen lernen und in jeder Lebensphase neu entdecken. Er und sie müssen sich Gedanken machen, wie sie ihre Geschlechtlichkeit und ihr Alter annehmen oder verdrängen, welche Wirkung sie auf die Schülerinnen und Schüler haben – durch ihre äußere Erscheinung (Kleidung, Gesten, Sprache usw.) und durch ihre Überzeugungen und Werte (Vorbildwirkung, Glaubwürdigkeit usw.).

Die Annahme vom Einfluss der konkreten, individuellen Lehrpersönlichkeit auf das Lernen der Kinder hat aber nicht zuletzt etwas *Beruhigendes und Tröstliches*, weil sie die Unmöglichkeit der perfekten Lehrkraft bestätigt. So wie es unter dem Einfall einer Lichtquelle keinen Gegenstand ohne Schatten gibt, so verhält es sich auch mit unseren Persönlichkeitsmerkmalen. Sie haben, je nach Betrachtung, nicht nur helle Seiten, sondern notgedrungen auch dunkle – und umgekehrt. Jede Lehrerschwäche hat ihre positive Gegenseite. So mancher »Superlehrer« (den es natürlich nicht gibt!) scheitert an einzelnen Kindern, die eben nicht so sind wie der Durchschnitt. Keine Grundschullehrerin und kein Grundschullehrer können über die Früchte ihrer Erziehung und Bildung unmittelbare Rückkopplung bekommen. Manchmal erkennen wir erst als Erwachsene, was gut für uns war. Vielleicht gilt daher auch für sie als letzte Weisheit, was in der Philosophie unter dem »guten Willen« diskutiert wird:

> *»Der gute Wille ist nicht durch das, was er bewirkt oder ausrichtet, nicht durch seine Tauglichkeit zu Erreichung irgend eines vorgesetzten Zweckes, sondern allein durch das Wollen, d.i. an sich, gut und, für sich selbst betrachtet, ohne Ver-*

Lehrerinnen und Lehrer geben nicht nur, sie lernen auch von den Kindern:
»Deine Pflegebefohlenen werden deine Erzieher sein, manchen deiner Fehler, der deiner Aufmerksamkeit entging, dir bemerklich machen und dich reizen ihn abzulegen.«

Christian Gotthilf Salzmann.
Plan zur Erziehung der Erzieher (1806)

»Jedes Kind hat ... einen Hang so zu handeln, wie es andere handeln sieht, und es ist geneigter, Handlungen nachzuahmen, als Ermahnungen und Vorschriften zu befolgen.«

Christian Gotthilf Salzmann.
Plan zur Erziehung der Erzieher (1806)

gleich weit höher zu schätzen als alles, was durch ihn zu Gunsten irgend einer Neigung, ja wenn man will, der Summe aller Neigungen nur immer zu Stande gebracht werden könnte» (KANT 1903/11, 394).

Der «gute Wille» ist es auch, der zur positiven Ausstrahlung einer lehrenden Persönlichkeit beiträgt. Kinder haben dafür meist ein besseres Gespür als für fehlerfreies «professionelles» Verhalten.

Zusammenfassung

Lehren ist eine Funktion des gelebten Lebens, die jeder ausüben kann. Beim alltäglichen wie beim professionellen Lehrer geht es um den Inhalt, um den konkreten Adressaten, um Methoden und um eine Initiative. Da der Einzelne immer nur selbst lernen kann, kann Lehren nicht »Eintrichtern« bedeuten. Die Lehrperson muss vielmehr zum selbsttätigen Lernen anregen. Bildung und Erziehung sind nicht zu trennen. – Lehrkräfte in der Grundschule sind von einer spezifischen Ambivalenz betroffen, weil sie in der Lebenswelt der Kinder beheimatet sein und die Erwachsenenwelt bei den Kindern vertreten müssen. Eine lebenslange Persönlichkeitbildung ist daher Voraussetzung für diesen Beruf.

Verwendete Literatur

Combe, A.: Pädagogische Professionalität, Hermeneutik und Lehrerbildung. Am Beispiel der Berufsbelastung von Grundschullehrkräften. In: Combe, A./Helsper, W. (Hg.): Pädagogische Professionalität. Untersuchungen zum Typus pädagogischen Handelns. Frankfurt a.M. 1996
Daschner, P., Drews, U. (Hg.): Kursbuch Referendariat. Weinheim 1998[2]
Deutscher Bildungsrat: Strukturplan für das Bildungswesen. Stuttgart 1970
Flitner, A.: Konrad, sprach die Frau Mama. Über Erziehung und Nichterziehung. München, Zürich 1990[5]
Hentig, H. v.: Die Schule neu denken. München 1993
Kant, I.: Grundlegung zur Metaphysik der Sitten. Akademie-Ausgabe Bd. IV. Berlin 1903/11
Kant, I.: Pädagogik. Akademie-Ausgabe Bd. IX. Berlin 1923
Klafki, W.: Allgemeinbildung in der Grundschule und der Bildungsauftrag des Sachunterrichts. In: Lauterbach, R. Köhnlein, W., Spreckelsen, K., Klewitz, E. (Hg.): Brennpunkte des Sachunterrichts. Kiel 1992
Ramseger, J.: Was heißt »durch Unterricht erziehen?« Erziehender Unterricht und Schulreform. Weinheim und Basel 1991
Rumpf, H.: Abschied vom Stundenhalten. In: Combe, A./Helsper, W. (Hg.): Pädagogische Professionalität. Untersuchungen zum Typus pädagogischen Handelns. Frankfurt a.M. 1996

14. Lehrerinnen und Lehrer

Schneider, G.: Das »dialogische Prinzip« als Paradigma des Sachunterrichts. In: Lauterbach, R., Köhnlein, W., Kiper, H., Koch, A.-I. (Hg.): Dimensionen des Zusammenlebens. Probleme und Perspektiven des Sachunterrichts, Bd. 4. Kiel 1993

Wehle, G.: Lehrer, Lehrerbildung. In: Speck, J. & Wehle, G. (Hg.): Handbuch pädagogischer Grundbegriffe Bd. II. München 1970

Wenn Lehrerinnen an Grenzen kommen. Themenheft PÄDAGOGIK, Hamburg 50/1998/12

Was Sie sonst noch lesen sollten

Buchen, S./Carle, U./Döbrich, P./Hoyer, H.-D./Schönwälder, H.-G. (Hg.): Jahrbuch für Lehrerforschung, Bd. 1. Weinheim und München 1997

Hänsel, D.: Die Segregierung der Geschlechter. In: Hänsel, D./Huber, L. (Hg.): Lehrerbildung neu denken und gestalten. Weinheim und Basel 1996

Oelkers, J.: Zur Wissenschaftlichkeit der Grundschule. Fragen an die Lehrerbildung. In: Potsdamer Studien zur Grundschulforschung. H. 20. Potsdam 1997

Händle, Ch.: Lehrerinnen in System und Lebenswelt. Erkundungen ihrer doppelten Sozialisation. Opladen 1998

Fragen und Aufgaben

☐ Lesen Sie nach in Kapitel 2 »Lernen und Spielen« und stellen Sie in einer Spalte die wichtigsten Stichworte für das Lernen von Kindern zusammen. Stellen Sie dann in einer parallelen Spalte immer mit dem Blick auf Kinder die entsprechenden Stichworte für das »Lehren« zusammen.

☐ Welche einfache Formel für das Lehren könnten Sie für die Ausgewogenheit von rezeptivem und spontanem Lernen formulieren?

☐ Ordnen Sie der Kantischen Definition von »Erziehung, Wartung (Verpflegung, Unterhaltung), Disziplin (Zucht) und Unterweisung nebst der Bildung« Ereignisse aus dem Alltag einer Grundschule zu. Sind Sie mit der Definition einverstanden?

☐ Beschreiben Sie mit konkreten Beispielen aus dem Grundschulalltag die Ambivalenz der Lehrpersönlichkeit. Gelten hier auch geschlechtsspezifische Unterschiede? Wo liegen die Chancen und Nachteile für die Gesellschaft?

☐ Welche Merkmale von Grundschullehrerinnen und -lehrern würden Sie als »déformation professionelle« bezeichnen?

☐ Nehmen Sie kritisch Stellung zur Behauptung, dass man sich für den Lehrerberuf in der Grundschule berufen fühlen müsse. Diskutieren Sie das mit Ihren Mitstudierenden, Kolleginnen und Kollegen und Freunden.

Abschnitt IV: Lehrer, Eltern, Schulentwicklung

15. Eltern und Grundschule

Kind und Eltern, Nachbarschaft und Umfeld der Grundschule auf der einen Seite und Grundschule als Haus des Lernens mit den Lehrerinnen und Lehrern auf der anderen Seite – alle arbeiten konstruktiv und partnerschaftlich zum Wohle des Kindes zusammen! Dürfen wir uns so die Beziehung zwischen Eltern und Grundschule vorstellen? Ein genauerer Blick auf die aktuelle Wirklichkeit jenseits der in vielen Texten beschworenen optimistischen Perspektive verweist auf ganz andere Erscheinungen und Hintergründe, beispielsweise:

- Eltern fordern häufig nur »das Beste« für das eigene Kind ohne die Verpflichtung der Grundschule auf Gemeinschaft aller Kinder zu bedenken.
- Einzelne Mütter oder Väter liegen mit Grundschulpädagoginnen und -pädagogen über grundlegend unterschiedliche Auffassungen von Leistung, Hausaufgaben, Erziehung u.a. im Dauerstreit (auf Kosten der Kinder).
- Eltern setzen die Grundschule mit überzogenen Forderungen nach Betreuung und »Rundumversorgung« unter Druck.
- Lehrkräfte können sich zuweilen auf neue Leitbilder, Wertvorstellungen und den »Zeitgeist« bei sehr viel jüngeren Müttern und Vätern nicht mehr einstellen und werden daher kaum als Expertinnen und Experten für Erziehung und Unterricht anerkannt.
- Lehrkräfte leiden einerseits unter der seelischen Verwahrlosung vieler Kinder oder können andererseits die Auswirkungen konfliktscheuer Erziehung, übermäßiger Konsumorientierung und Überverwöhnung bei Kindern nur schlecht ertragen u.a.m.

Wir sehen: das Verhältnis ist problembeladen und konfliktreich, obwohl hier nur ein kleiner Ausschnitt aus dem Spannungsfeld *Elternerziehung* und *Grundschulerziehung* wiedergegeben wurde.

Eltern und Lehrkräfte in Kooperation

Familie und Grundschule haben gleichermaßen einen Erziehungsauftrag und sind die wichtigsten Sozialisationsinstanzen

Buchtitel zur Problematik aus den letzten Jahren: »Eingeschmeichelt und ausgespielt«, »Schul- und Erziehungsnot in Deutschland«, »Schule: Protokoll eines Notstands«, »Eltern setzen Grenzen«, »Hilfen gegen Schulstress«, »So lernen Kinder besser«, »Geld spielt keine Rolle – Erziehung im Konsumrausch« ...

15. Eltern und Grundschule

(vgl. Kapitel 3) in einer Risikogesellschaft, in der die Zukunftschancen der Kinder aufgrund einer immer besseren Förderung einerseits oder einer zunehmenden Chancenungleichheit andererseits immer deutlicher von der Kooperation Grundschule und Eltern abhängig wird. Die Notwendigkeit einer Zusammenarbeit von Elternhaus und Grundschule wird nicht nur durch die gesellschaftlichen Veränderungen hervorgerufen, sondern auch von einer Fülle gesetzlicher Regelungen (in den Bundesländern sehr unterschiedlich) begleitet und im Allgemeinen als *gemeinsame Erziehungsaufgabe* von Eltern und Schule definiert (vgl. u.a. KNÖRZER/GRASS 1998, 265f.).

Für diese Kooperation nennt HANKE (vgl. 1997, 179f.) folgende fünf *Argumente*:

1. Das Demokratisierungsargument (demokratisches Gleichgewicht der Sozialisationsinstanzen, Transparenz, Partizipation),
2. das Argument des gesellschaftlichen Wandels (angesichts zunehmender Heterogenität der Erziehungsstile die Notwendigkeit von Absprachen und Vereinbarungen),
3. das schulpädagogische Argument (Abstimmung, Einblicke über Lernentwicklung des Kindes, Mitwirkung von Eltern im Unterricht u.a.),
4. das familienpädagogische Argument (Orientierungshilfe für Erziehung, Selbstständigkeit des Kindes u.a.),
5. das interaktive Argument (Verminderung von Schwierigkeiten der Zusammenarbeit auf der Inhalts- und Beziehungsebene u.a.).

Die fünf Argumente und unser Einblick in das problembeladene Verhältnis von Eltern und Grundschule zeigen, wie stark das unfreiwillige Bündnis (auf Zeit) in den Alltag hineinreicht: *Kinder* bringen die Grundschule zu ihren *Eltern* mit ins Haus als ein Stück Lebens- und Lernerfahrung, natürlich gerade dann, wenn sie fast nichts von ihrer Grundschule erzählen. *Lehrerinnen und Lehrer* haben die Grundschule im Kopf und im Herzen, natürlich auch nachmittags, weil sich letztlich private Lebenswelt, Denken, Beruf, Lebensstil und Identität am Vormittag und am Nachmittag nicht fein säuberlich trennen lassen.

Für die Kooperation gilt deshalb heute, dass beide Gruppen mehr Beteiligung und Verständigung brauchen, dass sie mehr Empathie und Zugewandtheit praktizieren müssen, Gemeinsinn und Mitverantwortung, vielleicht auch Lebendigkeit und Humor

→ *vgl. Kapitel 3*

»Die Schule ist besonders in Zeiten knapper Ressourcen angewiesen auf den Gemeinsinn, die Solidarität und die Bereitschaft zur Mitverantwortung aller. Damit sind ausdrücklich auch wir Eltern gemeint. Elternhaus und Schule sind als Partner in der Erziehung der Kinder verpflichtet, zusammenzuarbeiten, sich gemeinsam für die Belange der Schülerinnen und Schüler einzusetzen und in der Schule eine Atmosphäre zu schaffen, die Freude am Lernen, Leistungsbereitschaft und das friedliche Leben miteinander fördert.«

Jutta Sievers, Vorsitzende einer Elternkammer

Was können Eltern tun? Beteiligungskultur entwickeln und die Umsetzung der neuen drei »K's« für die Grundschule in Bezug auf die eigene Person verwirklichen: Kind, Kommunikation, Kooperation.

angesichts der »Verrechtlichung« des Schulwesens. Dies freilich bedeutet, Grundschule aus systemischer Sicht zu gestalten, zumindest in der Erkenntnis, dass nach PIAGET und DEWEY Wachstum und Entwicklungen kaum von außen vorgegebenen Ideen folgen.

Deshalb kann Grundschule in der Kooperation mit Eltern auch als »Zukunftswerkstatt« verstanden werden: mit Arbeitsplätzen für Kinder, an denen sie etwas tun können, das ihnen selbst sinnvoll erscheint, mit Werkstattcharakter für Eltern und Bürger in einer Kultur der Vielfalt, die sie selbst mit in die Schule bringen. In einer solchen – heute vielfach noch nicht realisierbaren – Vorstellung öffnet sich die Grundschule für Eltern, versteht sich als Teil eines größeren Lebenszusammenhanges, eines »Gemeinwesens« und ist auf vielfältige Weise vernetzt mit dem Leben im Dorf, im Stadtteil, im Bezirk. Sie bezieht ihre Arbeit nicht nur auf die Eltern und die Kommune, sondern realisiert dies auch praktisch in der Schule – schlicht dadurch, dass Menschen aus der Schule mit Menschen aus der *Nachbarschaft der Grundschule* in ihr mitarbeiten. Die Grundschule übernimmt Aufgaben der Begegnung und der Verständigung mit Eltern im Sinne eines *offenen Systems*. Ein Rückgriff auf die Grundvorstellung von offenen und geschlossenen Systemen ermöglicht uns hier ein besseres Verständnis für die Kooperationsperspektiven von Grundschule und Eltern: *Geschlossene Systeme* stabilisieren sich durch

15. Eltern und Grundschule

Verordnungen, Gesetze, Machtausübungen, Hierarchien mit starken Abhängigkeiten, durch verkrustete Überzeugungen, starre Modelle und ermöglichen nur sehr schwer *Veränderungen*. Das Selbstwertgefühl der Beteiligten und die Kommunikation werden eher gering eingeschätzt.

Offene Systeme setzen Kooperation, Transparenz der Abläufe, Regeln und Leistungen in Beziehung, bieten Wahlmöglichkeiten. *Veränderungen* werden als normal und wünschenswert verstanden. Das Selbstwertgefühl der Betroffenen, die Integration auf der Ebene von Prinzipien und direkte, kongruente Kommunikation stehen an erster Stelle.

Was können Lehrerinnen und Lehrer tun?
Beteiligungskultur entwickeln und die Unruhe einiger Eltern (»Was tut mein Kind in der Schule?«) als produktiven Gesprächsanlass nehmen und Eltern zur Mitarbeit einladen.

Praxis: Eltern in der Grundschule

Aus diesen zukunftsträchtigen Bildern erwächst die grundlegende Frage, wie Eltern ihre Rolle und Kraft für die Weiterentwicklung der Grundschule einsetzen können. Sind die Eltern nicht in Bezug auf ihre Kinder die besten Experten überhaupt, können sie nicht die ungeheure Fülle konkreter Erfahrungen mit ihren Kindern zum besseren Verstehen und zur besseren Förderung aller Kinder in die Grundschule einbringen? Dazu bedarf es einer Grundschule, die ihre Eltern in ihre Arbeit partnerschaftlich einbindet. Dabei muss jedoch das »Beziehungsverhältnis« grundsätzlich geklärt werden und vor allem die »Machtökonomie« des Systems Grundschule im Alltag abgebaut werden, wie die folgenden Beispiele aus Elternsicht zeigen:

Elternabend
   »Zu einem Gespräch zwischen Eltern und Schule oder zwischen uns Eltern ist es in den ganzen zwei Stunden nicht gekommen. Schulleiterin und Lehrerin haben uns in erster Linie Aufgaben erteilt und informiert, wobei sie es verstanden, inhaltliche Dinge rein formell abzuhandeln. Wie etwa das Thema ›Hausaufgaben‹ oder den ›Rechenunterricht‹. Aber wir Eltern sind daran nicht schuldlos. Wir haben ja mitgespielt: Keine Nachfragen zu den Informationen der Schule, aber auch kein Versuch der Schule, etwas von den Erfahrungen unserer Kinder zu berichten oder über Gelungenes und Ärgerliches miteinander ins Gespräch zu kommen: zum Beispiel über das Verhalten der Kinder gegenüber den türkischen Klassenkameraden oder über die Raufereien auf dem Schulhof oder über die Tränen zu Hause beim ›Schönschreiben‹.

Eltern wirken mit:
- Die Klassenelternvertretung (Klassenpflegschaft), Elternsprechstunde, Elternabend
- Klassenkonferenz, Zeugniskonferenz
- Der Elternrat (Schulpflegschaft)
- Die Schulkonferenz
- Das Schulprogramm
- Schulübergreifende Gremien (z.B. Kreiselternrat, Elternkammer, Landeselternrat usw.)
- Fortbildung für Elternvertretungen
- Kooperationspartner
- Schulverein

Beide Seiten, denke ich, haben die Chance verpasst, die ein Elternabend doch eigentlich bietet. Die Schule hat von uns offensichtlich gar keine Rückmeldungen über ihre Arbeit erwartet – und wir Eltern haben diese Erwartungen erfüllt: Als passive Zuhörer, als bereitwillige Helfer – als brave Schüler.«

Beziehungen

»Unsere Tochter kam mal wieder mit einer 5 nach Hause. Dies war nicht so wichtig, aber bemerkenswert war, dass ihr der Lehrer sehr nett und sachlich gesagt hatte: ›Wenn du mehr Kopfrechnen üben würdest, würdest du auch nicht so viele Fehler machen‹. – ›Stelle dir vor‹, meinte sie, ›das ist genau das, was Vater auch gesagt hat.‹ Als ich einige Tage später in der Schule zu tun hatte, wollte ich dem Lehrer eine positive Rückmeldung geben, wie er mit seiner Aussage unsere Tochter beeindruckt hat. In der Pause bat ich eine Lehrerin, den Kollegen zu bitten, kurz aus dem Lehrerzimmer zu kommen. Nach einer Weile ließ er mir ausrichten, er habe wenig Zeit. Ich wartete. Mehrere Lehrer, die später das Lehrerzimmer verließen, warfen mir finstere Blicke zu. Nach erneutem Nachhaken kam er schließlich mit abweisender Miene am Schluss der Pause auf mich zu: er habe keine Zeit, und müsse sofort zum Schwimmunterricht. Offensichtlich hatte man meinen Gesprächswunsch so interpretiert, dass ich mich über die schlechte Zensur beschweren wollte. Nachdem ich unter Zeitdruck mein positives Anliegen doch noch vorbringen konnte, war die Pause beendet und ein richtiges Gespräch nicht mehr möglich. Aber etwas war immerhin erreicht: Eine strahlende Lehrkraft ging zum Schwimmunterricht, begegnet mir heute nicht mehr so abweisend, und unsere Tochter hat eine andere Beziehung zu ihrem Mathelehrer.«

Die folgenden Beispiele zeigen eindringlich, wie wichtig die kleinsten, *informellen Kontakte* zwischen Eltern und Grundschule sind, wie wichtig aber auch die *Gestaltung* der Zusammenarbeit ist:

– *Mitwirkung* und Unterstützung *im Unterricht*: Betreuung von Kleingruppen, Freiarbeit, Lernspiele, Arbeitsgruppenförderung, Basteln, Werken, Kochen, Ausflüge, Erkundungen als Experten für bestimmte Themen ...

15. Eltern und Grundschule

- *Gespräche*: Lernerfolgsrückmeldungen, Beratungsgespräche, Gespräche zwischen Tür und Angel, Elternsprechtag, Hausbesuche ...
- *Elternabende*: Gestaltung als Gesprächsforum zwischen Lehrerin und Eltern über Erziehungsfragen, schulische Themen. Kennenlernen, gemeinsame Projekte, Klassenfahrten, Schullaufbahnfragen; Ergänzungen auch durch »Elternstammtisch«, gemeinsame »Bastelabende« (Lernmaterialien) u.a.
- *Mitwirkung* und Unterstützung *in der Schule*: gesetzlich geregelte Zusammenarbeit in den Schulgremien (Klassenkonferenz, Schulkonferenz, Elternkonferenz), Klassenpflegschaften und Schulpflegschaften (NRW), Mitarbeit am Schulprogramm, Projekttage- und -wochen, Sport- und Schulfeste, Wettbewerbe, Aktionen, Schulzeitung, Schulbücherei, Hausaufgabenbetreuung, Schulverein (Förderverein), Mittagsbetreuung u.a., Elterninitiativen, Stadtteilarbeit, Nachbarschaftsarbeit ...

Praktische Beispiele von Elterninitiativen in der Grundschule:
- Eltern gründen eine Initiative für die Integration »behinderter« Kinder an ihrer Grundschule.
- Eltern entwickeln mit Lehrerinnen und Lehrern ein Konzept für eine »Aktive Spielpause« und bauen den Schulhof um.
- Eltern organisieren mit ihrer Grundschule eine Patenschaft für eine Schule in einem Dritte-Welt-Land.
- Eltern sorgen dafür, dass in der Lokalzeitung regelmäßig über ihre Grundschule berichtet wird.
- Eltern veranstalten mit Experten einen öffentlichen Diskussionsabend zum Thema »Test und Leistungen« in der Grundschule ...

Die Vielfalt der hier aufgezählten Möglichkeiten steht in größerem Zusammenhang einer auch elternbezogenen Neugestaltung der Grundschule (vgl. u.a. FAUST-SIEHL u.a. 202f.; KOWALCZYK/ OTTICH 1992; MILLER 1986). Sie sieht die *Eltern als wichtigste Bündnispartner* gemeinsamen «Lernens durch Teilhabe» (DALIN 1997, 129). Die Weiterentwicklung der Institution Grundschule als lernendes System nutzt die bisherigen Formen der Zusammenarbeit nicht nur als formale Kooperationen, sondern schafft kreative, zukunftsbezogene Möglichkeiten.

Zusammenfassung

Elternhaus und Grundschule sind die beiden wichtigsten Sozialisationsinstanzen für das Kind. Sie sollen im gemeinsamen Interesse für die Entwicklung des Kindes partnerschaftlich zusammenarbeiten. Diese Kooperation gestaltet sich jedoch aus unterschiedlichen Gründen sehr schwierig – besonders im Bereich der heterogenen Erziehungsmuster und veränderten Wertevorstellungen. Dennoch haben sich dazu in den letzten Jahren eine Fülle von praktischen Möglichkeiten in einem offenen System Grundschule entwickelt. Dabei entstehen neue Wege der Mitbeteiligung über größere Rechte der Eltern bis hin zu gemeinsamer Arbeit an Schulprogrammen.

Verwendete Literatur

Dalin, P: Schule auf dem Weg in das 21. Jahrhundert. Neuwied 1997

Faust-Siehl, G. u.a.: Die Zukunft beginnt in der Grundschule. Reinbek bei Hamburg 1996

Hanke, P.: Elternhaus und Schule. In: E. Jürgens u.a.: Die Grundschule. Zeitströmungen und Entwicklungen, Baltmannsweiler 1997

Knörzer, W./Grass, K.: Elternarbeit – Elternmitarbeit. In: Becher, H.-R./Bennack, J./Jürgens E. (Hg.): Taschenbuch Grundschule. Baltmannsweiler 1998³

Kowalczyk, W./Ottich, K.: Der Elternabend. Reinbek bei Hamburg 1992

Miller, R.: Lehrer lernen. Weinheim, Basel 1986

Was Sie sonst noch lesen sollten

Singer, K.: Die Würde des Schülers ist antastbar. Reinbek bei Hamburg 1998

Fragen und Aufgaben

☐ Denken Sie über die beiden Praxisbeispiele nach! Was kann im Sinne einer positiven Entwicklung verändert werden, was würden Sie tun?

☐ Sammeln Sie in Ihrem Umkreis Negativbeispiele zur Zusammenarbeit von Eltern und Grundschule. Nehmen Sie dann die Perspektive einer Lehrerin bzw. eines Lehrers ein und verändern Sie die Beispiele entsprechend.

☐ Schreiben Sie einen Kurztext aus der Elternperspektive: Wie ich mir die Zusammenarbeit zwischen Eltern und Grundschule vorstelle.

16. Grundschule mit eigenem Programm

Die Öffnung von Schule und Unterricht, die Entwicklung einer Lernkultur der Differenzierung und die Vielfalt unterschiedlichster Schulentwicklungen auf dem Weg zu mehr Autonomie – das alles sind inzwischen fast selbstverständliche Standards in der Diskussion um die innere Reform der Grundschule. Viele einzelne Grundschulen (aber längst nicht alle) haben seit 15 Jahren eine spezifische Form ihrer Unterrichtsarbeit und eine besondere Gestaltung der Lehr- und Lernmöglichkeiten ihrer Kinder in ihrem Haus entwickelt (vgl. Kapitel 8). Diese stille Reform »von unten« wird heute durch Sparmodelle, Steuerungen, Strukturveränderungen und neuen Aufgabenzuweisungen »von oben« ergänzt, unterbrochen oder sogar konterkariert. Dabei sind die Chancen der Grundschule für eine selbstbestimmte, langfristige Schulentwicklung von innen und von unten sehr günstig: Ein überschaubares System mit einem hohen Reformpotenzial im Bereich der *Vernetzung von Unterrichtsreform und Schulentwicklung* könnte in vielen Bundesländern die Weiterentwicklung der eigenen Schule über Schulkonzepte und Schulprogramme in die eigene Hand nehmen.

→ *vgl. Kapitel 8*

Schulentwicklung: »Top-down« oder »Bottom-up«?

In der Praxis ist diese positive Vorstellung jedoch häufig gebrochen: Die schleichende Diskrepanz zwischen den wachsenden gesellschaftlichen Ansprüchen an die Grundschule mit einer kaum zu bewältigenden Aufgabenfülle (vgl. Kapitel 6) auf der einen und der sog. Ressourcenverknappung auf der anderen Seite führt häufig dazu, die mögliche Freude an der Innovation zu verdrängen und diese eher als Steuerung, Kontrolle und Haushaltskonsolidierung wahrzunehmen – zumal es in vielen Bundesländern Auflagen und zeitliche Vorgaben für die Schulprogrammentwicklung gibt. Die lebendige Praxis an vielen Grundschulen mit Kindern anders umzugehen, ihnen mehr Freiräume und individuelle Lernformen zu ermöglichen, mehr Zeit für Kinder zu haben, um sie mit der direkten Erfahrung von Grundsicherheit entsprechend fördern und fordern zu können, prägt positive pädagogische Grundhaltungen und Erfahrungen. Wer dann aber als Lehrerin oder Lehrer beispielsweise erleben muss, dass die Bedingungen für diese Praxis ständig verschlechtert werden ohne

→ *vgl. Kapitel 6*

Schulprogramm = Umbau bei »laufendem Betrieb« mit der grundlegenden Frage: Wie entsteht ein kollektiver Geltungsanspruch für ein pädagogisches System?

Abschnitt IV: Lehrer, Eltern, Schulentwicklung

Rücksicht auf schon entwickelte Konzepte, ist in der Regel enttäuscht, wird müde und fragt sich: »Wozu dient eigentlich letztlich die größere Freiheit des Kollegiums, der Schule?« oder »Kann betriebswirtschaftliches Denken wichtiger sein als die erarbeiteten pädagogischen Standards?«

Ängste und Probleme von Lehrerinnen und Lehrern:
»Ich habe schon mit den Kindern genug zu tun, mehr kann ich nicht geben.«
»Wie sollen jetzt auch noch die Eier suchen, die wir selbst versteckt haben!«
»Typisch für die Behörde: Sakrale Stilisierung von Innovationsgetue!«
»Das lässt sich mit diesem Kollegium nicht realisieren.«
»Wer einparken will, muss auch mal an die Bordsteinkante fahren.«
»Ein Schulprogramm haben wir schon durch unsere Arbeit geschaffen – wozu es aufschreiben?«

Damit ist auch der bildungspolitische Rahmen umrissen, in dem wir heute die Grundschulentwicklung sehen müssen: Die pädagogische Entwicklung der eigenen Schule ist also ein Wagnis, ein Balanceakt zwischen Verantwortung für die Kinder und staatlicher und öffentlicher (veränderter) Zielsetzung, z.B. zwischen der Rückkehr zur alten Dreifelderwirtschaft Lesen – Schreiben – Rechnen mit »Öffnungszeiten« und einem klaren, integrierenden Erziehungsauftrag in einer Grundschule, die Kindheit als schutzbedürftigen Raum auffasst. Vor allem wird die Überforderung des bisherigen Schulsystems in seiner traditionellen Struktur sichtbar: Viele spüren deutlich, dass immer mehr Grundschullehrerinnen und -lehrer auf Dauer den stark belastenden »Spagat« zwischen sozialpädagogischer Alltagsarbeit und gutem Unterricht im Rahmen ständig gekürzter Ressourcen nicht mehr leisten können. Da helfen weder die Formeln und Ideen vom erziehenden Unterricht, von offenem Unterricht, von ganzheitlichem Lernen, von der pädagogischen Teamarbeit, von der verlässlichen Halbtagsgrundschule noch die Vorstellungen und technologischen Reformmodelle von der Schule als Dienstleistungsunternehmen mit »Kundenorientierung«, noch die Propagierung von »Selbstwirksamkeit« und »Autonomie« der Schule. Die Probleme liegen tiefer, weil der Grundkonsens für die Ziele der Grundschulentwicklung brüchig geworden ist: Wird der Blick nun vorwiegend auf die Lernergebnisse (in eingegrenzter Weise) gerichtet, oder ist die Gestaltung eines vielfältig anregenden Lern- und Lebensraumes als »gute Schule« (vgl. FEND 1989, 14ff.) mindestens ebenso wichtig?

Die vorliegenden Erkenntnisse und Erfahrungen zeigen folgende Merkmale:

1. Man unterscheidet meistens ein *Schulprofil* (als eine Ansammlung von bestimmten Schwerpunkten einer Grundschule), ein *Schulkonzept* (als eine bewusste Festlegung einer gestalteten Kontur einer Grundschule) und ein *Schulprogramm* (als ein Instrument der Grundschulentwicklung mit einem zeitlichen Arbeitsprogramm für die Weiterentwicklung von Unterricht und Schulleben).

16. Grundschule mit eigenem Programm

2. Schulprogramme versuchen, auf der Grundlage von Eigenverantwortung für die pädagogische Gestaltung der Arbeit mit Kindern einen Grundkonsens für die pädagogische Orientierung der einzelnen Grundschule mit den Betroffenen (also auch den Eltern, vgl. Kapitel 15) zu erarbeiten.

Definition von H. G. Rolff, Institut für Schulentwicklungsforschung der Universität Dortmund, zu Schulentwicklungsprogrammen: »Sie sind Ausdruck des gemeinsamen pädagogischen Selbstverständnis-Prozesses (möglichst) aller Lehrerinnen und Lehrer sowie (möglichst) auch der Schülerinnen und Schüler *einer* Schule. Sie sind immer selbstbezogen.«

→ *vgl. Kapitel 15*

Grundschule als lernendes System

Grundschulentwicklung lebt von einem reflektierten Umgang mit Erfahrungsgrundsätzen aus unterschiedlichen Bezugsfeldern in Theorie und Praxis. Zu diesen Grundsätzen zählt heute: Die Entwicklungsarbeit ist eine *Gemeinschaftsaufgabe* aller Mitglieder der Schulgemeinde. Grundschulentwicklung ist ein *offener Prozess* mit transparenten Verfahren auf allen Ebenen. Die Schulentwicklung muss auf freiwilliger Basis stattfinden und die geleistete Arbeit muss sich lohnen.

Als Orientierung für die gemeinsame Entwicklungsarbeit hat sich ein *Denken in Prozessen* erwiesen, ein Denken in Schritten bei der Suche nach Neuem sowie der Festigung des Neuen in entsprechenden situationsübergreifenden, tragenden Strukturen. Damit begreift sich die Grundschule als ein *lernendes System*, das sich auf dem gesamten Weg an drei übergreifenden Phasen orientieren kann:

Was man für die Entwicklung eines Schulprogramms braucht:
1. Zeit und Geduld.
2. Motivation und Energie.
3. Bereitschaft zu lernen.
4. Verfahren, Methoden, Instrumente.
5. Anerkennungs- und Unterstützungssysteme.
6. Gesprächspartner und kritische Freunde

1. Phase: Auftauen
Kritische Überprüfung und Ablösung von bisherigen Konzepten, Denkmustern und Verhaltensweisen der beteiligten Menschen, Beschreibung, Konkretisierung und Infragestellung der bisherigen Praxis.

2. Phase: Verändern
Entwicklung neuer Konzepte, Umformung bestehender Programme, Abstimmung des Vorgehens auf die neuen Gegebenheiten.

3. Phase: Festigen
Integration der neuen Konzepte und Vorgehensweisen in den Kontext der Grundschularbeit in Stadtteil oder Dorf, des offenen Unterrichts, der Individualisierung der Ziele und Anforderungen des gemeinsamen Tuns. Einrichten entsprechender Programmelemente: Koordinationstreffen, Fallbesprechung, Lernwerkstatt, Projekttage, Freiarbeit, Berichtszeugnisse, Klassenrat, Elternstammtisch usw.

Praktische Fragen:
Was soll getan werden?
Welche Gremien oder Gruppen haben dabei welche Aufgaben?
Bis wann soll die Arbeit erledigt werden?
Wer braucht dafür voraussichtlich welche Unterstützung?

Dieser »strukturelle« Blick sieht in der Praxis der Selbsterneuerung des Systems einer lernenden Grundschule einfacher aus, als es hier den Anschein erwecken mag: Die Beteiligten verständigen sich offen darüber, was sie konkret wollen und tun, in welchen Feldern sie welche Ziele erreichen wollen und welche Prämissen ihre Arbeit bestimmen. Häufig werden dabei Fragenkataloge zur »Selbstprüfung«, zur Diskussion und als Ausgangsmaterialien für verschiedene Arbeitsgruppen einer Schule eingesetzt, wie z.B.:

Pädagogisches Konzept: Von welchem Minimalkonsens über unsere pädagogischen Ziele und Aufgaben gehen wir aus? Welche Vorstellungen für das Lernen und Leben mit Kindern leiten uns? Welche Werte sind für uns in der Alltagsarbeit auf dem Weg zu einer gerechten Gemeinschaft wichtig? Welche Förderkonzepte wollen wir weiterentwickeln?

System unserer Schule: Auf welchem Stand der Organisationsentwicklung und Leitungsstrukturen befinden wir uns? Wie weit ist an unserer Schule die Bereitschaft vorhanden, uns selbst als lernendes System zu verstehen? Wie steht es um die Verknüpfung von Schulleben und Unterricht, um die Zusammenarbeit mit Eltern und Institutionen (Öffnung nach außen), um die Gruppen im Kollegium? Wie weit können Schulleitung und eine Steuergruppe unsere Entwicklung koordinieren und moderieren?

16. Grundschule mit eigenem Programm

Organisation: Aus welchen Grundbausteinen können wir unser Konzept einer Schule gestalten? Wie sieht die Ist-Analyse unserer Organisationsstrukturen aus? Welche Spielräume haben wir für Erweiterungen? Aus welchen Elementen bilden wir unseren eigenen Tages- und Wochenstrukturenplan, wie entwickeln wir die Passung von lehrergelenkten und offenen Lernphasen?

Personal: Wo liegen unsere besonderen Fähigkeiten, Kräfte und Begabungen und wie können wir sie stärker nutzen? Wie gehen wir mit der Phantasie, dem Mut und der Lust auf Innovationen bei uns um? Was können wir uns ohne permanente Überforderung zutrauen? Was können wir tun im Bereich Geben und Nehmen, Anerkennung, Würdigung und Regeneration?

Schulprogramm: Was und Wie

Ein Schulprogramm als Arbeitsvertrag mittlerer Reichweite (zwei bis fünf Jahre) für eine Grundschule sollte in der Regel mindestens folgende Aussagen enthalten:

1. Den pädagogischen *Grundkonsens* der Schule.
2. Eine klare Zielvorstellung für die Arbeit mit der Angabe von Elementen zur Zielerreichung.
3. Einen Verlaufsplan mit den einzelnen Phasen und Maßnahmen zur Zielerreichung (Zeitplan).
4. Eine Fixierung der Schwerpunkte in Bezug auf Unterricht, Schulleben, Öffnung nach außen.
5. Angaben über die interne Überprüfung (*Evaluation*) der Ergebnisse des Arbeitsprogrammes.

Für die Umsetzung eines solchen Projektes werden heute vielfältige Erfahrungen genutzt (ALTRICHTER u.a. 1998, PHILIPP / ROLFF 1998, SCHRATZ/STEINER-LÖFFLER 1998, HOLTAPPELS 1998, WITTENBRUCH 1995).

Was kann aus diesen Erfahrungen, Modellen und Diskussionen für die eigene Schule vor Ort an Erkenntnissen für ein praktisches Handeln gewonnen werden?

Zunächst wird hier ein Strukturmodell »*Schritt für Schritt*« vorgestellt, das in vielen Variationen in den zahlreichen Berichten und Vorschlägen für eine Schulentwicklung enthalten ist. Es ist so hilfreich, wie die Akzeptanz und Beteiligung der Betroffenen hergestellt werden kann. Deshalb müssen auch alle Entwicklungsschritte individuell im Rahmen eines erfahrungs-

Ein Beispiel für »pädagogischen Konsens«: »Wir gehen davon aus, dass ein Kind optimal lernt, wenn es *seinen* Lernweg findet ... Wir verschaffen den Kindern einen möglichst weitgehenden und vielseitigen Kontakt mit der Wirklichkeit (z.B. durch Projekte, Projektwochen, Arbeit im Schulgarten, Trocken- und Feuchtbiotop, Erkundungen, Fachleute in der Klasse).«

Das Wort »*Evaluation*« kommt aus dem Französischen: évaluer = »(ab)schätzen« und hat den Sinn, die Arbeit zu veranschlagen, zu bewerten, zu beurteilen und das zu bedenken (é = heraus), was an Wertvollem, Wichtigem aber auch zu Kritisierendem aus dem gemeinsamen Handeln folgt.

offenen Prozesses nach den Bedingungen der jeweiligen Schule variiert werden:

1. Schritt: *Ansatz*
- Sich über pädagogische Leitideen verständigen und einen Minimalkonsens entwickeln,
- organisatorische Grundbausteine entwickeln,
- Schulstruktur analysieren, Ressourcen prüfen und ggf. äußere Grenzen der Umsetzbarkeit in den Blick nehmen,
- an Bestehendes anknüpfen ...

2. Schritt: *Aufgaben*
- Ziele aus dem ersten Schritt entwickeln und vereinbaren,
- entsprechende Vorhaben planen und konkretisieren,
- Organisation und Zeitrahmen festsetzen,
- Gruppen und Verantwortungsbereiche mit Eltern und Schülern bilden,
- in einem Text das alles als *Schulprogramm* verbindlich und verständlich formulieren.

3. Schritt: *Umsetzung*
- Vorhaben in Bedächtigkeit und Bearbeitung von Widersprüchen und Konflikten durchführen,
- Arbeit aller Beteiligten anerkennen und veröffentlichen,
- konstruktive Rückmeldungen einholen und geben,
- Ergebnisse dokumentieren, verbreiten und Erfolge feiern ...

4. Schritt: *Evaluation*
- Ergebnisse kritisch am Text des Schulprogramms überprüfen,
- Rückbindung an die Zielvorstellungen und Vernetzungen herstellen,
- Veränderungen besprechen und planen,
- Entscheidungen fällen.

Die Schritte können ein Bewusstsein für die Veränderungen der eigenen Schulorganisation erzeugen, sie können helfen, die Schwerpunkte, Organisationsformen und Entwicklungsstufen des Schulprogramms zu definieren und abzuwägen – ein Ersatz für den Mut zur Umsetzung sind sie nicht. Vor allem aber können Gespräche und Diskussionen darüber nicht die Weiterentwicklung der pädagogischen Arbeit mit Kindern vor Ort, in den Klassen ersetzen, denn diese ist allemal die Basis für eine lebendige und humane Schule (vgl. WALLRABENSTEIN 1998, 522).

Was Kinder sich für das Schulprogramm ihrer Grundschule wünschen:
»Am Nachmittag miteinander essen. Vor dem Unterricht besprechen, was gemacht wird. Verschiedene Sachen im Unterricht machen. Mehr Nachmittags-Spiel- und Freizeitangebote. Einen Teich, wo jedes Kind einen eigenen Fisch haben kann. Unterricht draußen auf dem Schulhof. Einmal in der Woche in den Zoo gehen. Mehr Stunden, die Spaß machen. Einen Schul-Computer, den man benutzen kann. Wenn man Arbeiten schreibt, zwei Wochen Zeit zum Lernen.«

16. Grundschule mit eigenem Programm ■

Beispiele aus der Praxis

Wie können wir uns diese anspruchsvolle Arbeit an der eigenen Entwicklung und dem Gewinnen einer sichtbaren Qualität von Grundschule vorstellen? Dies soll am Beispiel einer Grundschule gezeigt werden, die sich über 15 Jahre kreativ und engagiert, mit Höhen und Tiefen, aber in Geduld und mit kleinen Schritten entwickelt hat.

Zunächst versuchte die Schule, aufgrund der zunehmenden Heterogenität ihrer Schülerschaft stärker zu differenzieren, hat sich dabei geöffnet, Helfersysteme entwickelt und die kollegiale Kooperation durch eine »Öffnung der Türen« verstärkt. Bei einer bewussten Handlungsorientierung des Unterrichts mit altersgemischten Gruppen in Projekten und Freier Arbeit sind Räume für Gestaltungsfreiheit und stärkere Selbstverantwortung der Schüler entstanden. Die Zufriedenheit des Kollegiums (Reform als Eigennutzung) wuchs mit dem Grad der Entlastung in der Rolle – Selbstverantwortung und Gestaltungsfreiheit wurden von den Lernenden und Lehrenden als positive Veränderung ihres Schultags wahrgenommen.

In nächsten Schritten erweiterten sich diese Vorstellungen aus den Klassen heraus in die Lernumgebung der gesamten Schule; unter der Leitvorstellung »Begegnung und Entdeckung« veränderten und gestalteten Eltern, Schüler und Lehrkräfte ihren Lernort. Die Schule hat dann den Grundkonsens ihrer Arbeit in einem »Schulvertrag« dokumentiert (vgl. WALLRABENSTEIN 1995, 106), der Orientierung und Weiterentwicklung ermöglichte und heute zu vielen (sichtbaren) Innovationen geführt hat. Auf dem Schulgelände erleben wir Kinder an einem Biotop, im Schulgarten, bei der aktiven Pause in einem großen »Schaukelboot« oder beim Indianerspiel in Weidenzelten, beim Kriechen durch Röhren, beim Versorgen von Tieren im Schulzoo. In den Räumen der Schule gibt es z.B. eine »Forscherwerkstatt« für Kinder, einen Raum für psychomotorisches Lernen, eine Bibliothek, und alle Klassen zeigen sich mehr oder weniger als vielfältige »Lernlandschaften«. Die Schulleitung wird im Team von drei Kolleginnen wahrgenommen...

In einer anderen Grundschule ist die *aktive Mitarbeit der Kinder am Schulprogramm* als ein wesentliches Element der Weiterentwicklung umgesetzt worden: Die Kinder notieren auf einer Stellwand im »Forum« (Eingangsbereich der Grundschule) das, was ihnen an der Schule nicht gefällt, auf »Stolpersteinen« und schreiben ihre Wünsche und Ideen in »Wunschsterne«. Zunächst werten die Kinder einer Klasse die Ergebnisse der Stelltafel aus und bringen sie in das *Schülerparlament* ein. Gemeinsam werden nun einige Stolpersteine herausgegriffen und es wird versucht, Lösungsmöglichkeiten zu finden. Für dieses Projekt hat das Schülerparlament gemeinsam mit der Mondklasse (jede Klasse hat einen eigenen Namen), die die Auswertung übernommen hatte, einen Preis beim Bundeswettbewerb »Kinderfreundliche Schule« gewonnen ...

Schulentwicklung kann zu Krisen des Handelns führen: Das erfordert Beratungs-, Entlastungs-, Ermutigungs- und Stützsysteme.

Solche Ideen und praktischen Erfahrungen können begeistern und wirken vorbildhaft. Verkannt wird dabei allerdings meistens, dass die betreffenden Grundschulen einen langen und mühsamen Weg mit zahlreichen Konflikten, Phasen des Stillstandes, der Enttäuschung hinter sich haben. Dennoch wird heute konstruktiv an vielen Grundschulen ein Schulprogramm erarbeitet und umgesetzt, weil die Lehrerinnen und Lehrer instinktiv spüren, dass sich gerade bei dieser Arbeit die Chance einer neuen Professionalität, Berufszufriedenheit und Kooperationserfahrung ergibt – trotz anfänglich starker Mehrbelastung.

Grundschulentwicklung, das zeigt sich deutlich, ist also ein vielschichtiges, offenes Feld.

Zusammenfassung

Grundschulen mit eigenen Programmen erarbeiten gemeinsam, wie sie die heutige Aufgabenfülle der Grundschularbeit bewältigen wollen. Sie entwickeln Verfahren und Formen der Selbstverwaltung der Schulen für ihr pädagogisches Konzept und legen in Schulprogrammen die Ziele, einen pädagogischen Grundkonsens, Entwicklungsvorhaben und die Überprüfung ihrer Arbeit fest. Einige Beispiele aus diesen grundlegenden Innovationen veranschaulichen konkrete Möglichkeiten, aber auch Schwierigkeiten dieser aktuellen Grundschulreform.

Verwendete Literatur

Altrichter, H./Schley, W./Schratz, M. (Hg.): Handbuch zur Schulentwicklung. Innsbruck, Wien 1998

Bastian, J. (Hg.): Pädagogische Schulentwicklung, Schulprogramm und Evaluation. Hamburg 1998

Dalin, P./Rolff, H.-G./Bucher, H.: Institutioneller Schulentwicklungsprozess. Ein Handbuch. Soest 1996

Fend, H.: Was ist eine gute Schule? In: Tillmann K.-J. (Hg.): Was ist eine gute Schule? Hamburg 1989

16. Grundschule mit eigenem Programm

Holtappels, H. G.: Grundschule als »Volle Halbtagsgrundschule«. In: Brügelmann, H./Fölling-Albers, M./Richter, S. (Hg.): Jahrbuch Grundschule. Seelze 1998
Philipp, E./Rolff, H.-G.: Schulprogramme und Leitbilder entwickeln. Weinheim, Basel 1998
Schratz, M./Steiner-Löffler, U.: Die Lernende Schule. Arbeitsbuch pädagogische Schulentwicklung. Weinheim und Basel 1998
Wallrabenstein, W.: Werte einer humaneren Schule als Ausgangspunkt für Schulentwicklung. In: Altrichter u.a., a.a.O.
Wallrabenstein, W.: Kindern Raum geben – Auf dem Weg zur Halbtagsgrundschule. In: Die Grundschulzeitschrift. Seelze 10/1996/99
Wittenbruch, W.: Das pädagogische Profil der Grundschule. Heinsberg 1995

Was Sie sonst noch lesen sollten

Miller, R.: Sich in der Schule wohlfühlen. Weinheim und Basel 1992[5]

Fragen und Aufgaben

☐ Besorgen Sie sich eine Schulbroschüre oder ein Schulkonzept oder Schulprogramm einer Grundschule in ihrer Nähe und vergleichen Sie den Text mit den Ausführungen dieses Kapitels! Was finden Sie wieder?

☐ Interpretieren Sie die folgenden Aussagen von Lehrerinnen und Lehrern vor dem Hintergrund der Ausführungen:
»Mit ausreichender Grundversorgung und einer Vertretungsreserve können wir endlich besser fördern, differenzieren, haben mehr Zeit für die sozialen Lernprozesse und sind auf unserem Weg über offenere Lernformen weit vorangekommen.«

»Bei uns ist es friedlicher geworden. Seitdem wir die gesamte Schule als Lernfläche verstehen, umgestalten und nutzen, entwickelt sich bei den Kindern ein anderer Bezug zu ›ihrer‹ Schule – sie leben anders zusammen.«

☐ Malen Sie das Schema eines (zweistöckigen) Hauses mit größeren Elementen und entwickeln Sie Ihre eigenen Vorstellungen eines sinnvollen Schulprogramms durch die entsprechende Beschriftung der einzelnen Elemente. Vergleichen Sie es mit einem real existierenden Schulprogramm!

»Einleitung«
oder didaktischer Ausklang

Captatio benevolentiae – oder: Vom Herz zum Kopf

Autoren vergangener Zeiten begannen nicht selten ihre Bücher mit der blumigen Anrede *»Geneigter Leser«*. Man wusste, dass ein gedruckter Text – und sei er noch so gut formuliert und inhaltlich richtig – noch keine Garantie bedeutet, dass der Leser ihn annimmt und in der Folge auch versteht. Damit der Leser dem Text geneigt und somit aufnahmefähig wird, wollten diese Autoren das Gefühl der Lesenden ansprechen. Sie folgten einer Regel der *Rhetorik*, jener Disziplin, die unserer wissenschaftlichen Pädagogik vorausging und für mehr als 2000 Jahre die Unterrichtspraxis und Kultur Europas prägte. Wissensvermittlung bedeutete für die Rhetorik also nicht schlichte Instruktion, sondern zunächst *captatio benevolentiae*, den Weg über das Gefühl des »Adressaten«: *vom Herz zum Kopf*.

captatio benevolentiae:
lt. das Gewinnen des Wohlwollens (beim Zuhörer oder Leser)

In den letzten Jahren ist in der einschlägigen Fachliteratur von *Adressatenorientierung, offenem Lernen* und *selbstorganisiertem Lernen* die Rede. Wir erfahren seit einiger Zeit wieder, dass die Hauptverantwortlichen für die Bildung die Lernenden selbst sind. Bildung ist immer Selbstbildung, war eine Erkenntnis der Bildungstheorie (vgl. Kapitel 5). – Dieses Pendeln zwischen unterschiedlichen didaktischen Schwerpunkten lässt sich in der Geschichte der Pädagogik aufzeigen. Darüber Bescheid zu wissen gehört zum Rüstzeug professioneller Lehrkräfte.

➜ *vgl. Kapitel 5*

So stellten und stellen die sog. Reformpädagoginnen und -pädagogen und ihre Nachfolger bis in unsere Tage das Kind und seine *Lebenswelt* in das Zentrum der didaktischen Überlegungen. Die Schule hat für sie nicht so sehr die Aufgabe, die Kinder das Wissen zu »lehren«, sondern muss sich in einer Weise öffnen, dass die Kinder mit ihrer Hilfe im »Buch der Welt« lesen, d.h. ihre Umwelt in immer größeren Kreisen »dechiffrieren« und verstehen lernen: vom Nahen zum Fernen, vom Bekannten zum Fremden, vom Konkreten zum Abstrakten. Aufgabe der Lehrerinnen und Lehrer ist es, diesen selbsttätigen Lernprozess der Kinder zu ermöglichen und zu fördern – je nach ihren individuellen Voraussetzungen (vgl. Kapitel 2 und 14). Dabei kann es

➜ *vgl. Kapitel 2 und 14*

»Einleitung« oder didaktischer Ausklang

weder allein mit einer Reduzierung der Aktivität von Lehrkräften noch einer Vermehrung der Aktivität bei den Kindern getan sein. Die Annahme von Individuen, also einmaligen unverwechselbaren Personen, die jeweils unterschiedlich lernen, schließt dabei gleichmachende, wie Gießkannen wirkende Breitband-Unterrichtsmethoden aus. Wenn die Lehrkraft will, dass die Neugierde und der Spaß am Lernen den Kindern erhalten bleiben, muss sie die Lernangebote so zugänglich machen, dass die Kinder sie selbsttätig verarbeiten können und Lust bekommen, weiter und mehr zu suchen. Dazu muss sie beim einen Kind mehr und beim anderen weniger Hilfestellung geben. – Aber auch hier muss der Weg vom Herz zum Kopf und zur Hand – oder besser: zum ganzen Menschen gehen.

»Nicht bestimmte *Methoden* machen einen Unterricht zu einem Offenen Unterricht, sondern ein bestimmtes *Lehrerhandeln*, das offen ist für die individuellen Probleme und Bedürfnisse des einzelnen Kindes.«

(Jaumann-Graumann 1997, 33)

Und nun, »*geneigte Leserin, geneigter Leser*«, stehen wir vor dem Problem dieses Buches, mit dem Sie in die Grundschulpädagogik eingeführt zu werden hoffen. Wir, die Autorin und die Autoren, glauben, dass ein Lehrbuch, das in eine kindorientierte Pädagogik einführen soll, selbst schon von einer solchen »Ermöglichungspädagogik« geprägt sein muss. Es muss in einer bestimmten Weise kongruent sein mit der Form des Grundschulunterrichts, auf den es abzielt: Es muss offenes und selbstständiges Lernen möglich machen. Es muss so gestaltet sein, dass aus den Adressatinnen und Adressaten des Buches Subjekte werden, d.h. selbstständig handelnde Personen und Individuen, die je auf ihre Weise (und nicht ganz ohne Lust!) mit den Bildungsangeboten in diesem Buche arbeiten können. Und da wird es nun für uns als Autorin und Autoren schwierig. Denn anders als im Klassenzimmer, in dem Sie als künftige oder schon praktizierende Lehrerinnen und Lehrer die einzelnen Kinder vor sich haben und wissen, woher sie kommen, was sie schon wissen, für was sie sich besonders interessieren, ob sie langsamer oder schneller lernen usw., kennen wir Sie nicht. Und dennoch halten wir an unserem Ziel fest, *offenes Lernen* zu ermöglichen. Wie ist dies möglich?

Vieles, was zum offenen Lernen mit Büchern zu sagen ist, kann übertragen auch für die Grundschuldidaktik von Bedeutung sein.
➔ *vgl. Kapitel 9*

Offenes Lernen durch eine geschlossene didaktische Gestaltung

Die historische Reformpädagogik wandte sich gegen eine Schule, die vom Wissenskanon der Erwachsenenwelt ausging und dieses Wissen den Kindern »einzutrichtern« versuchte. Die didaktische Planung, der Lehrplan und die Schuldisziplin räumten damals dem einzelnen Kind kaum Möglichkeiten ein, nach seinen individuellen Möglichkeiten eigenaktiv zu lernen. Wenn wir in der Grundschulpädagogik seit einigen Jahren von der »Öffnung der Schule« sprechen, ist dieses reformpädagogische Anliegen gemeint.

→ *vgl. Kapitel 2, 7* *Wissensorientierung* und kindliche *Lebenswelt* sind polar und bilden ein Spannungsfeld. Auf der einen Seite haben wir das Wissen, die Institution Schule, die Lehrtechniken und Lernmethoden, auf der anderen Seite das Individuum mit seiner Lebenswelt, seiner Eigenaktivität und seiner Fähigkeit, sich selbst zu orientieren und zu steuern. Und weil eben Individuen einmalig auch beim Lernen sind, passen auf sie kaum Rezepte oder Lehrtechnologien. Sie brauchen offene Lernangebote, auf die sie individuell zugreifen können.

So wie die Schule aber das »objektive Wissen« nicht verabsolutieren darf, kann sie auch nicht bei den Lebenswelten der einzelnen Kinder stehen bleiben. Die pädagogische Theorie hatte die fruchtbare Spannung zwischen diesen Polen immer hervorgehoben und eine alternative, ausschließende Betrachtung dieser damit verbundenen didaktischen Ideen abgelehnt. So wurde die Gefahr der Manipulation des Menschen durch ein didaktisches Handeln im Sinne einer Überbetonung von Lerntechnologien und Strategien des ausschließlichen Wissenserwerbs ebenso gesehen wie eine Überbetonung der Kreativität und Selbststeuerung des lernenden Subjekts. Theodor LITT und Martin BUBER z.B. begründeten ihre Korrektur und Revision der Reformpädagogik am Ende der 20er-Jahre durch einen dialektischen Weg des Führens und Wachsenlassens und einer Betonung des Erzieherischen gegenüber dem Schöpferischen im Kinde (BUBER 1969; LITT 1965). – Vor diesem Hintergrund bekommen die manchmal modeabhängig diskutierten Begriffe »Offenheit« und »Geschlossenheit« eine Vertiefung. Wir werden sie zum besseren Verständnis im Folgenden noch aus einem ganz anderen Blickwinkel betrachten.

Offenheit – Geschlossenheit: ein Exkurs

Das Begriffspaar Offenheit – Geschlossenheit ist auch Gegenstand der Kunsttheorie und der Semiotik. Da hier mit diesen Begriffen insbesondere das Verhältnis des Rezipienten zum Kunstwerk artikuliert wird, haben die Ergebnisse auch für die Pädagogik eine Bedeutung. Kunstwerke wurden immer schon unter ihrer pädagogischen Funktion gesehen. Ein Werk der bildenden Kunst z.B. kann belehrend sein, sittlich-erzieherische Folgen oder

»Einleitung« oder didaktischer Ausklang

allegorisch-pädagogische Wirkungen haben. Seinen künstlerischen Wert verdankt es aber nach RICHARD HÖNIGSWALD ausschließlich der Einheit und Geschlossenheit seiner Gestaltung:

> »*Von der Einheit, der Geschlossenheit, der Komposition erst geht die versöhnliche oder reinigende, die läuternde und erhebende Wirkung eines Kunstwerks aus; die lustbetonte ›Katharsis‹, die es als Kunstwerk selbst dann erzeugt, wenn es aufregt und bedrückt. Es repräsentiert eine ›coincidentia oppositorum‹, d.h. es überwindet vermöge seiner Komposition alle Gegensätzlichkeiten der Stimmungen, die am Inhalt haften mögen; alle Abstände und Diskrepanzen der ›Vorstellungen‹, die dieser Inhalt etwa vermittelt. Aber es schafft zugleich, gerade als Kunstwerk, d.h. kraft seiner Komposition, sogar am inhaltlich Zusammenstimmenden neue Spannungen und unterwirft es neuen und individuellen Normen der Einheit.*« (HÖNIGSWALD 1961, 57 f.)

Coincidentia oppositorum (lat. das Zusammenfallen der Gegensätze) ist ein von *Nicolaus Cusanus* (1401–1464) geprägter Begriff, der bei ihm zunächst auf Gott bezogen wird.

Ein Kunstwerk ist also ein Objekt, das die Künstlerin oder der Künstler so gestaltet hat, dass die in ihrer oder seiner Vorstellung entstandene in sich geschlossene Form vom Rezipienten nachvollzogen, verstanden oder genossen werden kann. Andererseits bringt der Konsument, wenn er dem Kunstwerk begegnet, seine konkrete existenzielle Situation als Individuum mit. Er kommt mit seiner Erfahrung, mit einer bestimmten Sensibilität, mit seinen Geschmacksvorlieben und Neigungen, mit Vorurteilen und mit seinem Bildungshintergrund. Aus diesem Blickwinkel her betrachtet ist das Kunstwerk offen. UMBERTO ECO schrieb dazu schon 1977, als die Renaissance der Reformpädagogik bei uns noch nicht eingesetzt hatte:

Vielleicht kennen Sie den italienischen Forscher *Umberto Eco* als Autor des verfilmten Romans »Der Name der Rose«!

> »*Im Grunde ist eine Form ästhetisch gültig gerade insofern, als sie unter vielfachen Perspektiven gesehen und aufgefasst werden kann und dabei eine Vielfalt von Aspekten und Resonanzen manifestiert, ohne jemals aufzuhören, sie selbst zu sein (ein Verkehrsschild dagegen kann ohne Irrtum nur in einem einzigen Sinn aufgefasst werden und hört, wenn es fantasiehaft umgedeutet wird, auf, dieses Signalschild mit seiner besonderen Bedeutung zu sein). In diesem Sinne also ist ein Kunstwerk eine in ihrer Perfektion eines vollkommen ausgewogenen Organismus vollendete und geschlossene Form, doch auch offen, kann auf tausend verschiedene Arten interpretiert werden, ohne dass seine irreproduzible Einmaligkeit davon angetastet würde. Jede Rezeption ist so eine Interpre-*

tation *und eine* Realisation, *da bei jeder Rezeption das Werk in seiner originellen Perspektive neu auflebt.«* (Eco 1977, 30)

Die Parallelen zur Pädagogik und zum diskutierten Spannungsfeld Individuum/Offenheit versus Wissen/Geschlossenheit sind evident und es würde sich lohnen, diese Zitate konkreter auf den Unterricht und auf ein Lehrbuch zu beziehen. Die adäquate Antwort auf eine Überbetonung der Extreme ist nicht nur im »goldenen Mittelweg« zwischen diesen Polen zu sehen, sondern auch in einer systematischen Einführung in das *Lernen des Lernens*. Und was dabei für den Grundschulunterricht gilt, ist auch für ein Arbeitsbuch wichtig, das dem Lernen Erwachsener dienen soll. Selbstorganisiertes Lernen bedarf auch bei Erwachsenen gerade wegen der unterschiedlichen Lernbiografien einer gründlichen Hilfe, die selbstständiges Lernen ermöglicht, sich also sukzessive überflüssig macht. Es bedarf zum selbstorganisierten Lernen einer rationalen Planung mit systematischen didaktischen Strukturen. *Es bedarf einer geschlossenen didaktischen Struktur, um Offenheit zu erzeugen.*

Lernen des Lernens mit einem Lehrbuch – oder: Wie lesen wir?

Der Akzentwechsel in der wissenschaftlichen Diskussion mit seiner Betonung des Subjekts berührte auch den Bereich der Druckgestaltung. Hier entstand jüngst eine ganz neue Richtung, die »Lesetypografie« (Willberg & Forssman 1997) genannt wurde. Wir haben uns bei der didaktischen Gestaltung des vorliegenden Buches an ihren Ergebnissen orientiert. Ein Nachdenken über die adressatengerechte Gestaltung von Texten gehört nämlich auch zur Didaktik, – und das Bewusstmachen des Lesers, nach welchen Regeln ein Lehrbuch gestaltet ist, zum Lernen des Lernens.

1. Lineares Lesen

Wenn unser Auge den gedruckten Buchstaben eines Textes folgt, dann kann es am mühelosesten einen Schriftsatz aufnehmen, der nicht zu breit und nicht zu sehr durch Absätze zerrissen ist. Wir können dann linear, Schritt für Schritt, ohne Störung lesen. Dies ist die klassische Art des Lesens, die auch für einen Lehrtext gilt. Der Leser möchte einem Gedanken folgen können und nicht abgelenkt werden. – Unser Lehrtext entfaltet sich so auf der *Hauptspalte* und wird nur durch Überschriften und kleine Hervorhebungen in Kursivschrift unterbrochen. Mit ihr werden wichtige Begriffe herausgestellt. Ähnlich hervorgehoben sind auch Eigennamen: sie sind in Kapitälchen gesetzt. Damit soll die Monotonie verhindert werden.

Deswegen haben wir auch Textsorten, die anders gelesen werden, an die *Randspalte* verlegt. Wenn Sie also ein erstes Mal den Haupttext ungestört lesen wollen, empfiehlt es sich, die Randspalte abzudecken. Probieren Sie den Unterschied aus!

2. Informierendes Lesen

Das ist unsere gewöhnliche Art des Zeitungslesens. Wir wollen den Text schnell überfliegen und lesen ihn diagonal. Das Auge springt von Überschrift zu Überschrift und pickt sich dann aus den überschaubaren schmalen Einheiten Schlagwörter heraus. – Diese Art der Gestaltung würde dem ungestörten Lesen eines Lehrtextes widersprechen. Dennoch soll auch in einem Lehrbuch informierendes Lesen möglich sein. Wenn Sie nämlich einmal dem Lehrtext linear gefolgt sind, ist es zum Einprägen des Gelesenen durchaus sinnvoll, den Text diagonal zu lesen. Das ist nicht nur durch die Wertigkeit der *Überschriften des Lehrtextes* möglich, sondern auch durch die Gestaltung der *Randspalte*. Diese kann von Ihnen selbst gestaltet werden und hier können Sie sich zum informierenden Lesen an den Marginalien und anderen Textsorten durch die Struktur des Gesamttextes bewegen.

3. Konsultierendes Lesen

Bei dieser Lesegewohnheit geht es um das Suchen und Finden besonderer Informationen: Es ist eine ganz vom (motivierten) Leser gesteuerte Form des Lesens. Sie möchten z.B. eine vergessene Begriffsdefinition finden oder mehr über ein gekennzeichnetes Stichwort erfahren. Auch *Inhaltsverzeichnisse* und *Literaturangaben* gehören zu den Textsorten des konsultierenden Lesens. – *Wichtige oder ungewöhnliche Begriffe* finden Sie im linearen Text kursiv gekennzeichnet und auf der Randspalte erklärt oder durch zusätzliche Texte erläutert. Und da unser Buch ein Arbeitsbuch ist, werden sicher einige Leserinnen und Leser ihre Kommentare an den breiten Rand schreiben – zum konsultierenden Nachlesen.

4. Selektierendes Lesen

Das selektierende Lesen wird ermöglicht durch eine inhaltliche und typografische Gliederung eines Textes in verschiedene Ebenen, die in Verbindung miteinander oder unabhängig gelesen werden können. Es ist die gängige Gestaltung von Schulbüchern, Verkaufskatalogen usw. Dort werden Kästen, Balken, Leseinseln und häufig auch auffällige Schrifttypen eingesetzt, um den Leser zu motivieren. – Da wir von unseren Lesern wissen, dass sie motiviert sind und keinen »kick« brauchen, haben wir auf Farbe, Fotos und allzu aktivierende Typografie verzichtet und das selektierende Lesen durch die Textsorten auf der *Randspalte* angeregt. Die *Karikaturen* im linearen Text, die *Quellentexte* (eingerückt und in Kursiv) und gelegentlich eingerückte Texte (Aufzählungen) sollen ebenfalls das selektive Lesen ermöglichen.

Bei aller Zurückhaltung in der typografischen Gestaltung ist aber unsere Intention, dass Ihnen das Arbeiten mit diesem Buch Spaß machen soll. Ob sich dieser Wunsch erfüllen wird?

Verwendete Literatur

Buber, M.: Reden über Erziehung. Heidelberg 1969
Eco, U.: Das offene Kunstwerk. Frankfurt a.M. 1977
Hönigswald, R.: Wissenschaft und Kunst. Ein Kapitel aus ihren Theorien. Stuttgart 1961
Jaumann-Graumann, O.: Offenheit stellt Ansprüche. Wann kommt Offener Unterricht wirklich allen Kindern zugute? In: Lernmethoden Lehrmethoden. Wege zur Selbstständigkeit. Friedrich Jahresheft. Seelze1997
Litt, Th.: Führen oder Wachsenlassen. Eine Erörterung des pädagogischen Grundproblems. Stuttgart 1965
Willberg, H. P. & Forssman, F.: Lesetypografie. Mainz 1997

Was Sie sonst noch lesen sollten

Popp, W.: Offenheit im Unterricht. Wider die Tendenz zu pädagogischen Monokulturen. In: Grundschule 20/1988/7+8

Fragen und Aufgaben

☐ Welche Elemente des Grundschulunterrichts würden Sie dem Pol »Geschlossenheit« und welche der »Offenheit« zuordnen? Fertigen Sie eine Liste an, die Sie während der ganzen Lektüre des Buches fortführen.

☐ Welche Aktivitäten im Unterricht würden sie unseren vier Formen des Lesens und ihrer entsprechenden typographischen Gestaltung zuordnen?

Sach- und Personenregister

Sachregister

A

Abteilungsunterricht *175*
Aktivität/Selbsttätigkeit *96, 103f., 115f.*
Ämtermodell *174*
Anschauung/Veranschaulichung *155*
Antinomie/Spannungsfeld *113*
Artikulation, auch Gliederung, Strukturierung, Rhythmisierung *57ff., 153, 158, 163f.*
Aufmerksamkeit (im Unterricht) *154*
Auschwitz/Treblinka *14f.*
Aushandlungssituation *42*
Auslese/Verzicht auf *50, 76, 108*

B

Beschleunigung/Verlangsamung im Unterricht/Unterrichtstempo *122, 161*
Betreuung *105f.*
Bewegung/Entspannung im Unterricht *154*
Bildung
– Auffassungen/Begriff *74ff.*
– Bildungsangebote im Unterricht *81f.*
– bildungstheoretisch orientierte Didaktik *74*
– Grundlegung von/grundlegende Bildung *76ff., 81f., 198*
– Halbbildung *84f.*
– Kinderfragen und Bildung *85ff., 116*
Bildungsrat, Deutscher *68*
Binnendifferenzierung *128*

C

Computer, Umgang mit *18, 21, 37, 116, 158, 205*

D

Deutsch, Lernbereich Deutsch *199*
Didaktische Analyse *203ff.*
Didaktisches Material (Montessori) *63*
Disziplin im Unterricht/Disziplinierungsmittel *157, 186*

E

Edutainment *21*
Elementarschule *50*
Eltern, Elternarbeit, Elternrecht *224f., 226, 228f., 233*
Empathie *41, 98*
Entscheiden im Unterricht
– Entscheidungskompetenz von Kindern *157, 162*
– Entscheidungskompetenz von Lehrkräften *162*
Erkenntnistheorie *23*
Ermutigung *38, 44*
Erziehung
– Erziehen in der Grundschule *94ff.*
– Erziehungsnot *95*
– freisetzende Erziehung *94*
Evaluation *166, 235f.*

F

Fächer, Lernbereiche *50, 81ff., 197, 199ff.*
Fachliches und fächerübergreifendes Lernen *199f.*
Fehler, Fehlersuche, Fehlerkorrektur, Lob des Fehlers *16*
Formalstufen/formale Stufen *51, 57ff.*
Freiarbeit/freie Arbeit *134, 143, 146f. 150*

G

Gemeinschaft/Gemeinsamkeit *36f., 41f., 45, 117*
Gesamtunterricht *199*
Geschichte, Beschäftigung mit *22, 48f. 69f.*
Gesinnungsstoffe, Gesinnungsunterricht *51, 57ff.*
Gestaltungsautonomie *131*

Gleichaltrige *44f. 48, 146*
Grundbedürfnisse von Kindern *94*
Grundkonsens, pädagogischer *232f. 235*
Grundschule
– als erste Schule *156*
– als gemeinsame Schule *50*
– als reformorientierte Schule *51, 133f.*
– autonome Grundschule *131f.*
– Dauer von Grundschule *50f., 129f.*
– Entwicklung in Ost- und Westdeutschland *67ff.*
– Grundschulfähigkeiten *93*
– kleine Grundschule *132f., 172ff.*
– Reichsgrundschulgesetz *50*

H

Halbtagsgrundschule *129, 232*
Hausaufgaben *158*
Heimatkunde/Heimatkunde/Sachunterricht/Welterkundung *52ff., 66, 82*
Helfersystem *104*
Hermeneutik *22*
Heterogenität von Kindern *36, 45, 90, 99, 102*

I

Ich-Stärke *96f.*
Identität *38, 40*
Individualität
– Ausprägung von Individualität *117*
– Grenzsetzungen *117*
– Individualisierung *134*
– individueller Lern- und Entwicklungsprozess des Kindes *118f.*
Integration behinderter Kinder *92, 99, 102f.*
Irrtum als Entwicklungsprinzip *16*

J

Jahrgangsklasse *172*
Jahrgangsübergreifender Unterricht *172ff.*
Jahrhundert des Kindes *14f., 19*
Jenaplan *134*

K

Killerphrasen im Unterricht *184*
Kinder
– Achtung des Kindes als Subjekt *76*
– Aussetzung von Kindern *14*
– Ernstnehmen von Kindern *18*
– Kindheit(en) *19*
– Rechte von Kindern *15*
– Vereinsamung von Kindern *18*
Kinderpartizipation *103f.*
Kindorientierung/Kindgemäßheit von Grundschule
– als Aufgabe *21f., 33ff., 79, 115*
– Gegenposition *39*
Konzentrationsidee *51, 58*
Körpersprache im Unterricht *190ff.*
Kreisgespräche/Sitzkreise *164, 166*
Kulturtechniken *77f.*
Kunst *82, 199*

L

Lehrberuf
– Ambivalenz des Lehrberufs *219*
– Aufgaben der Lehrenden *214f.*
– Professionalisierung *219*
– Teamarbeit im Kollegium *178, 206*
– und Belastung *219*
– und Persönlichkeit *219ff.*
Lehren
– als »Hebammenkunst« *215*
– Lehrfunktionen/Lehraufgaben *63, 214f.*
– und Adressaten *215*
– und Anregung zum selbständigen Lernen *222*

247

– und dialogisches Prinzip *216*
– und Erziehen *217*
– von Sachen *215f.*
Lehrplan, Curriculum, Rahmenrichtlinien
– Funktion von Lehrplänen *202*
– heimlicher Lehrplan *82f., 202*
– Umgang mit Lehrplänen *117, 156*
– und Lehrfreiheit *59, 117, 201f.*
– und Unterrichtsplanung *200, 203*
Leipziger Lehrerverein *59f.*
Leistung
– Leistungsbegriff/Leistungsverständnis, pädagogisches *40, 42f., 44ff., 79, 121*
– Leistungsdruck *120, 122*
– Leistungsgesellschaft *120*
– Verbaleinschätzungen von Leistungen *121*
– Ziffernbenotung, Zensuren, Zeugnisse *121f., 158*
Lernen
– als Sich-Erinnern *23*
– kognitives Lernen *30, 36, 45, 96*
– des Lernens *25, 167*
– durch Entdecken und Erproben *16*
– durch Versuch und Irrtum *135, 216, 238*
– Freiraum für Lernen *27*
– Gleichschritt beim Lernen *118f.*
– interkulturell *99f.*
– Lernumgebung *62*
– mit Kopf, Herz und Hand *26f.*
– rezeptives Lernen *23*
– und aisthesis *23*
– und kindliche Lebenswelt *27*
– und Lernentwicklungsberichte *121*
– und Lernlust der Kinder *120f.*
– und Lerntypen *120*
– und reflexive Urteilskraft *25*
– und Selbsttätigkeit *24, 26*
– und Subjektorientierung *26*
– und Verstehen *24, 26f., 47, 87, 99, 124, 227, 240*
– zieldifferentes Lernen *100*
Lernlandschaft *140, 146*
Lesen von Fachliteratur
– informierendes Lesen *245*
– konsultierendes Lesen *245*
– lineares Lesen *244*
– selektierendes Lesen *245*

M
Marktmodell *174*
Mathematik *82, 199*
Mathetik *126*
Medien im Unterricht *158, 167, 205*
Mehrsprachigkeit *100f.*
Methodenvielfalt *145f.*
Musik *82, 105, 197, 199*

N
Nationalsozialismus, Schule im *64ff.*
Nonverbale Kommunikation/Körpersprache im Unterricht
– Arten von nonverbaler Kommunikation *190f.*
– Forschungen *192ff.*
– Schweigen *194*

O
Offener Unterricht/Öffnung des Unterrichts *100, 103, 128, 134, 140ff., 159f., 162ff.*
Öffnung der Schule *26, 136, 226f., 235*
Ordnung in Schule und Unterricht *53, 59, 62, 65, 185f.*

P
Persönlichkeitsentwicklung *95*
Polarisation der Aufmerksamkeit *62*

Probleme, Problemlösen im Unterricht *17f.*
Projekte, Projektorientierung, Projektunterricht *135, 146, 205f.*

Q
Qualität von Schule *17*

R
Reflexionskompetenz *97f.*
Reformen, aktuelle *126f.*
Regeln, Rituale *65, 144, 187*
Regulative, Stiehlsche *56*

S
Sachkompetenz *97f.*
Schulanfang/Schuleintritt *33f.*
Schule
– Anteil von Schule im Leben der Kinder *17*
– gute Schule *17*
– Legitimationsprobleme von Schule *18*
– Neu denken von Schule *18*
– Reform von Schule *18, 128f., 133f., 231*
– Schulentwicklung *231f., 238*
– Schulgremien *229*
– Schulkonferenz *131, 227, 229*
– Schulkritik *78f.*
– Schulpflicht *50*
– Schulprofil *232*
– Schulprogramm *231f, 235f., 237*
Schüler/Schülerrolle/Schülerzahl im Unterricht *50, 53, 154, 175, 209f.*
Schulfähigkeit *90f.*
Selbstkonzept *38, 40*
Sitzkreise, Gesprächskreise *166*
Sitzordnung im Unterricht *155, 158, 161, 186*
Soziales Lernen, soziale Erziehung *36, 42*
Sozialkompetenz *97f.*
Spiel, Spielen
– als Form freier Arbeit *29*
– als Kulturarbeit *29*
– anthropologische Spieltheorien *28*
Sport *82, 186f., 199*
Sprachen *82, 95, 99ff., 126, 129, 199*
Stationenlernen *146, 149*
Strafe, Bestrafung *53f., 155, 184f., 186*

T
Teamfähigkeit von Lehrkräften *206*
Themenstern *206f.*
TIMSS und Folgen *17, 114, 159*
Traditioneller Unterricht *152, 153ff.*
Tutorenmodell *174*

U
Übergang/Übergänge *107f.*
Unterricht
– Konzepte von Unterricht *57ff., 60ff.*
– offener, traditioneller Unterricht/ Zusammenwirken *159ff.*
– Planung von Unterricht/ Planungsebenen *203f., 205f.*
– Störungen im Unterricht *187ff.*
– Tagespläne *208*
– Überraschungsoffener Unterricht *182ff.*
– und Planungsmonopol der Lehrkräfte *209*
– Werkstattunterricht *135*
– Wochenplanunterricht, Wochenpläne *133f., 143, 146, 149f., 208*
Unvollkommenheitsdenken *15*

V
Vielfalt, individuelle und Gemeinsamkeit *92ff.*
Vielfalt, kulturelle *45*
Volksschule *50f.*

Sach- und Personenregister

Vorklassen/Vorschule *50*

W
Wissenschaftlichkeit des Unterrichts/
Wissenschaftsorientierung *68f., 198*

Z
Zeit
– für Kinder *18*
– Umgang mit Zeit durch Kinder *165f.*
– Vorgaben für Unterricht *165f.*

Personenregister

A
Adl-Amini, B. *158*
Altrichter, H. *235*
Aristoteles *23*
Auernheimer, G. *99*

B
Baillet, D. *135*
Bartnitzky, H. *108, 121, 136*
Baumert, J. *17, 114, 159*
Beck, G. *41, 98, 210*
Becker, H. *123*
Benner, D. *36, 51, 57, 95, 141, 142, 143, 168*
Bichsel, P. *95, 96*
Blankertz, H. *57, 203*
Borchert, W. *39*
Bräuer, G. *26, 43*
Bronfenbrenner, U. *19, 91*
Brügelmann, H. *136, 143, 144*
Buber, M. *94, 242*
Bulowa, E. *62*
Burk, K. *105, 164*
Burow, A.-O. *219*
Buytendijk, F. J. J. *28*

C
Christian, M. *186*
Claussen, C. *148*
Comenius, J. A. *15, 54*
Conrad, C. *190*
Corbineau-Hoffmann, A. *29*
Cusanus, N. *243*
Cziksentmihalyi, M. *84*

D
Dalin, P. *229*
Daschner, P. *131*
Dewey, J. *143, 148, 198, 226*
Diesterweg, F. A. W. *56*
Dietrich, W. *58, 209*
Dithmar, R. *64*
Dörpfeld, F. W. *57*
Drews, U. *36, 145, 182, 189*
Dubs, R. *142*
Duncker, L. *200*

E
Eberwein, H. *101*
Eco, U. *243f.*
Einsiedler, W. *159, 160*
Erikson, E. *40*

F
Fatke, R. *98*
Faust-Siehl, G. *36, 81, 109, 147, 149, 199, 209, 229*
Felger-Pärsch, A. *189*
Fend, H. *232*
Fichte, J. G. *24*

Finger, F. A. *52ff.*
Flitner, A. *36, 96, 103, 113, 117, 157*
Flitner, W. *216*
Fölling, W. *85*
Fölling-Albers, M. *36, 117, 136, 155, 164, 165f.*
Forssmann, F. *244*
Freese, H.-L. *99*
Freinet, C. *36, 51, 135, 143, 148, 150*
Frick, W. *69*
Fuhrmann, E. *182*

G
Gänsfuss, R. *160*
Garlichs, A. *36, 39, 145*
Gesing, H. *158*
Giesecke, H. *79*
Glöckel, H. *158*
Göhlich, M. *161*
Götz, M. *51, 64, 66, 67*
Grass, K. *168, 225*
Gudjons, H. *203*

H
Haarmann, D. *36, 95, 200*
Hagstedt, H. *174*
Hameyer, U. *206f.*
Hanke, P. *225*
Hänsel, D. *135, 208*
Harnisch, W. *52*
Härtling, P. *99*
Hegel, G. F. W. *22*
Hegele, I. *100, 149*
Heidegger, M. *97*
Heilmann, K. *59*
Heimann, P. *205f.*
Helmke, A. *38*
Hentig, H. v. *16, 18, 42, 75, 98, 183, 217*
Herbart, F. W. *24, 57, 162, 217*
Hergenröther, J. B. *50*
Herz, O. *17*
Heusinger, R. *189*
Heyer, P. *102, 130*
Heymann, H.-W. *74, 75*
Hildeschmidt, A. *102*
Hinz, A. *103*
Hoffmann, H. *16*
Höhmann, K. *202*
Holtappels, H. G. *105, 136, 235*
Holzkamp, K. *143*
Hönigswald, R. *243*
Hopf, D. *79*
Huizinga, J. *28*
Humboldt, W. v. *24, 25, 74*
Husserl, E. *21*

J
Jandl, E. *141*
Jank, W. *203*
Jaumann-Graumann, O. *241*
Jürgens E. *136, 144, 150, 159*

K
Kahl, R. *16*
Kahlert, J. *200*
Kant, I. *22, 24, 25, 29, 217, 222*
Kasper, H. *143, 161*
Kästner, E. *34*
Kerschensteiner, G. *143*
Key, E. *14, 16, 17*
Klafki, W. *74, 75, 76, 81, 203, 204f., 217*
Klingberg, L. *158*
Klippert, H. *167*
Kluge, B. *134*
Knörzer, W. *168, 225*

249

Sach- und Personenregister

Korczak, J. *14, 17, 18*
Kösel, E. *142*
Kowalczyk, W. *229*
Krappmann, L. *86, 177*
Kupisch, B. *209*

L
Laging, R. *173*
Lambrich, H.-J. *42, 86f., 141, 176*
Langos-Luca, M. *187*
Lauterbach, R. *81*
Lehmann, R. *17, 114, 159, 160*
Leontjew, A. N. *143*
Lichtenstein-Rother, I. *69, 76, 121, 161*
Liket, T. M. *130*
Lippe, R. z. *29f.*
Litt, T. *242*
Lorca, G. *96*
Lorenz, S. *25*
Ludwig, O. *190*

M
Marti, K. *149*
Menck, P. *49*
Meyer, H. *82, 152f., 156f., 158, 191, 203*
Meyer, M. A. *152f., 156f.*
Miller, R. *229*
Montada, L. *109*
Montaigne, M. d. *24, 26*
Montessori, M. *51, 60ff., 134, 143, 150, 173, 204*
Mühlhausen, U. *181f., 184*
Münch, P. G. *189f.*

N
Nadolny, S. *122*
Negt, O. *144*
Neuhaus, E. *114*

O
Oelkers, J. *18*
Oerter, R. *109*
Oswald, H. *86, 177*
Ottich, K. *229*
Otto, B. *173, 199*
Otto, G. *205f.*

P
Paulsen, F. *174f.*
Paz, O. *97*
Peek, R. *160*
Pestalozzi, J. H. *15, 54, 94*
Petersen, P. *134, 143, 148, 173*
Pettillon, H. *36, 98*
Philipp, E. *235*
Piaget, J. *41, 143, 226*
Pickel, A. *58*
Platon *23*
Popp, W. *200*
Portmann, R. *42, 108*
Potthoff, W. *147*
Prange, K. *25*
Prengel, A. *36, 95*
Preuss-Lausitz, U. *99, 103*

R
Ramseger, J. *135, 143, 164, 217*
Reble, A. *64*
Reichen, J. *17*
Reichenbach, E. *62*
Rein, W. *57, 58*
Richter, S. *136*
Riemann, F. *143*
Ries, A. *155*
Röbe, E. *76*
Röbe, H. J. *161*
Robischon, R. *143*
Rodehüser, F. *64*
Rolff, H.-G. *131, 233, 235*
Rosenbusch, H. S. *192*
Rösner, E. *130*
Rousseau, J. J. *15, 54*
Rumpf, H. *16, 191*

S
Salzmann, C. G. *221*
Sartre, J. P. *29*
Scheerer-Neumann, G. *160, 178*
Scheibe, W. *50, 56*
Scheller, E. *58*
Schiller, F. *29, 190*
Schleiermacher, F. D. E. *24, 29*
Schmude, C. *122*
Schneider, G. *25, 29, 36, 97, 216*
Schnell, I. *102*
Schöler, J. *103*
Scholz, G. *41, 42, 98, 176*
Schorch, G. *156*
Schorn, A. *48, 49*
Schratz, M. *235*
Schröder, W. *25*
Schulz, W. *205f., 208*
Schulze, H. *186*
Schulze, T. *158*
Schulz von Thun, F. *192*
Schwartz, E. *94*
Schwarz, H. *105, 136, 145*
Seeliger-Mühl, H. *164*
Sievers, J. *225*
Simon, E. *142*
Skiera, E. *135*
Sladek, H. *51*
Sokrates *24, 215*
Spitta, G. *126*
Spranger, E. *215*
Steiner-Löffler, U. *235*
Stoy, K. V. *57*
Strümpell, K. L. *57*

T
Terhart, E. *104, 158*
Teske, R. *203*
Tillmann, K.-J. *202*
Trautmann, T. *163*

V
Valtin, R. *42, 86, 98, 122, 130*
Vierlinger, R. *163, 201, 202*
Vollstädt, W. *202*

W
Wagenschein, M. *99, 115*
Waitz, T. *57*
Wallrabenstein, W. *36, 42, 106, 134, 143ff., 150, 208f., 236f.*
Wehle, G. *218*
Weinert, F. E. *36, 38*
Wilberg, J. F. *244*
Winkel, R. *187f., 203*
Winter, F. *18*
Wintgens, H.-H. *203*
Wittenbruch, W. *130, 235*
Wittgenstein, L. *21*
Wocken, H. *102*
Wygotski, L. S. *143*

Z
Ziehe, T. *188*
Ziller, T. *57, 58f.*
Zillig *59*
Zinnecker, J. *82, 84*

Reihe »Werkstattbuch Grundschule«

Herausgegeben von Dieter Haarmann

Leonhard Blumenstock / Erich Renner (Hrsg.)
Freies und angeleitetes Schreiben
Beispiele aus dem
Vor- und Grundschulalter.
142 Seiten. Broschiert.
ISBN 3-407-62342-9

Eine Fülle praktischer und von jedem nachvollziehbarer Beispiele zeigt, wie »freies und angeleitetes Schreiben« in konstruktivem Verbund sich entfaltet.

Wolfgang Böttcher / Ulrich Brosch / Henricke Schneider-Petry (Hrsg.)
**Leistungsbewertung
in der Grundschule**
150 Seiten. Broschiert.
ISBN 3-407-62396-8

Eine Zusammenfassung des neuesten Forschungsstandes und eine ausführliche Diskussion der Argumente für und wider zifferloser Zeugnisse werden von Praktikern vorgestellt.

Helmut Breuer / Maria Weuffen
**Lernschwierigkeiten
am Schulanfang**
Schuleingangsdiagnostik zur Früherkennung und Frühförderung.
197 Seiten. Broschiert.
ISBN 3-407-62377-1

Je früher Ursachen für Lernschwierigkeiten im Anfangsunterricht erkannt werden, desto besser gelingt individuelle Förderung. Das Buch bietet dafür konkrete Hinweise und Ratschläge.

Karlheinz Burk / Marei Mangelsdorf / Udo Schoeler u.a.
Die neue Schuleingangsstufe
Lernen und Lehren in entwicklungsheterogenen Gruppen
160 Seiten. Broschiert.
ISBN 3-407-62387-9

Unsere Einschulungspraxis ist umstritten. In mehreren Bundesländern wird daher eine »Neue Schuleingangsstufe« mit differenziertem und flexiblem Schulbeginn geprobt. Dieses Buch stellt Praxisbeispiele aus Modellschulen vor.

Karlheinz Burk / Barbara Ronte-Rasch / Bernhard Thurn u.a.
**Grundschule mit
festen Öffnungszeiten**
Rhythmisierter Schulvormittag und veränderte Arbeitszeiten
143 Seiten. Broschiert.
ISBN 3-407-62386-0

Die Grundschule als die »erste Schule« für die Kinder muss nach neuen Wegen des Lehrens und Lernens suchen.

Beltz Verlag · Postfach 100154 · 69441 Weinheim · http://www.beltz.de

Reihe »Werkstattbuch Grundschule«

Herausgegeben von Dieter Haarmann

Kurt Czerwenka (Hrsg.)
Das hyperaktive Kind

Ursachenforschung – Pädagogische Ansätze – Didaktische Konzepte.
145 Seiten. Broschiert.
ISBN 3-407-62188-4

Das Hyperaktivitäts- oder »Zappelphilipp«-Syndrom wird aus verschiedenen Fachaspekten beschrieben.

Jürgen Floer
Mathematik-Werkstatt

Lernmaterialien zum Rechnen und Entdecken.
142 Seiten. Broschiert.
ISBN 3-407-62198-1

Das Ideenbuch für einen erfolgreichen Mathe-Unterricht über handelndes, entdeckendes und materialgeleitetes Lernen.

Maria Fölling-Albers
Schulkinder heute

Auswirkungen veränderter Kindheit auf Unterricht und Schulleben.
130 Seiten. Broschiert.
ISBN 3-407-62160-4

Kinder wachsen heute unter anderen Bedingungen auf. Wie geht die Grundschule auf die veränderten Erfordernisse der »Schulkinder heute« ein?

Irmintraut Hegele (Hrsg.)
Lernziel: Freie Arbeit

Unterrichtsbeispiele aus der Grundschule.
181 Seiten. Broschiert.
ISBN 3-407-62105-1

Unterrichtseinheiten für die Grundschule, die den Unterricht für die Erfahrungen und Handlungsmöglichkeiten von Kindern öffnen lernen.

Irmintraut Hegele
Lernziel: Stationenarbeit

Eine neue Form des offenen Unterrichts.
172 Seiten. Broschiert.
ISBN 3-407-62394-1

Die Unterrichtsbeispiele geben Anregungen, wie Stationenarbeit sowohl in den Unterricht als auch in die Arbeit an außerschulischen Lernorten und in die Elternarbeit integriert werden kann.

Irmintraut Hegele
Lernziel: Offener Unterricht

Unterrichtsbeispiele aus der Grundschule.
157 Seiten. Broschiert.
ISBN 3-407-62365-8

Die Unterrichtsbeispiele geben Anregungen und Hilfen, wie das Lernen in der Grundschule offener gestaltet werden kann.

Beltz Verlag · Postfach 100154 · 69441 Weinheim · http://www.beltz.de

Reihe »Werkstattbuch Grundschule«

Herausgegeben von Dieter Haarmann

Gudrun Hollstein
**Stationenarbeit:
Entdecken, Erproben, Erfahren**
Beispiel: Wäschepflege früher
und heute
184 Seiten. Broschiert
ISBN 3-407-62382-8

Mit der Unterrichtsreihe für die Klassen 3 und 4 sammeln die Kinder Kenntnisse in einem scheinbar banalen, tatsächlich aber hoch interessanten Teil ihrer alltäglichen Erfahrenswelt. Sie befassen sich mit historischen, technischen, ökologischen, ökonomischen, medizinischen und soziologischen Aspekte der Wäschepflege.

Hartmut Mitzlaff (Hrsg.)
**Handbuch
Grundschule und Computer**
Vom Tabu zur Alltagspraxis.
348 Seiten. Broschiert.
ISBN 3-407-62199-X

Das Handbuch »Grundschule und Computer« beschreibt Projekte und Modellversuche und weist Wege zu einer pädagogisch sinnvollen Nutzung des neuen Werkzeugs und Mediums im Grundschulalltag. Mit Basisglossar, Auswahlbibliografie und Kriterien für eine Software-Bewertung.

Klaus-Dieter Lenzen
Erzähl' mir k(l)eine Märchen!
Literarische Ausflüge mit Schulkindern.
125 Seiten. Broschiert.
ISBN 3-407-62175-2

Neue und alte Märchen – so kann eine lebendige Erzählkultur im Sachunterricht der Grundschule gefördert werden.

Christine Mann
**Selbstbestimmtes
Rechtschreiblernen**
Rechtschreibunterricht als Strategievermittlung.
VIII, 77 Seiten. Broschiert.
ISBN 3-407-62361-5

Vorschläge für einen systematischen Aufbau des Rechtschreibunterrichts auf der Basis der lautgetreuen Schreibung.

Carl Ludwig Naumann
Orientierungswortschatz
Die wichtigsten Wörter für die Rechtschreibung. Klassen 1–6
175 Seiten. Broschiert.
ISBN 3-407-62389-5

Ein Orientierungswortschatz auf empirischer Grundlage, der für Unterricht und Lerntherapie alles Wichtige bietet: 2000 Wörter mit Angaben über ihre Häufigkeit, ihren orthographischen Regeln und Tücken.

Beltz Verlag · Postfach 100154 · 69441 Weinheim · http://www.beltz.de

Reihe »Werkstattbuch Grundschule«

Herausgegeben von Dieter Haarmann

Christa Röber-Siekmeyer
Die Schriftsprache entdecken

Rechtschreiben im offenen Unterricht.
226 Seiten. Broschiert.
ISBN 3-407-62369-0

Dieses Buch öffnet neue Wege zu einer aktiven und individualisierten Aneignung der deutschen Grammatik und Rechtschreibung ohne Drill, Leistungsdruck und Versagensangst.

Adelheid Staudte (Hrsg.)
Ästhetisches Lernen auf neuen Wegen

173 Seiten. Broschiert.
ISBN 3-407-62172-8

Argumente und Beispiele für ästhetisches Lernen als fächerübergreifendes und fächerverbindendes Prinzip in allen Lernbereichen der Grundschule.

Dagmar Wehr
»Eigentlich ist es etwas Zärtliches«

Erfahrungsbericht über die Auseinandersetzung mit Sexualität in einer dritten Grundschulklasse.
84 Seiten. Broschiert.
ISBN 3-407-62356-9

Sensibler Erfahrungsbericht zum Umgang mit dem Thema Sexualität in der Grundschule.

Hildegund Weigert / Edgar Weigert
Schuleingangsphase

Hilfen für eine kindgerechte Einschulung.
153 Seiten. Broschiert.
ISBN 3-407-62378-X

Ein empfehlenswertes, in sich geschlossenes Einschulungskonzept. Umfangreiche Anregungen für die praktische Gestaltung und verschiedenste Spielvorschläge erleichtern den Lehrern ihre Vorbereitung.

Hildegund Weigert / Edgar Weigert
Schülerbeobachtung

Ein pädagogischer Auftrag.
126 Seiten. Broschiert.
ISBN 3-407-62171-X

Konsequente Schülerbeobachtung ist Voraussetzung für gezielte Beratung, fundierte Beurteilung und Überprüfung der eigenen pädagogischen Tätigkeit. Auswertbare Ergebnisse helfen, den Unterricht/die Schule zu öffnen.

Beltz Verlag · Postfach 100154 · 69441 Weinheim · http://www.beltz.de

Handbuch Grundschule

Herausgegeben von Dieter Haarmann

Das »Handbuch Grundschule« informiert über die aktuelle Situation der Grundschule und den gegenwärtigen Stand der Grundschulpädagogik. Man wird feststellen: In den letzten zwanzig Jahren haben sich Theorie und Praxis der Grundschule nicht weniger verändert als in den bewegten Reformjahren der Sechziger – unauffälliger wohl, aber offenbar unaufhaltsam in Richtung einer »Schule für Kinder« und zwar immer schwierig werdender Kinder.

Band 1
**Allgemeine Didaktik:
Voraussetzungen und Formen grundlegener Bildung**

(Beltz Praxis) 3. Auflage 1996.
290 Seiten. Gebunden.
ISBN 3-407-62146-9

Band 1 zeigt die Veränderung ihrer gesellschaftlichen und theoretischen Grundlagen auf (Wandel der Kindheit, Öffnung von Schule und Unterricht, neues Lern- und Leistungsverständnis u.a.).

Band 2
**Fachdidaktik:
Inhalte und Bereiche grundlegender Bildung**

(Beltz Handbuch.)
3., aktualisierte Auflage 1997.
358 Seiten. Broschiert.
ISBN 3-407-83141-2

Der fachdidaktisch ausgerichtete Band 2 behandelt die jüngste Entwicklung der Inhalte und Lernbereiche des Grundschulunterrichts mit einer Analyse der neuesten Lehrpläne in den alten wie den neuen Bundesländern, der Beschreibung gegenwärtiger Reformtendenzen und einer Klärung des leitenden Prinzips »Grundlegender Bildung«. Für die Praxis werden konkrete didaktische Konzepte dargestellt, die ein ebenso kind- wie sachorientiertes Lernen ermöglichen:
- in der Muttersprache, beim Schriftspracherwerb und in der interkulturellen Kommunikation
- in Mathematik, Sachrechnen und Geometrie
- im Sachunterricht (inkl. praktisches Lernen und Umwelterziehung) sowie
- im ästhetisch-motorischen Bereich (fächerübergreifend und fachspezifisch für Kunst, Musik, Sport).

BELTZ

Beltz Verlag · Postfach 100154 · 69441 Weinheim · http://www.beltz.de

Anfangsunterricht

Wolfgang Knörzer / Karl Grass
Den Anfang der Schulzeit pädagogisch gestalten
Studien- und Arbeitsbuch für den Anfangsunterricht
5., vollständig überarbeitete und neu ausgestattete Auflage 2000.
282 Seiten. Broschiert.
ISBN 3-407-25228-5

Der Anfang der Schulzeit ist die zentrale Weichenstellung für alles spätere Lernen. Uns Erwachsenen fällt es oft nicht leicht, die Vorstellungen, Freuden, Enttäuschungen, Ängste und Hoffnungen der Kinder zu erkennen und sich darauf einzustellen. Das Buch gibt einen umfassenden Einblick in elementare pädagogische Fragen des Anfangsunterrichts: Vom Kindergarten in die Schule (Zusammenarbeit mit dem Kindergarten, Schulanmeldung, erster Schultag), Schulfähigkeit und Verfahren zu deren Feststellung, veränderte Kindheit und sich daraus ergebende Konsequenzen, Schuleintrittskrisen und pädagogische Hilfen, Leistungsanforderungen und deren Pädagogisierung (Verbalbeurteilung, Förderunterricht), Freie Arbeit.

Es gibt Lehrern, Referendaren und Studierenden eine Fülle praktischer pädagogischer Impulse für die Arbeit in der Grundschule und zeichnet sich gleichermaßen durch gründliche theoretische Fundierung aus.

Wolfgang Knörzer / Karl Grass
Einführung Grundschule
Geschichte – Auftrag – Innovation.
1998. 191 Seiten. Broschiert.
DM 39,80
ISBN 3-407-25211-0

Die Einführung zeigt den historischen Ursprung der Grundstufe auf. Sie informiert ausführlich über den gegenwärtigen Stand der Grundschulentwicklung in Bildungspolitik, Erziehungswissenschaft und Schulwirklichkeit. Zahlreiche Dokumente wie Unterrichtsbeispiele, Praxisberichte, Lehrpläne und Richtlinien veranschaulichen die heutige pädagogische Konzeption. Schaubilder und Übersichtstafeln helfen, die reichhaltigen Informationen zu ordnen. Ein umfassendes Studienbuch, das sich hervorragend zur Prüfungsvorbereitung eignet.

BELTZ

Beltz Verlag · Postfach 100154 · 69441 Weinheim · http://www.beltz.de